U0634156

SHARING ECONOMY
EMPOWERS QUALITY
IMPROVEMENT OF
AGRICULTURAL SUPPLY SYSTEM

共享经济
赋能农业供给体系
质量提升

李冬梅　苏　秦
郑循刚　王　燕
张社梅——著

理论与实证

THEORETICAL AND
EMPIRICAL ANALYSIS

社会科学文献出版社
SOCIAL SCIENCES ACADEMIC PRESS (CHINA)

本书受到国家社会科学基金一般项目"共享经济下农业供给体系质量提升的对策研究"（18BJY130）、四川省科技厅软科学项目"共享经济下四川农业供给体系质量提升路径及对策研究"（2020JDR0198）、西南作物基因资源发掘与利用国家重点实验室开放课题项目"四川农业种质资源深度开发利用的机制创新研究"（SKL-KF202202）的资助。

序

中国正处于建设农业强国的全新历史方位，加快推进供给保障强、科技装备强、经营体系强、产业韧性强、竞争能力强的农业强国建设是中国式现代化的必然要求，也是实现高质量发展、夯实国家食物供给安全的重要举措。党的二十大报告和 2023 年中央一号文件明确提出要树立大食物观，构建多元化食物供给体系，坚决守牢粮食安全的底线。在资源和环境约束不断加强、产业结构转型迫切、农业多功能拓展加速、农产品消费需求多元、劳动力老龄化严重、农业规模经营小等因素的影响下，叠加新冠疫情、逆全球化等不确定因素，深化农业供给侧结构性改革、筑牢重要初级农产品有效供给是时代赋予的重大理论和实践问题。构建要素配置高效合理、供需精准对接的供给体系有助于提高农业供给韧性，保障粮食安全，加快建设农业强国。

自 2016 年以来，共享经济连续被写入《政府工作报告》，国家先后出台《关于促进绿色消费的指导意见》《国家信息化发展战略纲要》《关于促进分享经济发展的指导性意见》等政策鼓励共享经济的发展，共享经济几乎渗透至各行各业。党的十九大报告强调要以提高供给体系质量作为主攻方向，并在共享经济等领域培育新增长点、形成新动能，以此深化供给侧结构性改革。实践中，共享经济与农业结合形成了土地共享、劳务共享、农业机械共享等多种形态的共享农业新业态，不仅提高了要素使用效率，拓展了农业的多功能，而且实现了三次产业融合发展，成为农业供给体系质量提升的新引擎。然而，目前农业共享经济的理论研究滞后于实践创新，对共享经济下农业供给体系生成机理、运作模式和表征缺少系统的归纳提炼和及时捕捉，对共享经济下农业供给体系质量水平测度缺乏科学评价指标体系，对农业供给体系发展水平、影响因素和不同模式的异质性未能精准定量分析。农业共享经济的发展如何推动农业供给体系质量的提升是当前农业供给侧结构性改革和农业高质量发展道路上亟须深入研究的重要问题。

本书着眼于农业供给体系质量提升问题，聚焦共享经济这个新业态与生俱来的强大正向外部溢出效能，构建共享经济促进农业供给体系质量提升的分析框架，对共享经济促进供给体系质量提升的路径和绩效进行理论和实证研究，对丰富共享经济理论、推进中国式农业现代化建设等具有重要的理论价值和实践意义。本书既是学习农业供给侧结构性改革知识的理论读物，又是指导共享农业这种新业态新模式快速发展的实用工具，可为研究农业供给侧结构性改革、农产品有效供给、共享农业新模式、"互联网＋农业"等有关领域的专家和学生提供一定的参考。

蒋和平

中国农业科学院农业经济与发展研究所

2023 年 5 月 20 日

前　言

本书是国家社会科学基金一般项目"共享经济下农业供给体系质量提升的对策研究"（18BJY130）的最终成果。

农业安全是国家安全的重要组成部分，农业供给安全则是确保农业安全的有效基础。当前，中国已经迈入向全面建设社会主义现代化国家和第二个百年奋斗目标进军的新发展阶段。习近平总书记提出新发展阶段是经济高质量发展的阶段，农业作为国民经济的重要组成部分，农业的高质量发展关乎社会主义现代化强国、乡村振兴和中华民族伟大复兴的实现。因此，深化农业供给侧结构性改革是推进农业高质量发展、确保农业安全的重要抓手。

2015年，党的十八届五中全会公报首次提出共享经济。共享经济在服务业领域快速发展并渗透至各行各业。农业领域也涌现出土地共享、劳务共享、农业机械共享等多种形态的共享农业新业态，成为农业供给体系质量提升的新动能。然而，目前农业共享经济的研究仍处于起步阶段。什么是农业共享经济？为什么会产生农业共享经济？如何发展农业共享经济？这些问题迫切需要进行系统全面的理论阐释。对于实践中形成的要素共享、平台共享和全产业链共享等典型模式亟须开展案例研究，以揭示农业共享经济生成、演进的底层逻辑。

本书基于中国传统农业供给体系不能满足消费需求、供给质量错位、有效供给不足、产业融合程度不高、环境压力大、可持续发展后劲不足等现实问题，着眼于共享经济赋能农业供给侧结构性改革的新动力，按照"理论构建—实证分析—政策设计"的逻辑主线，探究共享经济下中国农业供给体系质量提升的路径与对策。理论研究部分从共享经济、农业供给体系等概念界定切入，以供给理论、要素流动理论、质量经济理论和产业组织理论为理论基础，在分析共享经济下农业供给体系演化特点的基础上，构建了共享经济赋能农业供给体系质量提升的理论框架。实证研究部分梳理了我国农业供给体系发展的历史演变、现实困境，测度了农业供给体系的供给质量，剖析了其影响因素。案例研究部分总结了共享经济与现代农业融合发展的三种典型模式，采用扎根理论研究共享经济赋能农业价值共创，从而提升供给质量的作用机理。政策研究部分从创新、协调、绿色、开放和共享五个方面设计农业供给体系质量提升的路径，并提出相关政策建议。本书对丰富共享经济理论、推进中国式农业现代化建设等具有重要的理论价值和实践参考意义。

在本书研究和撰写过程中，四川农业大学管理学院穆钰副教授、王欢副教授、曾慧副教授、郑可副教授提出了宝贵建议，博士研究生银西阳、余茜和硕士研究生肖茜、李婧璇、田蓬鹏、王佶旋、张曦文、陈颐萱、王家俊、王汉朝、王顺楠、徐娟参与了部分章节的撰写和修改，在此一并表示衷心的感谢。

由于农业供给体系质量提升是一个系统工程，涉及要素、产业、主体、环境和制度等因素，而本书主要基于共享农业的视角，难免有考虑不全面之处，敬请广大读者批评指正。

李冬梅

2023 年 6 月 15 日

目 录

政策篇

第一章　导论

一　研究背景与意义

（一）研究背景

1. 农业高质量发展是新发展阶段经济高质量发展的应有之义

习近平总书记在党的二十大报告中指出："高质量发展是全面建设社会主义现代化国家的首要任务。"改革开放特别是党的十八大以来，面对人口红利减少、传统动能下降、经济增速放缓的局势，党和国家提出了新发展理念，通过供给侧结构性改革，扭转经济下行趋势，开创经济高质量发展的新赛道。2022 年，我国 GDP 超过 121 万亿元，人均 GDP 则超过了 1 万美元，城镇化率提高到 60% 以上，中等收入群体接近 4 亿人。[①]同时，随着脱贫攻坚战的胜利，第一个百年奋斗目标基本实现。中国经历几十年的经济发展和积累，已经到达了新的发展阶段。

农业是经济发展的"压舱石"，农业农村现代化是新发展阶段建设农业强国、全方位夯实食物供给安全、实现中华民族伟大复兴、走向共同富裕的首要目标。而长期以来，农业要素投入及配置效率低下和粗放的小农经营模式，使得我国农业"被俘获"或"被锁定"在全球价值链的低端，竞争力不强。尽管多年来中央一号文件着重关注农业发展问题，但农产品供需不匹配、资源要素分配不均、产业结构待完善、国际竞争力弱等问题仍然制约着我国农业发展（柯炳生，2018；黄祖辉等，2016）。因此，在新发展阶段，农业现代化的重点在于实现农业的高质量发展。

[①]　数据来源：《中华人民共和国 2022 年国民经济和社会发展统计公报》。

2. 农业供给侧结构性改革是农业高质量发展的实现路径

农业高质量发展是经济高质量发展的重中之重。党的二十大报告明确指出，经济高质量发展要通过深化供给侧结构性改革，加快建设现代化的经济体系，着力提高全要素生产率，着力提升产业链、供应链韧性和安全水平。新发展阶段下，我国社会主要矛盾发生转变，消费需求呈现个性化、多样化的发展趋势，对农业的需求从"量"向"质"转变，农业高质量发展迎来新的契机，但资源环境的恶化、农产品供需结构不匹配、产业结构待完善、产品质量安全水平有待提升、经营规模较小、经营主体素质不高、品牌缺失等问题仍制约着我国农业高质量发展（夏显力等，2019；罗必良，2017；姜长云、杜志雄，2017）。所以，为了适应新阶段、新矛盾，为了全面建成中国式农业农村现代化、开启社会主义农业强国建设，应坚持深化农业供给侧结构性改革，加快农业产业升级、融合，同时培育新业态、新增长点，以构建竞争力强、经济效益好的现代化农业产业体系，走高质量发展的道路。

3. 共享经济成为农业供给体系质量提升的新引擎

共享经济在农业领域发展较早，19 世纪 30 年代德国发展的农业机械租赁，21 世纪我国各地兴起的农业机械出租及跨区作业、在线农技咨询等都有共享经济的身影，但我国对农业共享经济的研究仍处于起步阶段（黄季焜，2017）。2018 年中央一号文件首次提出要"发展乡村共享经济"，2019 年底发布的《数字农业农村发展规划（2019—2025 年）》强调"创新发展共享农业"。同时，海南省、浙江省、陕西省、四川省等地方政府也出台政策和进行试点，力求在实践中落实农业和共享经济的结合。例如，海南省创新性地开发集海南特色和地方优势于一体的共享农庄；四川省则从产权、产品、生活和生态四大要素的共享角度进行改革，通过"共享田园"的模式形成"农民—土地—市民"的双向联系。除此之外，陕西省的"共享院落"、山东德州的共享农机，以及通过平台实现共享的农机帮、农民贡、云种养、土流网、乡间货等的农业共享经济新形态不断涌现。共享经济与农业的结合适应了消费需求变化，创新了农业生产模式，提高了要素使用效率，优化了资源配置，拓展了农业的多功能，成为农业供给体系质量提升的新引擎。

目前学术界对农业共享经济的概念还没有形成统一的认识，其概念定义仍有进一步深化和发展的空间。对农业供给体系质量提升的理论研究和实践探索的相关文献并不多，针对共享经济下农业供给体系的内涵、特点和质量提升路径的研究明显不足。而创新生成于实践中的农业共享经济正在从无到有、从小到大发展为一种新业态新模式，成为农业供给体系质量提升的新动能。目前农业共享经济的理论研究滞后于实践创新，对长期以来形成的数量导向型农业供给体系供给乏力的归因识别模糊，对共享经济下农业供给体系生成机理、运作模式和表征缺少系统的归纳提炼和及时捕捉，对共享经济下农业供给体系质量水平测度缺乏科学评价指标体系，对农业供给体系发展水平、影响因素和不同模式的异质性未能精准定量分析。农业共享经济的发展如何推动农业供给体系质量提升是当前农业供给侧结构性改革和农业高质量发展道路上亟须深入研究的重要问题。

（二）研究意义

第一，拓展共享经济边界，丰富和发展了共享经济的理论研究。自马科斯·费尔逊和琼斯·潘思提出共享经济以来，共享经济理论经历了一系列的发展变迁，并得以不断成熟和完善。就农业领域而言，共享经济在农业领域的实践由来已久。随着互联网信息化浪潮席卷全球，农业领域的共享行为更加频繁。但是关于农业领域的共享经济理论研究还不多见，农业共享经济理论已严重滞后于农业共享实践的发展，亟待充实和完善相关理论。本书将共享经济理论引入农业领域，打破农业和共享经济的藩篱，探索二者融合的边界和区域，这有助于深刻理解与分析不同农业供给主体的农业共享行为，揭示了共享经济背景下农业供给体系质量提升的障碍因素与有效途径，探讨了农业共享经济赋能农业供给体系质量提升的作用机理，拓展了共享经济边界，极大地丰富和发展了共享经济理论。

第二，完善农业供给体系质量研究的理论框架，深化农业供给体系质量提升的动力接续与动能培育理论研究。本书充实了农业需求与供给、共享经济与共享农业的概念框架，对数字经济、共享经济、共享农业、农业高质量发展等相关研究进行了系统梳理；将农业供给体系演变历程划分为形成期、成长期、成熟期等阶段，对农业供给体系演变历程进行系统全面的研究；分别从宏观和微观层面构建了农业供给体系质量的评价指标体系，在宏观层面分析了农业供给体系质量的时空演变规律，剖析了供给乏力的深层次原因，在微观层面分析了不同农业供给主体农业供给质量的异质性，并探究了农业供给体系质量提升的影响因素。

第三，丰富了农业供给质量测度的方法应用研究。基于新供给经济学和马克思主义供给理论构建农业供给体系质量的宏微观评价指标体系，采用全局熵权法测度多年多区域的宏观农业供给质量，采用熵权TOPSIS法测度微观农业供给主体农业供给质量，并结合典型案例和微观计量模型分析共享经济下农业供给体系质量提升的影响因素，深入探讨共享经济下农业供给体系质量提升的作用机理与动力机制。这一更加完善的农业供给体系质量研究的理论框架将有助于解释现行农业供给体系质量提升中的诸多问题，为传统农业供给体系的改造和农业供给动能的转换提供理论支持和经验借鉴。

第四，总结提炼农业共享经济发展典型模式，深化农业共享经济实践发展。农业共享经济在实践中形成了许多典型模式，其存在和发展的实践基础不同。本书基于实地调研访谈，收集一手数据材料，对要素共享、全产业链共享和平台型共享三种典型模式进行剖析，把握不同模式的演化特征，揭示共享经济赋能农业价值共创的机理和作用机制，有助于形成可复制、可推广的模式，助力农业共享经济发展，为农业供给体系质量的可持续提升和农业现代化发展提供有力保障与支持。同时，以农业供给效益最大化为原则，从创新、协调、绿色、开放和共享五个方面厘清不同主体在农业供给体系质量提升中的路径选择，可以为各地政府推进共享经济与农业深度融合提供政策支持和决策参考。

二 研究目标、思路与技术路线

（一）研究目标

本书的总目标是基于国内外共享经济和农业供给相关研究背景，综合运用供给理论、要素流动理论、质量经济理论和产业组织理论及计量经济学研究方法，采用宏观公开数据和微观调查数据对我国农业经营主体的供给现状进行深入研究，并运用扎根理论对典型案例进行分析和总结，归纳提炼共享经济赋能农业供给体系质量提升的实现路径；同时，测度农业供给体系的供给效率和质量水平，并剖析其关键影响因素，提出共享经济赋能农业供给体系质量提升的路径与政策建议，以期为政府进一步制定和完善针对农业供给体系质量提升的支持政策提供实证依据，为促进农业供给主体实现共享经济下的长期稳定发展提供决策参考。具体目标如下。

第一，系统整合共享经济理论、供给理论、要素流动理论、质量经济理论和产业组织理论，构建共享经济赋能农业供给体系质量提升的理论分析框架。

第二，梳理农业供给体系发展的历史演变，结合历年来宏观政策的调整，系统分析中国农业供给体系的发展现状，科学构建农业供给质量的衡量指标并进行测度，把握农业供给质量水平的时空差异，精准识别当前农业供给体系供给乏力的原因。

第三，基于共享农业的实践，系统总结实践中形成的典型模式，利用扎根理论探究主体参与共享农业的动因、路径，并归纳共享农业助推农业供给体系变革的一般性特点。同时，运用典型案例对不同模式进行比较分析，探索不同模式的运行机制的本质属性和外在表征，提出适用于不同主体参与共享农业的现实路径。

第四，构建农业供给体系质量评价和影响因素分析的理论模型，运用数据包络分析、Tobit 模型以及中介效应模型等计量经济学研究方法，实证分析农业供给质量水平及其影响因素，并对研究假设进行检验。

第五，在理论和实证研究的基础上，从创新、协调、绿色、开放和共享五个方面思考共享经济赋能农业供给体系质量提升的实现路径，从小农户、新型农业经营主体和政府部门三个层面，提出促进共享经济赋能农业供给体系质量提升的优化路径和政策支持体系。

（二）研究思路与技术路线

本书按照"提出问题—分析问题—解决问题"的逻辑思路展开。首先，从理论逻辑上确定整个研究的思路和方向，搭建共享经济赋能农业供给体系质量提升的理论分析框架。其次，按照农业供给体系的发展历程，分析农业供给体系的历史演变过程和阶段性特点，对传统的、数量导向的农业供给体系进行追根溯源，分析其发展的历史特点和内涵，借助宏观历史数据，测度传统农业供给体系的发展质量，对农业供给体系发展现状进行总结，并对其供给乏力的原因进行识别，从需求约束和供给抑制两方面阐述农业供给体系供给乏力的表现及原因。再次，分析总结共享农业发展的典型模式和先进经验，构建共享经济赋能农业供给体系质量提升的衡量指标体系和测度模型，基于数据包络分析与客观综合评价法对四川省农业供给质量进行测度，以探索农业供给质量发展水平及地区差异，并利用 Tobit 模型对农业供给体系质量的影响因素进行研究。最后，基于理论、案例和实证分析结果，依据创新、协调、绿色、开放和共享新发展理念的要求，提出与农业经济高质量发展高度相融的农业供给体系质量提升的路径选择，并从共享经济赋能农业供给体系质量提升的实际需求出发，结合研究结论，从不同主体层面为农业供给体系质量的进一步提升提出可操作的政策建议。本书按图 1-1 所示的技术路线展开分析。

三　数据来源与研究方法

（一）数据来源

本书所使用的数据主要包括微观数据、宏观数据和案例资料。微观数据来源于实地调查，主要依托国家社会科学基金一般项目"共享经济下农业供给体系质量提升的对策研究"（18BJY130），课题组通过查阅相关文献资料，对全国各地区的共享农业发展情况进行了大致了解，拟选取四川、重庆、贵州、海南、山东、浙江、江苏等共享农业发展较好的省市进行调研，但受新冠疫情影响，未能在全国范围内展开调研。最终，以四川为主要调查区域，对成都、德阳、眉山、绵阳、遂宁、资阳、达州、广安、南充、泸州、内江等 11 个农业发展基础较好的市，在每个市选取 2 个农业大县，再根据各市（县）农业局的推荐，在每个县选取 2～3 个共享农业发展较好的乡镇进行实地调研，主要调研区域如表 1-1 所示。课题组先后多次深入四川成都、眉山、泸州、南充等 11 个市 28 个县

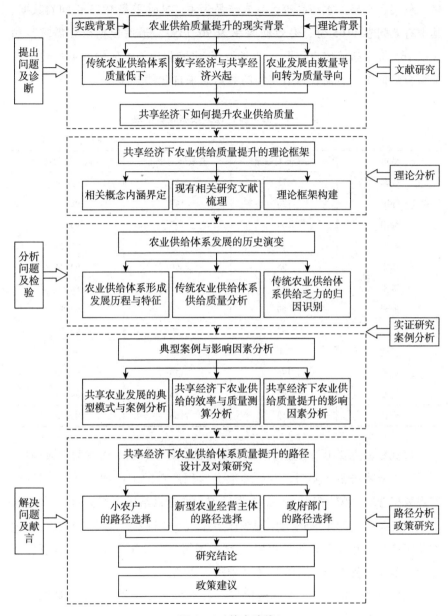

图 1-1 技术路线

进行实地调研。调研对象以专业种养大户、家庭农场、农业企业、农业专业合作社等新型农业经营主体为主，新型农业经营主体数量不足时，选取一定数量的小农户进行补充调查。调研对象所产农产品以粮油、生猪、蔬菜、水果、水产品等大宗农产品为主。共计采集 1213 份问卷数据，其中有效问卷 1166 份，有效回收率为 96.13%。最后根据研究需求，剔除了 165 份生猪养殖户数据，以 1001 份种植业相关主体的数据构建了一个综合数据库，后面各章节使用的数据均来自此数据库。

表 1-1　四川省各地区数据收集情况

单位：份，%

城市	发放问卷数量	有效问卷数量	问卷有效率
成都	175	170	97.14
德阳	170	167	98.24
绵阳	160	157	98.13
眉山	75	70	93.33
遂宁	95	90	94.74
资阳	50	42	84.00
泸州	60	56	93.33
内江	83	80	96.39
达州	130	129	99.23
南充	125	120	96.00
广安	90	85	94.44
合计	1213	1166	96.13

　　宏观数据主要用于农业供给体系质量的测度和评价，考虑数据兼顾性、可得性，未将香港、澳门、台湾等数据缺失严重的地区纳入样本。最终，宏观数据选取 2003~2019 年 31 个省区市与农业供给质量相关的统计数据，主要来自 2004~2020 年的《中国统计年鉴》、《中国农村统计年鉴》、《中国农业年鉴》、《中国劳动统计年鉴》、《中国第三产业统计年鉴》、各省区市统计年鉴，以及 2003~2019 年的《中国农业统计资料》等。

　　案例资料采用实地访谈和网络资料收集相结合的方式获取。课题组遵循样本代表性、信息全面性和丰厚性原则，结合地方政府的推荐，通过实地参观、半结构化访谈等，收集的一手数据主要包括访谈记录的文字、录音和图片等资料，二手数据主要包括主体的总结材料、年度报告、媒体报道、相关的学术文献与政府报告。最终完成了对 21 个案例的调研，收集文档材料 30 份，收集语音材料 21 份共计 30 余小时，收集图片材料 100 余份。

进一步对调研获取的一手数据和收集到的二手数据进行整理，最终形成21个案例见表1-2，进一步根据共享形式将案例划分为要素共享、全产业链共享和平台型共享三大类型，再分别选取崇州市杨柳土地股份合作社、崇州市耘丰农机专业合作社、四川润地农业有限公司、泸县云锦镇供销合作社、新津集趣·农博园共享农庄、德阳农村产权交易所为案例分析对象。

表1-2 共享案例汇总

单位名称	类型	单位名称	类型
广汉市乐丰家庭农场	要素共享	绵阳市安州区龙腾农机服务专业合作社	要素共享
泸县云锦镇供销合作社	全产业链共享	崇州市大地农机专业合作社	要素共享
达州市万康生态农业有限公司	全产业链共享	崇州市耘丰农机专业合作社	要素共享
什邡市泽远种植专业合作社	要素共享	广汉市惠民农机作业专业合作社	要素共享
崇州市杨柳土地股份合作社	要素共享	合江县智能水果专业合作社	要素共享
眉山市好味稻水稻专业合作社	全产业链共享	江油市众望农机作业专业合作社	要素共享
眉山市彭山区鼎加家庭农场	要素共享	达州市开江县龙氏养殖专业合作社	要素共享
达州市现代农业产业联盟	要素共享	新津集趣·农博园共享农庄	平台型共享
泸州市合江县荔枝科技协会	全产业链共享	德阳农村产权交易所	平台型共享
隆昌市润茂源青蛙养殖农民专业合作社	全产业链共享	四川润地农业有限公司	全产业链共享
什邡市暄暄食用菌家庭农场	要素共享		

（二）研究方法

本书综合运用规范分析与实证分析、定性分析与定量分析、归纳分析与演绎分析、文献研究与调查研究、比较研究与案例研究相结合的方法，对共享经济赋能农业供给体系质量提升的实现机制进行理论和实证研究。具体研究方法如下。

1. 文献研究法

文献研究法体现在全书各个章节之中，重点应用在文献梳理、理论分析框架构建和实证研究理论模型建立部分。通过联合国粮农组织

（FAO）数据库 AGRIS、中国知网大数据研究平台、百度学术、学习强国、国家农业科学数据中心、中国农业农村部数据平台、布瑞克农业大数据等微信公众平台和 App 自媒体，采用 CiteSpace 文献分析工具，对共享农业、共享经济、数字经济、供给体系、农业供给质量等高水平研究文献进行检索，从中找出相关性较高、针对性较强的重点文献、资料、数据等进行分析、比较、总结，并作为本书的参考资料，为理论框架搭建、实证分析模型构建等提供理论参考。

2. 调查研究法

调查研究法主要目的是获取微观实证和案例分析的基础数据。由于共享农业发展还处于点状探索、个性化发展初期，考虑四川是农业大省，水稻种植和生猪养殖都是主导产业，参考四川水稻种植、生猪养殖大县产业布局特点，本书采用分区域与分类别相结合的分层随机抽样的方法，选取调查样本。根据实证研究需要，设计调查问卷，对四川省 11 个市（成都、达州、德阳、广安、泸州、眉山、绵阳、南充、内江、遂宁、资阳）28 个县的农户、家庭农场主、专业合作社进行实地调研，采用实地访谈与问卷调查相结合的方式采集样本数据，为研究分析提供数据支持。

3. 计量分析法

计量分析法主要通过计量模型定量分析我国农业供给体系的效率、农业供给质量和共享经济赋能农业供给体系质量提升的影响因素。运用投入导向型数据包络方法（BCC 评价模型）分析规模收益可变情况下农业供给效率，对四川省农业供给效率进行测算及评价。运用综合评价法从宏微观双重视角对农业供给质量进行评价，以期从宏微观视角对共享经济赋能农业供给体系质量提升的现状进行整体把握，为分析共享经济赋能四川省农业供给质量的影响因素奠定基础。在宏观方面，使用宏观农业发展数据，运用全局熵权法对中国农业供给质量进行测度分析；在微观方面，以四川省为例，使用微观调研数据，采用熵权 TOPSIS 法对四川省农业供给主体的农业供给质量进行综合评价分析。运用 Moran's I 指数、Tobit 模型、中介效应模型等微观计量模型对共享经济赋能农业供给体系质量提升进行实证分析，探究共享经济对农业供给体系的作用机制和效果。

4. 案例研究法

案例研究法主要运用在第七章。案例的获取通过两种方式：一是从新闻媒体的宣传报道、网络搜索和政府官方媒体的公开推荐收集当前国内外比较典型的共享农业案例；二是依据问卷调研地点，请当地政府推荐代表性案例进行访谈，最终分要素共享、全产业链共享和平台型共享三类选择四川省 21 个典型案例进行分析，通过比较不同模式运行机制的本质属性和内在特征，提出具有可操作性的共享经济下农业供给体系质量提升的实现路径。为探究共享农业的内在实践机理，采用扎根理论，运用 NVivo 12 软件，通过三级编码方法对材料进行层层编码，并按照"因果条件—现象—情境—中介条件—行动或互动策略—结果"的典型思路，建构共享农业演化的理论模型，以对共享农业在实践中形成的内在机理进行解释。

理论篇

　　本书旨在从共享经济视角，尝试构建农业供给体系质量提升的理论分析框架，探寻农业供给体系质量提升的影响因素、实现路径和政策保障。与本书主题紧密相关的研究领域主要涉及数字经济、农业供给侧结构性改革、农业高质量发展三大领域，因此，厘清相关概念，总结前人研究，是本书开展理论研究的基础和前提。

第二章 相关概念与研究进展

一 概念界定

（一）需求相关概念

1. 需求

需求是一个使用频率很高的词。根据汉语词典的解释，需求是指由需要而产生的要求。需求是市场上生产资料和生活资料被购买的商品总量，也有人认为需求是指消费者购买商品或劳务的欲望与能力。根据知网学术趋势图分析，近年来，学者以"需求"为核心词，围绕需求分析理论、需求理论、有效需求等领域展开了比较全面深入的研究。可以看出，马斯洛的需求层次理论得到大量的实证应用研究。本章对比研究马克思主义的有效需求理论和卡莱茨基的有效需求理论，并结合当代经济发展国情进行了应用性研究。实际上，需求研究起源于心理学分析，需求是与欲望联系在一起的概念。欲望是个体内心短缺的反映。所以需求实质上是人类欲望的行为反映，有不同层次需求的差异。[①] 本书研究采用的是微观经济学中需求的概念，即需求是在一定时期和特定价格水平下，社会消费者愿意并且能够购买的商品的数量（张忠德，2021）。不同于微观经济学所讨论的单个个体的经济行为，宏观经济学强调个体需求的加总，即某时期内经济体中各部门愿意支出的总和（萨缪尔森、诺德豪斯，2012）。需求与价格紧密相关，消费者购买的意愿会随着价格的升高而降

---

① 根据马斯洛需求理论，需求被分为两个层次，其中低层次需求包括生理、安全、社会的需求，高层次需求包括尊重与自我实现的需求。

低，有需求不一定能购买，这与购买的能力相关。同时，需求也是一个动态变化的概念，随着消费者目标的满足会产生新的需求，所以很多学者认为消费者的需求是持续变化的、无限的。

2. 有效需求

有效需求问题是经济学领域聚焦的热点问题。沿着西方经济思想史的发展脉络，从最早的重商主义到当代的主流经济学无不显示出有效需求研究的痕迹。1820 年，马尔萨斯第一次将有效需求定义为供需一致时的需求，并指出社会有效需求不足可能会造成经济危机。之后，卡莱茨基受到马克思再生产理论的影响，于 1937 年提出有效需求问题。随着 1929~1933 年世界经济危机的演进，凯恩斯分析了有效需求不足的原因。① 总的来说，西方世界对有效需求的定义以及有效需求理论主要有两种研究观点。一种是将有效需求等同于总需求，有效需求不存在不足。自李嘉图提出商品普遍存在供过于求的观点，到让·巴蒂斯特·萨伊提出供给创造需求，需求量与供给量恒等，使该观点得到强化。另一种是从马尔萨斯旗帜鲜明地反对李嘉图的论断开始。他认为有效需求不足，但是不能提出一套系统的理论来反驳李嘉图，所以有效需求就是总需求的理论观点在此后很长一段时间一直在金融界和学术界占据主导地位。国内有关有效需求的研究始于 20 世纪 80 年代，集中在 1997 年亚洲金融危机和 2008 年全球金融危机两个时期，于 1999 年和 2009 年达到研究的历史最高水平，近年来的研究热度逐渐下降。国内的研究基本上形成三种观点：第一种观点认为，有效需求就是社会总需求，该观点是萨伊理论的延续；第二种观点认为，有效需求是企业获得最大利润时的总需求价格，该观点与凯恩斯有效需求理论相似；第三种观点是马克思有效需求理论，认为有效需求是有支付能力的需求。

3. 农业需求

对农业需求这一概念，国内外文献以及知网词典中没有明确的定义，最早出现在用参数线性规划方法对佩科斯河流域输入水的农业需求（Agricultural Demand）函数进行估算的研究中（Gisser and Mercado，1972）。

---

① 凯恩斯在《就业、利息和货币通论》中表示有效需求不足是导致资本主义经济危机与失业的原因。

之后，国外文献主要是对农业需求的分支进行研究，如农业信贷需求（Melichar，1973）、农用水资源需求（Amir and Fisher，1999；Anonymous，2017）以及农产品需求（Unnevehr et al.，2010）等方面。国内学者的做法与国外类似，很少单独对农业需求进行讨论，而是将其细分为农产品需求（周曙东，2003）、农业保险需求（张跃华等，2005；杜鹏，2011）、农业社会化服务需求（李俏、张波，2011；王钊等，2015）、农业技术需求（徐世艳、李仕宝，2009；朱萌等，2015），并对这些子概念进行研究。通过对国内外文献的梳理，可以发现农业需求这一概念缺乏明确的定义，有进一步强化和整理的空间。本书把需求的概念移植到农业需求和服务后，推演出了农业需求的概念，即在一定时间条件下，社会消费者对农业生产主体在产业链各个环节提供的所有产品和服务的需求总量。农业需求既具有一般产品需求的特性，又具有农业自身的特殊性。本书跳出原有文献对农业需求的细分，认为农业需求具有狭义和广义的理解（见图 2 - 1）。狭义的农业需求是指对最终农产品的需求，包括农产品数量和质量的需求。在改革开放初期，消费者的收入水平低，农产品需求以满足数量需求为主，随着市场经济的发展，消费者收入水平提高，农产品需求表现出对质量的需求。农产品质量需求主要体现在安全、营养、绿色、健康等方面。广义的农业需求是指农业产业链各个环节的需求总量，包括农业生产环节和消费环节总的需求。农业生产服务需求主要是生产者进行农业生产所必需的资金、技术、农机、劳动力、

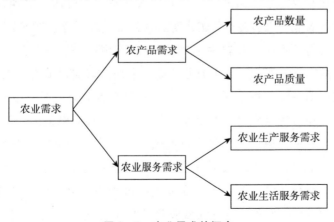

图 2 - 1　农业需求的概念

物流等的需求。农业生活服务需求主要是消费者对农业多功能衍生的需求，比如对农业生态环境、体验农业、康养农业、乡村旅游等新业态和新服务的需求。农业需求还表现出动态演变的趋势。从需求层次来看，农业需求在不同的国家、不同的发展阶段表现出的需求总量和质量具有差异性。在发展中国家，农业需求可能主要是满足温饱需要，所以重点关注的是农产品数量的需求；发达国家和经济发达地区则随着收入水平的提升，重点关注对农业高层次的需求偏好，强调农产品的高质量需求和农业服务的高质量需求。

4. 农业有效需求

农业有效需求是有效需求总系统的一个子系统，也是社会最基础的需求。与上文提到的农业需求类似，国内外研究以农业有效需求的分支为主。Sarkar（1993）在研究收入分配与需求受限于工业经济体增长之间的关系时，提到了农业有效需求概念（Effective Demand for Agriculture）。国外学者 Alexandratos（1999）在对世界粮食和农业的研究中，认为其衍生概念粮食有效需求（Effective Demand for Food）与世界农业生产的矛盾是贫困持续存在的原因之一。随着 1989 年国务院颁布的科技兴农战略的实施，国内学者开始从农业科技的角度出发，将有效需求与农业联系在一起。其中，欧晓明和曾晓红（1992）认为，农民对农业科学技术的有效需求不足是我国实施科技兴农战略的主要障碍；而农业科技体制改革需要供需双方的共同努力（顾焕章、夏恩君，1995）。从 1989 年至今，国内对农业有效需求的研究从最开始的农业科技，逐渐向农业保险、农业技术以及农业信息服务有效需求等方面发散（俞雅乖，2009）。

由于目前学界还未对农业有效需求进行明确的概念界定，本书根据马克思有效需求的概念，认为农业有效需求是指有支付能力的农业需求，即在一定时期一定价格水平下，消费者和生产者愿意并具有支付能力的农业需求。在市场交易中，农业有效需求会促成农业供给的产生和完成，各类农业生产主体通过向市场提供有效供给的产品和服务，从而实现农产品商品价值提升。所以农业有效需求表现出具有购买能力的农产品和服务总量与质量的需求。但是在农业生产过程中，由于生产者与消费者彼此之间信息的不对称，存在无效农业需求（见图 2-2），具体表现为两类需求。一是过剩需求，比如产业同质化发展带来苹果、梨等农产品生产过剩，价格低于生产成本，农户亏损严重；二是不良需求，主要是违反产业发展规律、对环境造成污染、不属于健康安全文明消费的需求，比如违反野生动物资源保护而消费的产品。

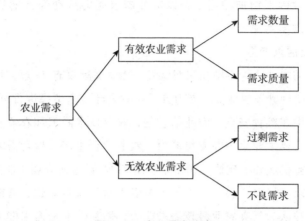

图 2－2　农业需求分类

5. 需求能力

能力是一个常见的名词，根据汉语词典中的解释，能力是完成一项目标或者任务所体现出来的综合素质。知网概念知识元库中将需求能力解释为消费者的购买欲望和消费能力。Desmond 和 Weiss（1975）在对工人对其工作需求能力估计的研究中得出了工作中的员工可以提供有关工作要求的可靠信息的结论，他们首次使用了工作需求能力这一概念。之后 Dunham（1977）再次将需求能力与工作联系起来，探讨员工的工作设计特征与工作能力要求和工作价值之间的关系。国内的研究始于 20 世纪 80 年代，彼时停留在社会需求能力（杨应崧，1988）、市场需求能力（黄志勇，1988）、劳动力需求能力（黄升泉、李铁岗，1990）这类子概念上。随着相关概念与理论的完善和研究的深入，需求能力开始出现于有关扩大内需和有效需求等方面的研究中，并在最近 10 年达到了研究高峰。有学者从国家角度出发，认为需求能力指的是国家从共享利益中获得好处的能力，或者对利益消费的能力。也有学者从个人角度出发，认为单独个体的需求能力受到多方面因素影响，包括文化程度、社会网络和家庭环境等。还有学者提出需求能力包括社交能力和解决问题能力。

结合本次研究内容与以上观点，本书认为需求能力是消费意愿与支付能力的总和，二者不能舍其一。狭义的需求能力以个体为基础。我国长期城乡二元经济结构使得有消费能力的城市消费需求饱和，农村有消费需求却无消费能力（张福强、李秀兰，2002）。在全球疫情持续、不稳定性不确定性因素增加的当下，以提升需求能力拉动经济增长被赋予了更深一层的现实意义。

6. 农业需求能力

以农业需求能力为主题在知网检索，相关文献仅有 74 篇，可以说目前国内外鲜有研究涉及农业需求能力方面。对全部检索结果进行可视化分析，主要主题集中在粮食安全、农业信息化、农业技术需求和农业基础设施建设等方面，次要主题集中在支付能力、农业综合生产、粮食需求和需求约束等方面。曾亿武和王建浩（2013）利用 ELES 模型研究属于非基本需求的农业科技需求，将农户收入水平与基本需求水平进行对比，若前者高于后者，则农户被认为具有农业科技需求能力，创新性地把需求能力和收入水平挂钩，提供了农业需求能力概念界定的新思路。

农业需求能力是需求能力的子系统，本书结合农业需求和需求能力的概念，认为农业需求能力是在特定时间和空间的条件下，消费者对农业生产主体在产业链中各个环节所提供的所有产品和服务的购买欲望和消费能力。与农业需求组成部分对应，农业需求能力包括农产品需求能力和农业服务需求能力。目前，我国小农户、新型农业经营主体和政府等不同主体都致力于把农产品和农业服务由追求数量转向追求质量，科技兴农、供给侧结构性改革等战略的实施为高质量农业供给提供了制度、技术等多方面的支持，以高质量产品刺激消费者购买欲望和以制度保障和经济发展带动消费者消费能力提升是挖掘并提升国内市场农业需求能力的主要措施。

（二）供给相关概念

1. 供给

供给在汉语词典中的解释为给人以物资、钱财等进而满足其所需。对于供给和需求，人们并不陌生，但知其然又知其所以然并不容易。因为几百年来经济学家和生产实践者都在不断地对供给与需求这一对矛盾和矛盾的主要方面进行认识、理解和再认识。正如前面理论基础部分对供给理论演进历史的梳理，可以看出从前古典经济学到 20 世纪 70 年代供给学派，大

·

量的经济学家专门对供给与需求的概念进行研究①，无不在告诉我们供给和需求概念的基础性地位，同时也表明供给在不同的历史时期和不同的国家被赋予了不同的理论内涵。本书对供给概念的界定首先回归到普适性的供给含义，然后从系统和动态视角去阐述农业供给的理论内涵和外延。

参考西方经济学教材（张忠德，2021），供给是指在一定时期内，在一定的价格水平下，生产者或生产部门愿意且能够向社会提供的商品或服务的总量。从供给一般性概念解析，供给的形成是一个复杂的过程，供给主体是供给形成的基础和关键。供给主体的生产条件、知识文化基础以及当时社会的技术供给、制度供给和经济发展环境等都会对供给主体的生产能力产生影响，而生产主体的供给能力决定了供给的总量。同时，供给量除了受到供给主体生产能力的约束外，社会需求和消费者的特质也会对供给的数量产生供给促进和供给抑制作用。

2. 有效供给

有效供给成为近年来学者们研究和关注的高频词。以"有效供给"作为检索的篇名关键词，共检索到 52 篇关联度较高的文献，这些文献总参考文献数为 1864 篇。从文献互引网络图分析，刘诗白（2000）、胡培兆（1999）、金碚（2018）的研究论文是高被引论文。从资源类型分布来看，研究有效供给的期刊论文有 35 篇，占 67.31%，硕博士论文占 32.69%。从基金支持来看，国家社会科学基金支持研究的有 6 篇，占比 11.54%，自然科学基金资助的有 3 篇，占比 5.77%。实际上，萨伊认为"供给创造需求"，隐含着不管在什么条件下，总供给与总需求总是相等的，即总供给恒等于有效供给。然而凯恩斯则持反对观点，给出了对有效供给新的理解。② 马克思在《资本论》中对有效供给进行了深入阐述，指出有效供给的实现以产品有效、主体竞争和宏观约束的统一为前提。表 2-1 总结了国内学者对有效供给的概念阐述。可以看出，大家一致的

---

① 前古典经济学时期著名的经济学家色诺芬、柏拉图及亚里士多德，古典经济学时期重农学派、亚当·斯密、李嘉图、萨伊及李斯特等经济学家，20 世纪 70 年代以罗伯特·蒙代尔、阿瑟·拉弗、乔治·吉尔德和马丁·费尔德斯坦等为代表的供给学派和马克思主义的供给理论都对供给和需求的概念进行了理论阐释。

② 凯恩斯在《就业、利息和货币通论》中反对萨伊和李嘉图的供给创造需求的理论，认为有效供给是总供给价格与总需求价格相等时的供给，也推翻了萨伊定律隐含的总供给等于有效供给的观点。

看法是：供给可以分成有效供给、无效供给和非法供给（左惠，2008）。有效供给是指在一定条件下，在一定价格水平下，生产者提供的能够满足有效需求的供给。无效供给是抑制需求的低效用和无效用的供给①（胡培兆，1999）。非法供给主要是指违反国家相关制度政策要求所生产的假冒伪劣、不合格的或者违反知识产权的供给。本书未考虑非法供给，即将供给分为有效供给和无效供给两类（见图 2-3）。有效供给过剩或者有效供给不足导致有效供给与有效需求不匹配。所谓有效供给不足主要指"供需错位"导致需求过剩的供给或者紧缺的需要供给的产品和服务。因此有效供给要反映资源配置的效率，保障供给的可持续性，同时有效供给还受政府政策法规的限制。有效供给是一个动态变化的概念，其内涵随着有效需求的变化而不断调整。

表 2-1   有效供给概念阐述

研究视角	概念阐述	作者
宏观	在资源充分利用条件下，一定生产关系和经济体制中生产力合成的实际能力	马庆泉（1989）
微观	有效供给是指各个微观生产主体生产和提供能最大限度适应各类需求的总供给，包括产品总量、类别结构和数量	刘诗白（2000）
宏观	有效供给是指经济发展中生产可能性边界的持续扩张以及与收益递增趋势并存的供给机制，是一个动态、广义、多层次的范畴	华桂宏（1999）
宏观	有效供给是指经济增长的幅度既要保证现有资源的充分利用，又要保证商品被当时的市场全部容纳。它是生产条件与市场条件的统一，既取决于生产有效又决定着市场有效	张建（1999）
内部结构	有效供给是指供给有效率，是生产要素所利用的结果，产出是达到还是小于生产的可能性边界	周建明（1992）

3. 农业供给

自古以来，农业供给受到各时期管理高层的高度重视。封建时期，以小农经济为主的自然经济奠定了农业在国民经济中的基础地位，因此产生了很多强调农业和生产重要作用的供给理论（如秦时商鞅的"重农

---

① 无效供给包括现有的供给超过有效需求的过剩供给，或者是指现有供给不匹配有效需求的不良供给。

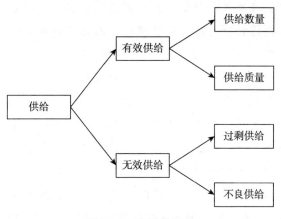

图 2 - 3　供给的类型

抑商，奖励耕织"、汉代汉高祖刘邦强调"轻徭薄赋"，以及唐太宗提出的"劝课农桑，不违农时"）。自新中国成立以来，从计划经济到社会主义市场经济改革，再到近几年提出的供给侧结构性改革，中国的供给思想从供给端转向需求端又转回供给端。历史实践表明，实现经济健康持续发展必须深入分析供给与需求之间的动态协调发展规律。

农业供给属于社会总供给的一个子系统，与农业产业紧密结合。2012年政府的正式文件中提出农产品有效供给概念①，之后有关农业供给的研究开始受到国内学者们的重视，相关文献数量随之增多。文献研究主题以农业供给为节点，呈放射状发散到不同的分支部分，其中以农业多功能供给（杨刚强，2012）、农业基础设施供给（何平均，2012）、农业科技服务供给（张开云等，2010）、农业保险供给（冯文丽，2004）、农业信息服务供给（房桂芝，2012；赵洪亮、谢立勇，2017）为最主要也是最经典的五个研究板块。2017年，党的十九大对"三农"问题的强调和乡村振兴战略的实施，掀起了对农业供给的新一轮研究热潮，同年相关文献数量多达4025篇。此后农业供给与乡村振兴紧密联系，成为农业经济领域的研究热点。

本章借鉴供给这一基本概念，认为农业供给是指在一定时期内一定的生产条件下，农业全产业链各个环节生产主体愿意并且能够提供给社

_____

① 2012年国务院印发《关于加快推进农业科技创新持续增强农产品供给保障能力的若干意见》，强调了农产品有效供给的重要性。

会消费的农产品和服务的总量。农业供给的概念需要动态地认识，农业产业发展的阶段性特征、社会经济增长、消费者收入结构和财富增长的变化等都会牵引农业供给的总量、类型和结构发生变化。在新中国成立之后到 20 世纪 80 年代末，我国处于短缺经济时代，所以整个农业供给主要表现为农产品数量导向型的供给，而且供给种类主要是大宗农产品，比如种植业中的水稻、小麦和玉米，在养殖业中主要是生猪，牛羊养殖发展都比较缓慢。所以很长一段时间，农业供给主要集中在农业第一产业初级产品的供给。农业供给属于狭义的农产品供给，甚至今天不少人还持有农业供给就等于农产品供给的观点。90 年代中后期，我国陷入了农产品"卖难"、农民收入增加缓慢的现实困境，国家积极开启农业产业战略性调整，对农业供给的内涵和外延不断有了新的理解。从内涵来看，农业供给已经从产品供给拓展延伸到整个农业全产业链的相关产品和服务的供给。农业不仅具有生产功能，还表现在科普教育、历史传承、生态环境方面的功能，农业供给的内涵更加丰富。从外延来看，农业供给积极向农村第二、第三产业融合发展，所以体验农业、认养农业、共享农业、数字农业等新业态、新模式的出现也表征为农业供给的外延不断拓展衍生。与有效需求层次相匹配，农业供给也表现出农产品供给类型的变化，显示出对物质产品（具体农产品）、精神产品（农耕文明、传统工艺、康养体验、回归田园的愉悦心情）需求的差异，进而表现出农业供给有满足一般大众的安全农产品供给和服务，也有满足个性化、定制需求的高层次农产品供给和服务（见图 2-4）。比如，有机农产品价格一般高于一般产品价格，所以有机农产品的定位是中高端消费需求，一般农产品的定位是大众消费需求。特别是随着全球化趋势的加剧，粮食安全、农产品质量安全、绿色发展上升为国家战略，要使 14 亿人的基本生活和生产需求得到保障，农业供给的基础性地位应进一步强化。可以说，农业供给是整个社会总供给的核心和基础。

4. 农业有效供给

农业有效供给是有效供给的其中一部分，也是社会供给体系的基础。国内对农业有效供给的研究以农产品有效供给为源头，后分散于不同的子概念中。1988 年，我国开始实施农业综合开发，希望通过对原有农业资源的集约利用和对新农业资源的开发，增加农产品有效供给，保证国

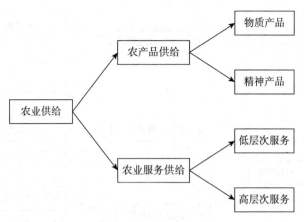

图 2 - 4　农业供给的分类

家粮食安全，实现经济、社会稳定发展，至此拉开了对农产品有效供给研究的序幕。之后随着大批农业科研成果的出现，部分学者从农业技术有效供给视角，探讨有效的农技供给制度的建立及应用（彭希林，2007；付少平、祝苏东，2007；张兴杰、苏巧平，2007）。也有学者从不同的角度，如信息不对称角度（叶晓玲，2007）、保险公司角度（张卓等，2020）、农业主体意愿角度（黄椿，2011），研究如何建立可行的农业保险有效供给模式。除此之外，农业社会化服务、农业多功能性等也是国内学者研究农业有效供给的重要途径。

本章认为，"农业有效供给"指在一定时期内一定价格条件下，受国家政策制度约束，消费者能够得到相应农业产品和服务的可持续供给，以充分满足其有效需求（见图 2 - 5）。从产出角度看，农业有效供给表现为优质农产品和高质量服务的供给；从生产角度看，农业供给还包括农业产业结构优化调整，比如同一农产品品种结构优化调整、农业种植业内部粮经饲比例结构调整、养殖业内部猪牛羊家禽结构调整、农业产业区域布局调整、农村三次产业融合发展协调等。从生产投入来看，农业有效供给包括土地、资金、劳动力、技术、农机设备等要素供给的数量和质量，不同要素之间的组合方式、资源要素的配置效率等的供给。从整个宏观系统来看，农业有效供给应该是贯彻国家新发展理念的可持续供给，表现出创新、协调、绿色、开放和共享的特质。

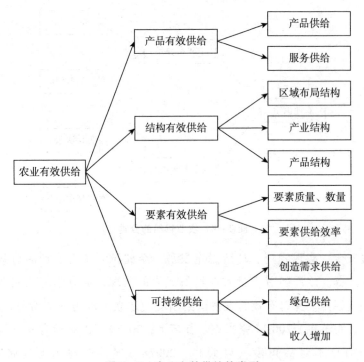

图 2-5　农业有效供给的类型

5. 供给能力

供给能力一直是学界的热点研究话题。以供给能力为关键词对文献进行可视化分析，1981 年至今，学界的研究热情仍在持续，于 2017 年达到文献发表高潮，相关文献数量多达 1067 篇。从知网学术趋势图来看，近年来学者以"供给能力"为核心，围绕供给侧结构性改革、公共服务和粮食安全等领域开展了全面深入的研究。Tinbergen（1962）从供给与需求这一对基本矛盾出发，通过引力模型对两个贸易模式进行分析，认为供给能力（Supply Capacity）是出口国的经济总量，这是较早时期对供给能力的定义。Fagerberg（1988）认为国际竞争力的提高需要该国技术和供给能力的合力作用，在 OECD 国家中长期发展中占据重要地位，除此以外，实际汇率也是国际竞争力的决定因素之一。国内的研究始于1987 年，学者夏伟生在"人口—粮食"平衡关系的研究中，第一次完整地使用了粮食供给能力这一概念，并提出了提高粮食供给能力的四种途径：生产资源外延扩大、增加现用资源收获量、提高进口量以及开发代替资源。之后国内学者对粮食供给能力的定义、政府对相关政策做了进一步完善，其中以公茂刚和王学真（2010）、韩剑萍和窦学诚（2012）、王亚运和蔡银莺（2017）的研究最具代表性。目前国内的研究逐渐发散到公共服务供给能力（张开云等，2010；雷玉琼、李岚，2015）、科技供给能力（李志军，2004）和文化供给能力（贾晓芬，2016）等新领域，但缺乏对供给能力的单独讨论。就影响因素而言，供给能力受到生产要素状况、产业集群和机遇三个方面的综合影响。

学术界现在对供给能力的界定有着广义和狭义的区分。广义上的供给能力是对供给的能力的衡量，是供给方在提供公共服务、农业产品、科学技术时所必须具备的内在条件和潜力。而狭义上的供给能力更强调供给两个字。广义和狭义供给能力的区别就在于，狭义上的供给能力是能力的一个部分，而供给只是能力在实现过程中的一个重要阶段。本章采用供给能力的广义概念，认为供给能力是供给方为了满足市场需求，利用自身资源，向社会提供足量的、有效的和公平的产品或服务的能力，主要由其生产能力决定，而影响生产能力的因素主要有原材料价格、工资、劳动生产率、技术水平等。

6. 有效供给能力

有效供给能力可以看成供给能力的一个部分。与供给能力类似，国内学者对此概念的研究从粮食着手，认为提高农业资源利用效率和高质量农业发展对提高粮食有效供给能力起到了关键作用（刘爱民、徐丽明，1997；马述忠等，2015）。之后的研究以更多元化的视角，包括但不局限于技术有效供给能力、知识有效供给能力、保险有效供给能力、旅游有效供给能力，从不同角度完善了有效供给能力概念群。最早对有效供给能力的界定是站在企业的角度，是由企业愿意生产并提供能满足需求的形式确定下来。近年来，以增加有效供给为着力点，掀起了新一轮的研究热潮。有学者认为有效供给能力决定着每一个市场主体如国有企业、民营企业和个体工商户等的发展水平和对供给产业链的服务质量，根据有效供给能力提供的产品与服务被消费者广泛接受和认可。本章结合相关文献，认为有效供给能力是为满足经济、社会、科技发展的需求，通过对既有资源的优化配置，在客观条件约束下，提供与消费者需求产品和市场需求结构匹配的产品或服务的能力，包括有效高水平科学技术供给能力、制度供给能力、人才供给能力、生产资料供给能力。其中，提高有效供给能力的关键是技术有效供给能力的提升，通过技术进步与创新，提高资源的利用效率，对提高满足消费者对产品数量以及结构要求的生产能力至关重要。

（三）农业供给体系

体系是若干有关事物或某些意识互相联系而构成的一个整体（宋子然，2014）。系统是指同类事物按照一定的秩序和内部联系组成的有机整体。因此系统和体系之间的概念具有相似性，都是反映事物之间相互联系、相互作用的一种科学界定。农业体系概念最早出现在能源供应有限的情况下优化俄勒冈农业生产系统的研究中，认为农业体系实际上是一个农业生产系统，涉及种养循环构成的良性循环系统。从国内文献研究来看，农业供给体系的概念最早被提及是在 2016 年中央农村工作会议。[①]之后农业供给体系和农业供给侧结构性改革相关研究日益增多。韩长赋（2017）、涂圣伟（2016）对农业供给体系构成、能力进行了系统深入分析，为本书的概念界定提供了认识的理论基础。关于农业供给体系的定义，刘英等（2017）提出，农业供给体系不仅指农产品质量，也包括农业供给过程，包含农产品、农业要素、农业要素组合、农业政策四个方面。但是至今仍没有就农业供给体系的科学含义达成共识，更没有就农业供给体系构成、农业供给体系演变等形成比较全面深入的研究，这说明有关农业供给体系的理论研究还有待加强。

本章借鉴系统和体系的基本概念，认为农业供给体系是整个农业体系的一个子体系或子系统，是指农业供给系统中各个生产环节、生产主体相互作用、相互联系，按照一定目标、一定供给结构方式所形成的，并与社会经济环境相互作用的有机供给系统。农业供给体系是要素投入结构优化、多元主体参与、组织形式创新、制度激励相容的生产体系、产业体系和经营体系有机协同的全产业链体系，同时也是一个资源节约、

---

① 2016 年中央农村工作会议强调，要着力加强农业供给侧结构性改革，提高农业供给体系质量和效率，严格保障农产品供给的数量和质量，有效匹配农产品供需，形成农产品的有效供给。

环境友好、产品安全、产出高效，以及集安全、绿色、效率和效益于一体的可持续系统。农业供给主体包括产业链上各个环节的生产者（涉农生产企业、农业合作组织、家庭农场、专业大户以及小农户）、服务者（农业社会化服务组织、协会）和管理者（政府部门）等。同时，农业供给体系是一个动态的开放系统。从全球经济一体化来看，中国农业供给体系属于全球食物纤维供给体系的一个重要部分，受全球食物纤维供给体系的影响。从我国产业划分来看，农业供给体系包括农村一产、二产、三产交织融合不断变化形成的全产业链供给体系。

（四）农业供给体系质量

国际标准化组织（ISO）认为质量是指特性和性能。[①]　其中，"质"表示事物的本体、本性；"量"表示度，即事物的数量。质量是指商品、过程、服务满足规定或潜在要求（或需要）的特征总和。农业供给体系是一个系统，具有开放性、适应性和动态性的特征。农业供给体系质量表征为系统输出的产品和服务质量要不断满足社会消费者有效需求。国外在对农产品优化配送的研究中，认为农业物流信息系统的开发能支持农业供给体系质量（Quality of Agricultural Supply System）的提升。农业供给体系质量以及如何提升它在2016年之后开始走进国内学者的视野。[②]多数学者强调优化产品和品质结构、调整和优化产业和区域结构、优化技术和经营结构是促进农业供给体系质量提升的方向，利用网络平台提高农业资源配置效率、推动农业科技创新、引领农业发展动能转换，以此加快农业现代化经营体系建设（韩长赋，2017；陈锡文，2017；柯炳生，2018）。不能将农业供给质量简单理解为农业供给品的质量，农业供给高质量是指农业产品或服务供给的数量和质量能更好地满足社会消费需求，农业供给结构能更好地适应社会需求结构的调整，农业供给体系的效率和效益不断提升（姜长云，2017）。农业供给体系质量提升不仅强调终端农产品安全、健康、优质、附加值高、个性化强、精准对接市场

---

① 国际标准化组织认为，公认的质量是产品或作业所具有的用以鉴别其是否合乎规定要求的一切特性或性能。

② 2016年末，农业部长韩长赋在解答2017年"三农"主线工作的意义时，提出农业供给侧结构性改革的主攻方向是提高农业供给体系质量和效率。

需求、生产过程标准化、严格质量把控和现代要素集成运用等基本要求，还要具有创新力、竞争力和全要素生产率的提升，兼顾生态环境，打造农业与生态之间的生命共同体。

基于现有文献，本章认为农业供给体系质量是指通过农业全产业链中生产体系、经营体系、产业体系的协同整合，向市场提供的农产品满足规定或潜在需要的特征和特性的总和。进一步而言，由农业供给端提供的农产品要在达到市场对"量"的需求的基础上，更加满足消费者对农产品质量的要求。这意味着，良好的农业供给体系是要素投入结构优化、多元主体参与、组织形式创新、制度激励相容的生产体系、产业体系和经营体系有机耦合的生态圈，同时也是一个资源节约使用、环境可持续发展、产品安全健康、产出效率效益高，以及集安全、绿色、效率和效益于一体的可持续系统。

二　研究进展

（一）数字经济研究

1. 数字经济的内涵

数字经济的概念最早是 1995 年由被誉为"数字经济之父"的美国学者 Tapscott（1996）正式提出。Tapscott 较系统地阐述了社会经济发展在网络化效应出现后所发生的深刻变化，以及新企业如何在新经济的大背景下站稳脚跟，怎样更好地结合这一背景和随之而来的新技术，但他未对数字经济进行深入量化研究。随着互联网和电子信息技术的飞速发展，国内外学者对数字经济的概念有诸多探讨，但主要集中在两个方面。一种观点依据基础设施的发展和建设，比较简单地认为数字经济是一种体系，是以 ICT（信息和通信技术）及其基础设施、电子商务的广泛使用为特征的经济系统，其中信息和通信技术的数字化是最重要的两大生产性因素。通过对现代信息和通信的基础设施进行完善和建设，以虚拟互联网的形式，促进各个产品或行业中的业务流程、贸易方式的转变，并极大地刺激电子商务的发展，使得数字化在企业的生产和运营管理等服务活动、生产及消费等各种服务活动中广泛应用，同时转变经济结构与创造经济价值的途径（丁志帆，2000）。另一种观点认为以移动互联网和移动信息电子通信网络技术的广泛应用为主要理论实践基础，通过移动互联网、移动通信和云网络、物联网等，实现交易、沟通、合作的数字化，推动了经济社会持续健康稳定发展与有序进步（逢健、朱欣民，2013；夏炎等，2018）。之前很多学者对数字经济概念的探讨和研究大多集中于从某个特定角度拓展数字经济的内涵，但缺乏系统的归纳和演绎。直到2016年，G20杭州峰会在《二十国集团数字经济发展与合作倡议》中系统、全面地诠释了数字经济的内涵。[1] 2021年9月，国家统计局正式颁布的《数字经济及其核心产业统计分类（2021）》进一步丰富和拓展了关于我国推行数字经济的基本概念内涵和管理外延，对数字经济的基本观点和范围做出了更加清晰的诠释和界定。[2]

2. 数字经济的实践探索

在数字经济的概念和理论不断延伸拓展的同时，各国也在积极探索并实践数字经济的发展模式。美国以"信息高速公路"的发展战略部署信息化和数字经济体系建设（郑夕玉，2019）。欧盟紧跟美国脚步，在2005年推出"欧洲信息社会2010"五年计划，通过改革和完善欧盟国家现有的信息化政策措施和手段，实现新时代数字经济的发展。欧盟委员会制定了三个具体的政策任务和重点：一是为欧盟的信息社会和传统媒体产品行业发展创造一个公平、开放、竞争的单一市场；二是从2007年起将欧盟对信息和通信技术的研发和投资比例提高80%；三是积极推动"包容性信息社会"的建设，缩小信息社会中的贫富差距，将欧盟电子包容性计划（Electronic Inclusive Plan）进一步推向高潮。发展中国家数字经济的实践和应用则起步较晚，学者们普遍认为，为了缩小与发达国家在数字经济方面的差距，发展中国家应加强基础设施如宽带通信以及法律法规的建设，普及在政府以及居民之间的应用，加大政府激励力度，培养高技能知识工作者。通过电子政务的方式，民众可更广泛、便捷地

---

[1] 数字经济是以数字化的知识和信息为生产要素、以现代信息网络为载体、以通信技术运用推进效率提升和经济结构优化。

[2] 数字经济是以数据信息资源为关键生产要素、以信息网络技术为重要信息载体、以对现代信息源和通信网络技术的有效收集利用和合作为促进经济管理效率不断提升和推动经济组织结构不断优化的重要经济促进力和驱动力的一系列数字经济管理行为。

参与政府决策过程，从而促进数字经济的发展，为本国经济转型带来机遇。

3. 数字经济与实体经济的相关研究

数字经济与产业融合发展是各个新兴地区和发达国家探索的重要话题。专家学者们主要聚焦在数字产业化、产业数字化两个方面。一是增强对数字产业化的重要性认识，认为数字产业化是我国数字经济健康发展的重要基础前提和技术主导，集成电路、软件、人工智能、大数据、云计算、区块链等技术、产品及服务都是数字产业化的重要内容（李永红、黄瑞，2019）。二是推进产业数字化，利用数字技术来改造升级农业、工业、服务业等各种传统行业，通过向创新驱动方式、智能制造方式、"大平台＋小企业"的组织管理方式转变，促进传统制造业改造升级（孙德林、王晓玲，2004；王姝楠、陈江生，2019），使得数字经济逐渐成为推动中国经济增长和发展的一个新引擎（薛洁、胡苏婷，2020）。

（二）共享经济研究

随着全球数字经济实践的不断探索、数字经济和实体经济的不断融合，共享经济孕育而生，在现代互联网信息技术的发展与推动下，共享经济开始引起学界的广泛关注。

1. 共享经济的内涵

美国学者马科斯·费尔逊（Marcus Felson）和琼·斯潘思（Joel Spaeth）在 1978 年首次提出共享经济概念，认为将闲散公共资源直接通过第三方交易平台进行资源置换交易是共享资源经济的一个重要特点。受社会经济等背景的影响，共享经济只存在于熟人、朋友等小范围的群体之中，交换的大多是物品而不是信息。之后随着经济的发展，共享经济的内涵和范围也发生了相应的变化，学术界也从本质、特征作用和范围三个方面对其概念进行研究（Botsman and Rogers，2011）。

从本质的角度出发，Botsman 和 Rogers（2011）认为共享经济作为一种新的消费模式，满足了从所有权到使用权转变的消费需求。郑永彪和王丹（2015）则对让渡的权利进行了更细致的描述，认为共享经济让渡的是那些价值较高、成本巨大但使用率较低的资源的部分使用权。随着大数据、云计算、第三方支付等数字技术的广泛应用，共享经济衍生出

"使用但不拥有，分享替代私有"的价值内涵。杰里米·里夫金在《零边际成本社会：一个物联网、合作共赢的新经济时代》一书中赋予了共享经济模型零边际成本与协同消费共享两个基本特征。同时，Wosskow（2014）明确提到人们可以通过资源共享平台直接实现对资产、资源、时间和技能的信息共享，促进了对资源的高效整合和对信息的分享及综合利用，达到对环境友好和实现互惠便利的目的（李佳颖，2017）。Lacy（2015）认为，共享经济应惠及没有充分利用资源和产品的高成本运输、住宿和消费品行业。共享经济不仅包括简单的搭便车、住宿和闲置物品等固定资产，还包括金钱等其他的财务性资产以及人力、知识等其他的无形资产，甚至可以涵盖生产生活的所有方面。

2. 共享经济的实践探索

随着我国共享经济概念和理论的不断深入和发展，实践中出现了共享经济新的商业模式。张玉明（2017）对比分析了传统经济的商业模式和线下共享经济的商业模式，衍生出三种共享经济商业模式。一是共享交通模式，即在"互联网＋"经济背景下，依托"互联网＋"平台，出现的一种以满足市场需要和产品价格为战略导向、以提高服务水平和效率为主要基础的新型互联网交通模式。其实质是以获取一定的经济效益为主要目的，以有效节约资源和交通工具为主要目标，在互不相识的个体之间进行交通工具共享和运营权暂时转让而形成的一种社会经济发展模式。二是共享空间模式，即通过盘活市场的闲置资源，为空间需求者提供高质廉价的产品服务，为空间拥有者创造额外的资产收入，涉及公共空间基础设施的共享和住宿、停车位等原先私人空间的共享。三是共享服务模式，其常见形式是"随取即用"的短期租赁服务，服务产品所有方通过共享经济平台向需求方提供服务产品的按需服务（樊治平等，2021）。此外，共享服务模式逐渐将资源配置共享到教育、媒体、医疗等多个服务领域，生产领域共享服务也在持续稳固地增长。

3. 我国共享农业的相关研究

由于中国的农业共享发展起步较晚，目前无论是社会上还是学术界对这一概念都还没有形成统一认识，共享农业仍是一个需要探讨的概念。部分学者主要聚焦互联网平台，认为建设一个农业共享经济的根本关键是搭建平台（丁琳琳，2017），通过移动互联网平台，农业的生产交换分配环节能充分利用闲置资源，提高生产效率、降低生产成本、扩大生产利润，以实现资源合理配置的经济模式（刘华南、熊俊潇，2017）。部分学者从现代农业生产经营管理环节角度出发，认为现代农业共享经济包含了从生产端到消费端的整个过程。共享经济行为不仅涉及现代农业经营管理的产前、产中、产后等各个环节的全部生产资源和服务共享，还应该包括农业消费领域的产品共享。从更广泛的意义上来说，无论是闲置资源还是优质资源，从农业生产端到消费端，一切农业资源皆可共享（张玉明，2017）。

（三）农业供给侧结构性改革研究

2015 年 12 月，中央农村工作会议首次提出"农业供给侧结构性改革的目标"，围绕农业供给侧结构性改革，国内大量学者从内涵解读、改革目标、存在问题、改革路径和政策等方面进行深入探讨。

1. 农业供给侧结构性改革的内涵

关于农业供给侧结构性改革的内涵至今没有形成统一的认识，不过学者们的论述为我们科学把握其内涵提供了思路和方向。有学者从供给侧的概念入手，认为供给侧是从经济发展的要素供给、服务提供和商品供给等角度，通过劳动力、土地、资本等要素改革和技术创新来驱动经济的发展（罗哲、李国炜，2018）。部分学者从供给侧结构性改革的本质出发，认为农业供给侧结构性改革是通过农业技术革新和产业结构调整，使农业主体生产出满足市场需求数量的、符合消费者质量要求的产品，推动生产对接消费（张社梅、李冬梅，2017）。也有学者指出农业供给侧结构性改革需从土地制度改革、农业结构调整、完善粮食价格及补贴制度三方面入手，实现农业生产领域降成本、补短板、去库存的目标，从而实现农产品供需精准对接、推动农业可持续发展（孔祥智，2016；江维国，2016）。

2. 农业供给侧结构性改革的目标

增加农民收入、保障农产品供给是国家推进农业供给侧结构性改革的主要目标。目标的实现需要配套实施相关政策，大力发展实体经济，推动科技成果转化和科技创新，提高农业供给结构与需求侧的匹配度（许瑞泉，2016）。部分学者从结构性矛盾方面丰富改革目标的内涵，祁春节（2018）认为供给侧结构性改革的目标是通过土地改革和农业结构调整，降低生产成本，促进农业供给提质增效，满足当前消费升级后的新需求，形成有力的国际竞争力，促进农业绿色发展，改善生态环境，缓解资源压力，从而使改革后的农业供给能力更好地满足现代社会、消费市场对农产品不断增长、升级、多元化的需要（黄季焜，2017）。

3. 农业供给侧存在的结构性问题

解决我国农业供给侧结构性问题是农业供给侧结构性改革的主要任务，对于目前我国存在哪些结构性问题，学界展开了丰富的讨论，比较一致的观点认为，当前我国农业供给侧的结构性问题主要体现在"四个矛盾"上，即城乡消费结构升级与有效供给不足的矛盾（姜长云、杜志雄，2017）、农产品国际冲击增强与国内竞争力低下的矛盾（罗必良，2017；王国敏、常璇，2017）、资源环境约束强化与农业粗放发展的矛盾（魏后凯，2017）、农民持续增收乏力与增长动力不足的矛盾（姜长云等，2021）。

4. 农业供给侧结构性改革的路径和政策研究

（1）农业供给侧结构性改革的路径研究

目前学术界对农业供给侧结构性改革的路径探讨主要围绕"调结构、去库存、降成本、补短板"展开。调整优化农业结构的目的在于优化种植结构，改变现有的农业生产发展方式，由追求数量向追求质量转化，发挥市场优化资源配置的作用，保证农产品供给的有效性与需求匹配的适应性和变化的动态性（宋洪远等，2021），提升农业全要素生产率，推动农产品向绿色化、品质化发展，实现农业稳产增收、提质增效，从而更好地满足消费者更高水平的需求（谢瑾岚，2020）。去库存一方面要消化现有粮食积压库存，缓解粮食库存积压压力，大力发展粮食精深加工企业，促进粮食生产、加工、流通、销售产业链条融合，提高各个环节的流通效率和管理质量（倪坤晓、何安华，2021）；另一方面要减少粮食陈化损失，减少国家财政赤字，推动粮食供需在更高水平上达到新的均衡（凌华等，2019）。

降成本要依靠农业科技进步，创新农业生产管理技术，推动农业全产业链生产，实现质量提升、效益增加（谢瑾岚，2020），积极推动农业社会化服务体系的建立，优化资源配置，形成土地流转的规模效应，从而提高农业产出水平，降低生产成本（钟真等，2020）。补短板要夯实农业生产的薄弱环节，进一步完善农业农村基础设施和公共配套服务，培育新型农业经营主体，利用新兴数字技术创新生产管理方式，实现适度规模经营，培育新动能，完善农业产业各环节的配套措施，创新旅游农业、智慧农业、绿色农业新业态，打造农业发展新引擎（翁鸣，2017）。

（2）农业供给侧结构性改革的政策研究

深入推进供给侧结构性改革，需要政策配套的支持。实践中如何推动供给侧结构性改革，学界主要从农业政策、产业发展、政府职能转变和市场变革方面提出政策建议。一是改革土地制度及配套相关措施调整农业结构，培育一批满足市场需求的新型农业经营主体，建立符合当前生产发展水平的农业社会化服务体系（何军、王越，2016）。二是注重产业发展，找准改革发力点，加大农业生产补贴力度，完善现有的农产品价格机制，建立起环节分工合理、资源配置优化、运行高效的农业现代化生产经营体系，大力推进数字农业发展，推动农业数字服务平台的有序发展（姜长云、杜志雄，2017；陈文胜，2016）。三是关注政府职能转变和市场变革（涂圣伟，2016），同时要着力解决农产品质量安全、资源安全等领域的市场失灵问题，深化市场体制机制改革，优化市场资源配置，提高财政资金使用效率，促进农业可持续发展（黄季焜，2018）。

（四）农业高质量发展研究

农业高质量发展是我国经济高质量发展的重要组成部分。自 2011 年以来我国经济发展进入新常态，伴随农业供给侧结构性改革的深入推进，农业高质量发展逐渐成为现代农业发展的战略方向。围绕农业高质量发展的内涵、特征、发展路径及政策等的相关理论研究和实践探索不断丰富和完善（夏显力等，2019；辛岭、安晓宁，2019）。

1. 农业高质量发展的内涵

农业高质量发展最早是在 2018 年由农业农村部提出[①]，围绕如何提升农业发展质量，学界赋予了农业高质量发展丰富的内涵。部分学者从

---

① 农业发展由增产向提质转变，围绕质量兴农、绿色兴农、品牌强农的主旋律，创新农业生产管理技术，以新技术、新科技、新理念推动农业提质增效和转型升级。

高质量的判断依据和标准出发，认为农业高质量中的"高"是指农业产业效益高、产品标准高、经营效率高，同时具有较强的国际竞争力（钟钰，2018）。一些学者聚焦农业发展的内部条件，提出农业高质量发展需要满足的三个条件：一是农产品供给能够适应市场转型升级后的需求；二是从事农业生产经营能够获得较高收益；三是农业发展方式具有可持续性（孙江超，2019）。也有学者从综合角度，提出农业高质量发展包括农产品质量提升、农业生态质量改善和农业结构调整，即在保障农产品品质安全的情况下，提供优质的农产品，坚持绿色发展理念，改善修复农业生态环境，调整农业生产结构，促进农业协调发展（冷功业等，2021）。谢艳乐和祁春节（2020）则从农业高质量发展的外部效益角度拓展其内涵，认为农业高质量发展能够延长和融合农业产业链条，提高农产品品质和价格，塑造农业的整体竞争力，同时促进国家整体经济效益和生态效益的提升。

2. 农业高质量发展的特征

随着农业高质量发展的理论和内涵不断深化，如何提升农业发展质量、寻找农业高质量发展的政策路径成为当前的难题，而把握好农业高质量发展的特征，则是破解难题、推进农业高质量发展研究工作的关键。学界主要从农业高质量发展的方式和动力两方面特征做了一定的探索和总结。

关于农业高质量发展的方式特征，学界多聚焦于我国农业发展方式转变的历史进程。叶兴庆（2016）归纳了近30年农业发展方式转变的特征，发现保供增产是贯穿我国农业生产发展方式转变进程的主基调，多次农业产业结构、市场结构的调整始终围绕保障粮食供给、产能增加的目标，依靠生产要素投入数量增加的传统粗放型增长方式依然是我国大部分地区的农业发展模式。这些问题的存在，亟须我们转变农业生产方式，促进农业转型升级，加快乡村振兴的步伐，赋予农业发展方式高质量、高效益、高效率的特征（彭静、何蒲明，2020）。

关于农业高质量发展的动力特征，现有文献主要从其内外部特征进行研究。从内部来看，农业技术进步和相关制度改革变迁是农业高质量发展的动力来源（程士国等，2020），农业经营主体的技术偏好和制度创新能力会影响其制度决策的变迁，进而促进农业高质量发展。从外部来看，王兴国和曲海燕（2020）认为科技是农业高质量发展的第一动力，土地、劳动力等传统生产要素的转型升级和数字技术、信息技术等新兴要素的运用为高质量发展提供了动力支撑，从而沿着"质量兴农""效益兴农""绿色兴农"的发展路径，满足人民需要，实现发展共享。

3. 农业高质量发展的路径与政策研究

农业高质量发展的研究目前正处于起步阶段，关于高质量发展的内涵、特征、路径等问题仍然存在不同的理解，尚未达成共识。现有关于农业经济高质量发展路径的研究主要是依据党的十九大报告中关于建设现代化经济体系的内容展开，集中在"质量变革、效率变革、动力变革"三个方面。

在质量变革方面，即农业生产导向从增产转向提质，要建设先进的、标准化的农业生产体系，保障优质农产品的有效供给。同时建立完善的农产品产品标识、档案记录制度，提高农业生产管理水平（黄修杰等，2020）。要以科技赋能农业产业精细化发展，促进农业产业链条融合发展（谢艳乐、祁春节，2020）。以创新为核心动力，通过产品创新，提高农产品价值，保障供给。通过制度和管理创新，提高农业生产力水平和管理水平，进而优化生产要素资源配置，提升农业全要素生产率。完善现代农业产业体系，推动传统农村三次产业转型升级，加速三次产业融合，为我国农业高质量发展奠定基础（辛岭、安晓宁，2019）。

在效率变革方面，即发展理念向生态优先、绿色发展转变。绿色发展理念的推广，是效率变革的起点。自2003年绿色农业的概念提出以来，资源节约型、环境友好型农业一直是我国现代农业发展的方向。同时，"藏粮于地、藏粮于技"等战略的实施、新型农业经营主体的培育和耕地保护制度、农业绿色发展方式的推进，改善了劳动生产率，提高了全要素生产率，实现了宏观效率变革（蔡昉，2017）。高水平的社会化服务体系的建设和推广、农业区域间合作充分发挥了空间效应，优化了资源配置，促进了要素流动，完成了效率变革（孔祥智、穆娜娜，2018；黎新伍、徐书彬，2020）。

在动力变革方面，以科技引领为驱动，将农业生产、生态环境保护、业态创新、科技创新有机结合起来，强化农业产业链条，推动农业高质量发展和生态环境保护高质量发展（黄修杰等，2020）。以开放合作为动力，激活人才链。积极培育一批懂农业、爱农村、爱农民的"三农"复合型人才，提升新型农业经营主体的专业化水平，创新经营制度。

4. 农业高质量发展的政策研究

政策是农业高质量发展具体战略落地的保障和支撑。围绕政策设计和支持，目前学界主要从宏观和微观两个层面针对农业高质量发展提出政策建议。

宏观层面的政策建议主要强调充分尊重市场规律，注重长期引导和短期刺激相结合、正向激励和负向约束相结合来推动农业高质量发展（任保平，2018）。要深化土地制度改革，激活闲置土地，完善土地流转、土地管理等制度，发展农业适度规模经营（柯贤锋等，2020；王兴国、曲海燕，2020）。进一步深化农业供给侧结构性改革，健全农业要素市场机制，推进制度变革以加强土地、劳动力、资金、科技等要素的自由流动。扩大农业对外开放，以"一带一路"倡议为依托，加强农业领域的国际合作，构建内外联动的开放新格局。持续加大农业科技创新支持力度，优化配置农业科技资源，创新农业科技研发及成果转化制度。以"互联网＋"战略为依托，深化农业与第二、第三产业的融合，着力培育农业新主体和新业态，激发农业农村发展新动能（董艳敏、严奉宪，2021；黎新伍、徐书彬，2020）。

在微观层面上，学者更多是从新型农业经营主体的角度出发，从主体培育、资金支持、政策保障等方面制定政策以提升其竞争力。新型农业经营主体是实现小农生产对接农业现代化，推动农业高质量发展的重要力量（叶兴庆，2016）。政府政策应围绕激发主体发展活力、降低发展风险、增强主体带动力等方面，从技术、资金、人员等方面完善政策配套体系、转变扶持方式、提高扶持效能，从而保持农业可持续发展的活力（程士国等，2020；陈晓华，2020）。具体政策路径可以概括为两条。一是推动新型农业经营主体适度规模发展，保障国家粮食的安全稳定（李冬艳、余晓洋，2020；董艳敏、严奉宪，2021）；二是壮大农业经营主体的发展基础，不断完善政策配套支持，充分发挥累加效应。要不断搭建土地交易平台、强化对土地流转风险的把控，保证土地要素的规模。强化机收、机播、病虫害防治等社会化服务，创新农业社会化服务的内容和方式，为农户农业经营提供产前、产中、产后的专业服务，以服务支撑农业规模化生产（张发明等，2021；辛岭、安晓宁，2019）。

（五）述评

综上所述，学界关于数字经济和共享经济、农业供给侧结构性改革、农业高质量发展的内涵和外延有了丰富的研究，同时也存在一些不足，亟须完善和补充。

从数字经济和共享经济角度来看，学术界目前在概念辨识、价值评估和功能识别等理论研究方面和数字产业、共享商业模式等应用方面已经形成较丰富的研究成果，但是对数字经济如何完成传统产业改造、实现产业数字化转型的内在机理等微观层面的研究尚显不足，导致现阶段共享经济作用于产业发展的运行机制和演绎逻辑缺乏理论支撑，这是本书从共享经济出发研究农业供给侧质量提升需要关注和解决的问题。同时我国共享农业的研究还处于起步阶段，学界对共享农业的研究尚未形成全面且系统的理论体系，多是一些分散的、细碎的理论研究。大多数研究并未从我国农业发展现实出发，将共享经济与我国农业发展的实际结合起来。现阶段的共享农业研究亟待理论的创新去指导实践，以揭示共享经济与农业供给质量提升的理论逻辑、实现路径等重大问题。

从农业供给侧结构性改革角度来看，学术界关于农业供给侧结构性改革理论的研究基本形成了以下思路：不仅要关注数量层面结构的调整，还要重视质量、品质、效率、生态结构层面的调整，加快土地、资本、技术等要素的流动，更要促进第一、第二和第三产业之间的联结、融合和渗透，发展新产业、新业态和新模式，满足日益增长和升级的消费需求。简言之，要解决当下农业供给侧的问题，应从提高农业供给体系的质量入手。但目前，对于农业供给侧结构性改革的研究主要集中于理论层面的探索，对供给侧结构性改革的实践探索、运行模式关注较少，没有从实践层面提供决策依据，以农业供给侧结构性改革实践案例、运行模式检验和修正农业供给质量提升理论的科学性和合理性，为政策支持和制度安排提供理论和实践的可靠依据，这些均是本书试图研究的重要内容。

从农业高质量发展角度来看，农业高质量发展是效率、质量、生态、环境等多方面的协同发展。目前我国农业要实现高质量发展需要从数量型、粗放型、单方面发展向质量型、集约型、全面协调发展转型，从供需结构失衡向供需结构平衡转型，从产业结构失衡向三次产业融合发展转型，从传统的依靠要素投入驱动向效率创新驱动转型。但是农业高质量发展的大多数研究尚停留在对中央文件精神的解读上，其观点和结论还需要严谨的理论分析与实证检验，这些均是本书开展融合研究的主要内容与核心落脚点。

　　共享经济如何赋能农业供给体系质量提升，促进二者的深度融合？这是一个全新的研究课题，目前已有的研究还侧重于概念的移植和简单要素的结合，尚未系统地探究共享经济赋能农业供给体系质量提升的作用机制与综合效应，未明确共享经济与农业供给侧结构性改革相结合会碰撞出怎样的火花。但可以明确的是，在理论上深入完整地揭示共享经济赋能农业高质量发展，激发农业供给质量提升的内在动力的运行规律和实质内涵，在逻辑上规范周延地厘清共享经济与农业供给质量提升的逻辑关系，是本书试图深入探讨的核心问题。

第三章　共享经济赋能农业供给体系质量提升的理论框架

一　理论基础

（一）供给理论

供给和需求问题是经济学研究的核心问题。供给思想诞生于古典经济学时期，以萨伊等为代表的经济学家对供给理论研究做出了重要贡献。本节溯源供给思想的发展，从西方经济学中的供给理论、马克思主义供给理论、中国传统供给思想和习近平总书记的供给侧结构性改革理论四个方面，探究和归纳不同经济发展时期和思想内涵下供给理论的具体表现，从而更深刻地理解供给理论的内涵，为中国的供给侧研究提供扎实的理论基础和政策指导。

1. 西方经济学供给理论的演进

西方供给理论演进分为前古典经济学时期的供给理论、古典经济学时期的古典理论和供给学派三个阶段。前古典经济学时期的经济学家对供给思想的阐述主要从农业生产活动分工开始。古希腊经济学家色诺芬的《经济论》是最早阐述供给思想的著作。他强调重视农业生产，重视供给，认为农业是财富增长的源泉，是国民经济的基础。同时，他认识到供求的变化会造成价格的波动，进而影响社会分工。柏拉图在《理想国》一书中从唯心主义和分工学说的视角出发，描述了一个以正义原则构建起来的能消除对立和社会矛盾的理想国。他认为农业应是这个理想国的基础，强调按人的禀性差异进行专业化分工可以提高效率，高效率体现在产品数量和质量水平的提高上。亚里士多德在《政治学》一书中进一步对色诺芬提出的"经济"概念进行广义化，将其区分为"经济"和"货殖"，提倡重视满足生产的"经济"，反对大商业的"货殖"（鲁友章、李宗正，1965）。三位学者都从生产分工角度阐释供给思想，强调分工对形成供给的重要性。

在工场手工业向机器大工业过渡的大背景下，古典经济学家聚焦供给侧，尝试从生产端解密财富和价值的密码，不断完善和深化供给理论。18世纪50~70年代，重农学派重视生产、强调供给，将"纯产品"视为整个理论体系的基础。1758年，魁奈在《经济表》中指出纯产品是大自然的恩赐，是财富的来源。1766年，杜阁在《关于财富的形成和分配的考察》中发展、修正了魁奈的观点，强调纯产品来源于剩余劳动，降低税率对经济具有积极作用。1776年，亚当·斯密在《国富论》一书中从供给方面分析财富，认为劳动创造财富，国民财富是由本国国民劳动创造的；劳动是供给的源泉，国民消费是由劳动供给的。他认为阻碍经济发展的因素不可能在需求方，只能存在于供给方。19世纪初，萨伊在《政治经济学概论》中阐述了"萨伊定律"，提出在市场调节机制下供给可以自行创造需求，不会出现生产过剩的问题，只需要打破垄断、减少管制、降低税收，市场就能实现供求平衡。1817年，大卫·李嘉图吸收斯密和萨伊的相关观点，在《政治经济学及赋税原理》中提出商品交换实质上是劳动交换，消费能力随生产同向增加，因此生产不可能过剩。1929年，美国爆发资本主义世界经济危机，经济学家注意到需求不能由供给自行创造。1936年，凯恩斯在《就业、利息和货币通论》一书中认为经济危机爆发的根源是消费不足，并对"萨伊定律"提出了批评和质疑，认为"萨伊定律"忽略了货币流通因素，使产品在买卖时产生了时间和空间上的分离。他提出需求创造供给的"凯恩斯定律"，主张由国家通过宏观调控对需求进行管理，以扩张性的财政政策和货币政策刺激需求，通过国家投资和管控来拉动经济增长。

20世纪70年代，西方国家开始出现经济停滞和通货膨胀并存的局面，陷入"滞胀"的困境。供给学派肯定了"萨伊定律"，摒弃了"凯恩斯定律"，认为经济滞胀的原因在于供给方，而不在需求方。供给量可以决定需求量，供给和需求在市场作用下可以相等。国家应减少市场干预，让市场机制充分发挥作用，用自由竞争去刺激个人和企业的积极性，增加供给、提高效率（孙鹏，1998）。面对"滞涨"，芝加哥大学的罗伯特·蒙代尔教授认为减税和紧缩货币供给可达到抑制通胀和拉动经济增长的目的。1974年，阿瑟·拉弗提出"拉弗曲线"，阐明了税收和政府收入的关系，认为在一定税率水平下税率提高能够增加政府收入，超过这一范围就会导致税收减少，即并不是税率越高，政府税收就越多（尹伯成、华桂宏，1996）。1981年，乔治·吉尔德在《财富与贫困》一书中提出了"想要取之，必先予之"的见解，认为消费者购买力与供应力是相等的，供给的产品量和劳务量越大，购买力就越强，供给的产生先于需求，且供给又能够创造出自己的需求。"给予"的源泉为经济供给，供给和需求顺序不能颠倒，否则会导致通货膨胀、经济停滞。

2. 马克思主义供给理论

马克思批判性地继承了西方古典经济学，提出了马克思主义供给理论，深入阐述和剖析了决定总供给的因素及总供给和总需求的关系。《资本论》集中展现了马克思关于有效供给的理论思想，是马克思有效供给理论的核心。他提出有效供给决定和创造需求（胡培兆，2004）。他认为供给和需求是相互依存的两个方面，达到均衡状态才会使市场具有活力；供给无效造成需求不足，而有效供给的规模和水平在一定程度上可以决定需求的结构和数量。同时，供给创造需求也会影响产业结构的升级和变迁，供给为需求提供收入支持。

众多学者进一步丰富和完善了马克思主义供给理论，在《资本论》第二卷、第三卷中恩格斯进一步发展马克思主义供给理论。列宁将马克思主义经济学运用到俄国实践中，从供给角度分析社会再生产规律和运行机制（张建君，2005），指出劳动力增长才会带来生产资料增加，认为劳动生产率提高是保障社会主义经济建设的重要物质条件，提出计划经济，倡导重视价值规律的作用。斯大林吸收列宁的经济发展思想，在《苏联社会主义经济问题》中提出了工业生产发展是实现社会主义的保障，与工业化匹配的农业集体化是完成社会主义改造、实行计划经济的一个发展方向。毛泽东将马克思主义与中国的实际相结合，在抗日战争期间提出大生产运动的目的就是保障物质供给、发展根据地经济。邓小平运用马克思主义供给理论提出了改革开放政策，强调市场在供给中的作用。他认为按劳分配和按要素分配的制度有利于生产力发展，促进产品供给，有利于促进中国经济的发展。

3. 中国供给理论的演变

我国传统社会是以小农经济为主，呈现自给自足的特点。农业是社会发展的重中之重，不同时期的改革者提出的重视农业生产的思想和政策实际上体现了供给思想。战国时期商鞅变法主张"重农抑商，奖励耕织"、西汉刘邦倡导"轻徭薄赋"以鼓励农业生产、唐太宗的"劝课农桑，不违农时"及颁布的减赋政策等体现了封建统治者重视农业生产和供给。自新中国成立以来，由于经济短缺、资源有限，政府实行计划经济，加强供给管理。改革开放以后，邓小平提出建设社会主义市场经济，探索由市场调节供求关系，逐步放开对供给的管理。贾康等（2013）组建了"中国新供给经济学研究小组"，在继承传统供给学派思想的基础上结合中国改革实践提出了"新供给创造新需求"的观点，构建了从供给侧推动中国经济发展的理论体系。

面对错综复杂的世界经济形势和我国经济呈现出的诸多结构性问题，习近平在 2015 年中央财经领导小组第十一次会议中，首次提出供给侧结构性改革，并在此后的会议讲话与报告中多次强调供给侧结构性改革，逐步形成完善的关于供给侧结构性改革的重要论述。习近平认为供给和需求是市场经济内在关系的两个基本方面，呈现既对立又统一的辩证关系。市场上的供给和需求"相互依存、互为条件"。同时，没有需求，供给就无从实现，新的需求可以催生新的供给；没有供给，需求就无法满足，新的供给可以创造新的需求。供给侧和需求侧是管理和调控宏观经济的两个基本手段。需求侧管理，重在解决总量性问题，注重短期调控，主要是通过调节税收、财政支出、货币信贷等来刺激或抑制需求，进而推动经济增长。供给侧管理，重在解决结构性问题，注重激发经济增长动力，主要通过优化要素配置和调整生产结构来提高供给体系质量和效率，进而推动经济增长。供给侧结构性改革的根本，是使我国供给能力更好地满足广大人民日益增长、不断升级和个性化的物质文化和生态环境需要，从而实现社会主义生产目的。一个国家的发展从根本上要靠供给侧推动，当前和今后一个时期，我国经济发展面临的问题在供给和需求两侧都有，但矛盾的主要方面在供给侧。习近平在中央财经领导小组第十三次会议中指出："推进供给侧结构性改革，是综合研判世界经济形势和我国经济发展新常态作出的重大决策。"供给侧结构性改革，既强调供给又关注需求，既突出发展社会生产力又注重完善生产关系，既要发挥市场在资源配置中的决定性作用又要更好地发挥政府作用，既着眼当前又立足长远。供给侧结构性改革的关键是抓好"去产能、去库存、去杠杆、降成本、补短板"五大任务。"巩固、增强、提升、畅通"这八字方针是当前和今后一个时期深化供给侧结构性改革、推动经济高质量发展总的要求。

西方的供给理论为中国的供给侧结构性改革提供了一定的借鉴和参考。供给侧结构性改革就是我国在西方供给理论的基础上，结合中国国情提出的创新概念。在供给侧结构性改革的相关实践中，要将西方经济学科学的理论和马克思主义供给理论合理地"本土化"，为中国经济改革实践提供一定的理论基础和政策指导。

（二）要素流动理论

要素流动理论起源于古典经济时期，成形于西方经济学家对国际贸易和国际投资的研究之中。学术界探讨要素流动大多从传统贸易理论和新贸易理论的角度展开，从目前来看，关于要素流动的研究尚未形成系统的理论体系。在我国，无论是新中国成立初期的二元结构、改革开放的东西部发展差异，还是党的十六大以后的城乡一体化建设等，或多或少都出现了要素流动思想。本节追溯了西方经济学要素流动理论的发展历程和我国学者对要素流动的动态研究，有助于更好地理解要素流动的内涵，全面把握西方要素流动理论对农业供给体系改革的指导意义。

1. 西方要素流动理论

古典经济学家认为劳动力、土地和资本是促进经济增长的三大要素。要素流动理论的概念最早是由威廉·配第在其著作《政治算术》中提出。他对劳动力与资本流动的原因进行了剖析，对要素流动如何影响经济增长进行了论述，认为劳动力的增加与土地收益的增加存在正向相关。魁奈将劳动力流动归因于国家或地区间工资差异以及人们对更好生活的追求，指出人口与资本是实现国家富裕的必要条件。这一时期的学者仅限于发现要素流动，并未对要素流动展开深入的研究，也未形成相应的理论基础。

1776 年，亚当·斯密在分析和总结不同地区和国家内外部要素流动的情况后，在《国民财富的性质和原因的研究》中阐述了"绝对优势理论"，认为地区、国家之间产生贸易的根源在于"绝对优势"的不同，即各个地区和国家因地理环境、要素禀赋、历史传承等方面的差异，在生产上有着不同的独特优势，可以通过专业化分工，优化资源配置，将资源投入有绝对优势的产品的生产上，吸引相关生产要素流入，从而形成不同地区的专业化分工形态。1817 年，李嘉图进一步提出了"比较优势理论"，认为国际贸易的产生是由于生产技术的相对差别，提出拥有多种产品生产优势（生产劣势）的地区选择相对优势大（相对劣势小）的产品进行生产和出口，以获取国际贸易的"比较利益"。这一时期，学者们认为要素流动的归因主要是技术差异，绝对优势理论和比较优势理论形成了古典经济学时期解释国（区）际贸易的两大基础理论。

进入新古典经济学时期，"大城市病"的出现让学者们意识到无论是绝对优势理论还是比较优势理论都只采用了单因素的分析方法，不适用于分析国（区）际分工和经济发展动态变化的现实情况，因此，迫切需要新的理论来指导要素流动的实践。1933 年，俄林在《区际贸易与国际贸易》中提出了要素禀赋理论，以要素区域内部的完全可流动性与跨区域的不可流动性为假设前提，建立了两个国家（地区）在两种要素的分布下生产两种商品的国际贸易一般均衡模型，认为国家（地区）应当出口资源密集型商品，进口资源短缺型商品，这样的贸易会促进国家提高资源利用效率。此外，贸易要素价格将趋于均等化。1941 年，斯托尔珀和萨缪尔森证实在自由贸易条件下，国际商品和要素的价格趋于均等化，国际贸易实际就是以商品代替要素的形式进行区间流动，提出了"要素价格均等化定理"。

要素禀赋理论拓展了古典经济学单要素分析国际贸易的框架，着重从两种及以上的要素生产中进行分析，成为新古典经济学时期有关国际贸易的系统阐述。1953 年，"里昂惕夫之谜"的提出标志着国际贸易理论发展的转折。为了解释"里昂惕夫之谜"，以基辛和格鲁勃为代表的美国学者提出了"新要素贸易理论"，从人力资本的角度对要素禀赋论进行修正，认为人力资本是对劳动力的投资（包括教育投资、培训开支及卫生、保健费用等），从这个角度上来说美国出口商品中所含的劳动力是一种人力技术的密集，因此劳动力可以被视为资本要素的一种表现形式。新要素贸易理论最主要的贡献在于对要素内涵的丰富，除了传统的土地、资金和劳动力，其他要素如人力资本、技能、技术、信息、研究与开发等也影响着比较优势的分析。

20世纪中期以来，全球化进程加快、跨国公司崛起，国际投资超越国际贸易成了世界经济的新趋势，国际投资的本质就是生产要素的直接流动。以完全市场竞争、规模报酬不变、产品同质为假设的新古典要素流动理论难以解释国际要素流动的现实情况，因而其逐渐被引入空间概念假设的、更符合现实情况的发展经济学家和新经济地理学家的研究所取代。在这样的趋势下，刘易斯提出"二元经济结构"，阐述了由于工农业之间生产效率水平的差异，生产要素在城乡之间流动的情况。他提出农村剩余劳动力向工业部门转移，是破除城乡二元发展的有效途径。费景汉和拉尼斯在考虑了工业、农业两大体系平衡增长的情况后，进一步发展了"二元经济结构"。他们认为从二元化到一元化需要经历三个阶段的变化，即劳动力无限供给、劳动力转移的边际生产率大于零且小于工业部门、农业商业化三个阶段。

二元经济结构仅考虑了劳动力要素流动对区域发展的影响，1955年，法国经济学家佩鲁基于经济布局空间优化的思想，提出"增长极理论"，指出要素地区间的自由流动可以促进要素效率提升，而地方保护主义和分裂化的市场会导致要素效率降低。将各种生产要素聚集，打造经济发展的增长极，可发挥其扩散和回流效益，带动区域经济的发展。20世纪80年代，"新贸易理论"从贸易保护和垄断竞争两方面探讨生产要素、区域贸易和经济的关系，强调在商品价格无差异、要素条件一致的情况下，规模经济和不完全竞争也会导致产业内贸易产生，促进经济的发展。同时，克鲁格曼吸收新贸易理论和运输成本理论，提出要素流动的"中心—外围"模型，即外围的原材料向工业中心流动，以促进中心的发展。

2. 要素流动理论在中国的发展

新中国成立初期，面对复杂的国际形势，中国政府提出"优先发展重工业"的道路，采取农副产品统购统销、征收农业税费等政策，实行"以农养工、以乡养城"政策。大量生产要素向城市倾斜，形成了城乡分割的二元经济结构局面。要解决城乡分割的问题，必须打破户籍限制，推动农民城市化，依靠财政政策缓解城乡在经济和社会方面资源不均衡的现状，实现经济结构由二元向一元转化。1978 年改革开放以后，政策、资源、产业开始向东部地区倾斜和流动，东西部地区发展差距增大，学者们对要素流动的关注由城乡转为区际。但无论是城乡要素流动还是区际要素流动，依然是从宏观的角度来分析要素的跨区域流动对经济发展的影响。

党的十六大以后，随着城乡统筹、城乡一体化、农业现代化、乡村振兴等概念的提出，政府倡导人才、科技和资源等要素向农村回流，同时注重要素的自由流动，将农村要素单向流出的格局扭转为双向互动流动，实现城乡共同发展。在数字技术日新月异的发展下，新要素贸易理论所提出的要素内涵进一步丰富，"数据"成为新型的生产要素形态，学界对要素流动的关注点也由宏观转向微观的全要素生产率和要素配置。宏观视角认为要素流动可以优化资源配置，中观视角提出要素流动有利于国家要素结构的调整，微观视角提出要素流动能够提高要素的边际贡献（张幼文、薛安伟，2013）。城乡之间要素配置效率的不同引发了要素的流动，城乡一体化模式的四轮驱动机制分别是资本要素配置、劳动力要素配置、技术要素配置和公共资源配置（常野，2015）。

综上，要素流动理论随着经济学理论的发展而不断深化。古典经济学时期和新古典经济学时期的要素流动仅限于发达国家和发展中国家产业间的贸易，新贸易理论的出现标志着要素在产业内的流动。在研究方法上，从静态的单要素零散分析，走向动态的多要素综合分析。在研究假设上，从过于理想化趋向于更加现实。要素的自由流动能促进区域经济和世界经济的增长，同时也是缩小和消除区际经济差异的原因。农业供给体系改革的目标是提高全要素生产率，而全要素生产率提高最关键的核心是打破要素流动的藩篱，促进要素流动，丰富要素优化配置方式。要素流动理论无疑为我们打开农业供给体系要素流动的通道提供了理论支撑。

（三）质量经济理论

质量经济学不是无源之水、无本之木，它的产生有其理论渊源和历史依据。早在 20 世纪 50 年代国际上的学者就开始质量经济学研究，直到

80 年代国内的质量经济学相关研究才集中丰富起来。本节从国际、国内两个视角出发，对质量经济学的理论渊源进行梳理，归纳总结质量经济理论的演进历程，以深刻、全面地理解质量经济的内涵和其未来发展方向，为农业供给侧的研究提供指导。

1. 国际质量经济理论的溯源

马克思最先在《资本论》中对质量的经济性做出论断，认为产品的使用价值不是通过产品"量"的提高，而是通过产品"质"的提高而提高的。20 世纪 50 年代出版的《朱兰质量控制手册》一书首次提及质量经济性的概念，美国质量管理大师朱兰（Joseph M. Juran）将不良品的质量成本视为企业最不经济的开销。但由于当时经济发展强劲，尚未出现竞争限制，朱兰的观点没有获得广泛关注。

工业蓬勃发展使得行业内企业数量剧增，激烈的市场竞争拉开帷幕，业界逐步重视产品的成本，早期的质量经济理论便是围绕质量成本展开的。有学者将质量成本分为符合性成本和非符合性成本两大类别（朱兰、德费欧，2014）。前者包含预防成本和鉴定成本；后者指的是损失带来的成本，包含内部损失和外部损失。1961 年，阿曼德·费根鲍姆（Armard V. Feigenbaum）在《全面质量管理》中对质量成本进行了比较系统的研究和阐释，指出质量成本是质量体系的经济基础，对质量成本的计算应当扩大至产品的整个生命周期，以此提出"全面质量"的概念。该观点得到了国内外学界的广泛认可。"全面质量时代"的来临使得越来越多的学者投身于产品质量的研究。

在"质量至上"的思想指导下，企业投入大量资金以提高产品和服务质量。1968 年，苏联学者勃·安德列耶夫（Bo Andreyev）继承马克思主义经济学，从理论上探讨了产品质量与经济学理念中的价值、使用价值、价格等存在的相互关系。20 世纪 70 年代，日本学者千住镇雄和水野纪一从经济和技术的角度，对产品质量相关企业的组织生产问题及其经济分析进行了研究，为质量经济分析和评价带来了思路并提供了参考。90 年代，学者们开始关注质量投资的产出效果，质量经济理论研究的重心也向质量投入和产出关系转移。1998 年，《质量经济性指南》将质量经济性定义为"组织内部的所有管理活动，致力于平衡质量成本和价值的关系，确保组织竞争能力和获利能力"。由此，质量经济性的内涵由单一的质量成本向兼顾质量收益转变，质量活动的经济性可以用"成本/收益"来衡量。

伴随互联网技术的发展，数字经济和知识经济崛起，知识的数量与结构逐渐代替传统的成本核算成为企业质量管理新的决定性因素。2000年以后，质量经济性的研究热点向学习、知识获取、改进质量和市场绩效之间的关系等组织内部竞争力探索（张卓，2004）。质量经济的研究重点随时代发展不断深入。

2. 国内质量经济理论的发展

国内对质量经济学的研究源于 20 世纪 60 年代，早期的质量经济性分析主要关注经济效益方面。1957 年，我国著名经济学家孙冶方在《从"总产值"谈起》一文中批评了计划经济下重数量、轻质量的倾向，开启了质量研究的先河。1978 年，于光远出版了《论社会主义生产中的经济效果》一书，指明了产品质量和经济效益之间的正向关系。改革开放以来，众多学者对质量问题开展了丰富的研究，质量经济理论也变得更加系统和立体。1985 年，程抱全出版《质量经济学》一书，提出了"质量经济规律"的新观点、创新质量价格和会计质量管理的新理论新方法。1987 年，石培忠和谢承义在《质量经济分析》一书中对质量经济的概念进行了经济学解读，认为质量经济性是产品（或服务）的实用性，企业通过探索产出质量与经济效益的最优解，以求得企业和社会的最佳经济效益。1992 年，银路和刘卫在《质量经济效益分析》一书中，从质量和质量管理的角度，强调了改善质量与创造企业经济效益之间的显著正相关关系。1992 年，郭克莎在《质量经济学概论》中首次提出了质量的两重性理论，将质量区分为物质性和社会性，论述了绝对质量和相对质量的内涵、特点和相互关系，并提出了相对质量影响价值的观点，揭示了经济会从数量向质量发展的趋势，独创性地提出了质量需求和质量供给范畴。

进入 21 世纪，为应对国内外复杂的局势，在技术进步、知识经济、效率问题、质量安全等现实背景的促进下，学界开始广泛关注质量经济学。关于质量经济的研究也从微观经济质量研究朝着宏观经济增长质量转变。经济增长质量是在一定时期内同一个国家或地区产品和服务总量以及质量增长活动的优劣程度，是当前我国经济发展结构调整、效率提高、创新增强带来的必然结果（陈海良，2008；任保平，2013）。经济质量增长受科学技术、教育水平（刘海英等，2004）等因素的直接影响，同时也受经济体制变革和政策调整等因素的间接影响（杜方利，1997）。因此，21世纪的经济质量增长是一个循序渐进的过程，呈现波动起伏的状态，对21世纪质量经济的研究也需要从更多角度、更深层次上进行探讨。

综上，质量经济多源于企业的质量管理，缺少对农业供给侧结构性改革或者农产品质量等相关领域的应用研究，但质量经济的核心思想同样适用于农业供给体系质量提升。质量经济的核心思想肯定了产品质量对经济的正向影响，通过加强质量管理，在不牺牲生产者利益的前提下，满足社会需求。农业供给质量提升可以以质量经济理论为指导，通过解决供给侧结构性问题，保障农产品供给，提升农业供给质量，以满足消费升级后更高层次的农产品需求，提高消费者满意度，化解农业领域供需矛盾，尽可能降低生产成本，确保生产者的经济效益，进而实现社会、消费者、生产者的综合效益最大化。

（四）产业组织理论

产业组织理论亦称"产业经济学"（卫志民，2003），是一门由微观经济学分化而来的独立学科。本节通过追溯产业组织思想的起源，回顾西方产业组织理论的发展历程，探讨该理论在中国的发展，从历史的、全面的、多层次的角度理解产业组织理论的内涵和意义，深刻理解其对农业供给体系研究的理论价值和实践指导。

1. 西方产业组织理论的发展

早期的产业组织理论来源于古典经济学。亚当·斯密在《国富论》中从产业组织理论角度分析市场及竞争问题，阐明了稳定的经济社会（甚至能达到"帕累托最优"条件）是如何通过竞争决定的价格体系创造的。但斯密忽略了对竞争和规模经济相互关系的考虑，马歇尔指出规模扩大导致的市场垄断会抑制竞争，从而降低市场活力，这就是著名的"马歇尔冲突"，他完善了斯密定理。

20世纪30年代初期，以梅森为代表的学者在进行组织结构和市场竞争结果的经验性研究时，开启了从结构视角研究产业组织理论的先河，创立了哈佛学派。1959 年，基于哈佛学派的观点并整合多学派的研究成果，贝恩提出了著名的"结构—绩效"范式。继贝恩教授之后，谢勒通过实证研究发现了市场结构、市场绩效之间的市场行为，并论证了三者之间的因果关系，形成了"结构—行为—绩效"（SCP）分析范式。自 60年代起，部分学者以 SCP 范式为基础，从理论前提假设、理论基础、部分内容、研究方法上对产业经济学进行发展改进，提出了一些新的理论。有别于侧重于市场结构研究的哈佛学派，芝加哥学派和新奥地利学派更侧重于对企业行为进行分析，认为企业行为对市场构造的逆作用以及经济绩效对企业行为的影响更需要被考虑。1968 年，施蒂格勒的著作《产业组织》的问世标志着这一学派理论的成熟。70 年代末期，新奥地利学派以奈特的不确定性概念为主要理论依据，认为政府规制和行政垄断是进入壁垒的唯一方式，新时代的产品和技术是社会福利水平的重要指标，产品的差异是企业参与竞争的重要方式。到了 80 年代，科斯、威廉姆森等人的交易成本理论影响了"新制度经济学"的产生，这个时期重点关注制度对经济活动的影响，以企业内部为着力点，探讨企业所有权结构和组织管理架构的发展变迁。1993 年，张伯伦和罗宾逊等学者提出了垄断竞争理论，按照垄断程度由低到高，将市场划分为从完全竞争到寡头垄断等 5 种类型，就不同的市场形态展开了论述。他们对企业的垄断成本及长短期均衡等的研究，构成了产业组织理论的基本框架，在一定程度上奠定了现代产业组织理论形成的基础。

综上，西方产业经济学理论通过近百年的探索和发展，已经成为一门独立且具有广泛影响力的学科。长期以来，西方产业组织理论对西方各个国家的产业政策制定具有很大的影响。随着国际交流与合作的日益增多，西方产业组织理论备受关注并被广泛传播，并且逐步发展到西方社会以外。

2. 产业组织理论在中国的发展

中国产业经济研究起步于中国改革开放之后。中国的新兴产业组织经济专家在借鉴来自世界范围内各国的优秀产业经济学理论研究成果的基础上，结合当前中国的实际国情，构建和提出一套具有浓郁中国和民族特色的产业经济学研究理论工作框架和研究体系，并且已经初步形成了一些适合中国现代化的新兴产业和社会组织经济理论研究思路。

1985 年，杨治教授编著的《产业经济学导论》出版 ，这是国内第一部以产业经济学为名的著作。1985 年，世界银行经济发展学院和清华大学经济学院印发的《产业组织经济学》是我国第一部系统介绍产业组织理论的专著。1988 年，胡汝银出版的《竞争与垄断：社会主义微观经济分析》一书深入阐述了中国社会主义的竞争和垄断。

20 世纪 90 年代以后，学者们开始重视和关注企业垄断和竞争、竞争和效率之间的联系，产业组织理论成为我国当时的产业和社会经济学领域研究的重点，主要包括市场结构和企业市场分割、产业运营绩效、市场组织结构适度聚焦和企业的反垄断和管制政策等问题。

1990 年，陈小洪和金忠义出版《企业市场关系分析——产业组织理论及其应用》一书，这是我国学者独立完成的首部产业组织理论专著。1997 年，泰勒尔的《产业组织理论》和丹尼斯·卡尔顿等的《现代产业组织》被翻译成中文，自此，利用应用博弈论与现代信息经济学的理论研究有关中国组织结构问题的学术文献大量增加。中国的产业组织管理理论结构体系已经初步建立。

21 世纪伊始，随着现代博弈论分析工具的引入，产业经济学对中国企业的市场竞争管理行为、竞争管理策略等各领域的研究越发普遍和深入。SCP 产业分析理论框架依旧被广泛应用于中国学者的产业组织理论研究。此外，随着我国市场经济的不断发展，产业经济学相关研究的深度和广度都在不断突破，研究范畴逐步扩大，方式方法推陈出新，形成了丰富的研究成果。

产业组织理论主要是研究不完全竞争市场的企业行为和市场构造。近年来，互联网产业、共享经济的出现为产业经济学的发展带来新的契机，产业组织理论与其他经济相关学科的联系日益紧密。总体来看，现有研究多集中于从宏观视角研究产业结构，微观的产业组织研究有待深化。特别是基于共享经济视角利用产业组织理论对农业主体间的行为及经济效果进行分析的研究亟待加强。本书结合共享经济的背景，从产业组织理论入手，以期分析新形势下各农业主体之间的竞争情况，提高市场效率，促进农业供给侧结构性改革，从而进一步促进产业组织理论在新经济背景下的发展。

二　共享经济下农业供给体系的演化特征

（一）农业供给体系的构成

根据前面的概念，我们已经厘清农业供给体系是一个动态变化的、开放的系统。对共享经济下农业供给体系的分析需要采用唯物辩证法的认识逻辑来展开。唯物辩证法认为事物之间是普遍联系和不断发展变化的，任何事物的发展都遵循矛盾的对立统一规律。要从主要矛盾和矛盾的主要方面深入揭示事物的相互联系和动态发展规律。共享经济下农业供给体系分析的主要矛盾是共享经济与农业供给体系如何产生交集、二者融合的基础和核心关键节点是什么。矛盾的主要方面是系统全面地分析共享经济下农业供给体系内部结构构成的特点、演化的机理和运行的规律。基于此，本章以系统的原理为指导，参考斯坦利·霍夫曼的"体系结构理论"，遵循投入—转换—产出的分析逻辑，对共享经济下农业供给体系进行分析。农业供给体系包括了农业要素投入系统、生产经营转化系统和最终农业产出系统，它们构成了整个农业全产业链的生产活动（见图 3-1）。

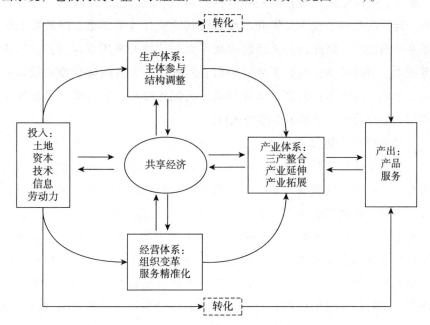

图 3-1　农业供给体系构成

1. 农业供给体系的投入系统

投入系统是农业全产业链活动的开端，主要是完成农业生产要素的获得。投入的资源包括生产要素、生产主体，只有生产要素与生产主体实现最充分最高效的结合才能确保农业投入系统的活力。

（1）生产要素投入

生产要素是开展农业生产活动的各种投入的总和。农业生产要素包括土地、资本、技术、劳动力、知识等，在共享经济下，数据和信息成为新的要素，从而改变了原有要素的投入利用方式。生产要素的数量和质量对农业供给体系产出高质量产品和服务具有基础性决定作用。比如，要确保我国粮食安全就要有必要的土地投入作为保障。农业投入要素利用率低长期以来都是农业经济学者全力集中研究破解的问题，要素的使用涉及要素产权确定、要素交易的成本和要素市场配置的方式。打破要素流动的藩篱、推动要素的城乡融合、鼓励社会资本下乡、建立要素产权交易等制度的供给无疑都为农业要素投入寻到了新的变革方向。共享经济是数字经济的一种阶段性表征，共享经济使得信息（数据）共享成为新的生产力，也成为驱动其他要素变革投入方式的新的动能。在共享经济下，可以通过所有权和使用权的分离，实现要素使用权的共享。同时，建立的共享平台为要素共享提供便利的信息收集渠道，降低要素流动共享的成本。因此，共享经济改变了要素传统的配置方式，可以以更低成本、更高效率实现要素之间的组合配置，一方面能减少要素投入数量，节约生产成本；另一方面能提高要素配置效率，加快优质要素集聚使用，呈现规模经济和范围经济效应。

（2）生产主体投入

生产主体是将要素集中在一起，完成生产活动的实际行动者。目前农业生产主体主要包括农户、专业合作社、家庭农场和涉农企业等。伴随工业化、城镇化的发展，农村劳动力非农化趋势越来越明显，同时，农村劳动力老龄化现象日益普遍，"未来谁来种地、怎样种好地"成为政府和生产者都需要思考解决的现实迫切问题。令人欣慰的是，近几年政府很重视对新型农业经营主体的培育，并取得比较好的效果。在共享经济下，手机作为新的生产农具，新型农业经营主体借助移动互联网、微信小程序和公众号，建立朋友圈，通过网络平台组织，将市场与生产连接在一起，生产者可近距离了解消费者需求痛点，更好地采用订单生产，提高生产决策科学性。同时，各种农机设备共享、农业生产技术知识共享，极大地提高了生产经营者的学习广度和深度，增强了其获取信息的能力。

2. 农业供给体系的生产转化系统

生产转化是农业全产业链价值链活动的主要环节，生产转化的效率和水平直接决定了供给市场的产品和服务的质量。这个过程是多元主体共同参与、分工合作，组织之间协同配合的行动过程，涉及农业生产体系、产业体系和经营体系三大子系统之间的有效匹配，以实现要素转化效率的最大化。按照马克思主义生产力与生产关系相互联系、相互影响、辩证统一的理论（实质上是反映技术创新和制度创新的辩证关系），农业生产体系反映了生产力变革的需求，是人和资源要素之间不断优化配置的过程，也是科学技术不断转化应用达成技术创新目标的过程；经营体系反映了生产者与生产者、生产者与企业、生产者与政府、生产者与消费者之间的关系，是农业组织体制机制不断创新的过程，也是农村制度创新不断演化的需要；产业体系反映了生产体系与经营体系综合作用下我国农业产业的纵向延伸和横向拓展形成的产业融合，表现出新业态、新模式、新经济的不断演化催生，实际上是生产力与生产关系相互作用的结果。

（1）农业生产体系

农业生产体系的概念最早出现在 1983 年匈牙利博士捷尔吉·费克特（Gyorgy Fekete）出版的《匈牙利的农业生产体系》一书中，指的是在农业体制改革中创造出来的一种新型农业专业技术开发组织。农业生产体系为农户提供了从技术咨询、人员培训到农资和良种供给，以及从产品收购、加工、销售到农机设备的租赁购买等服务，不同生产体系之间存在相互竞争。在农业从原始农业、传统农业到现代农业发展的漫长历史中，农业生产体系也从传统的单一线性农业生产体系向立体多元生态网络的农业生产体系转变。原始和传统社会农业生产力水平低下，农业产品基本上是满足家庭消费，商品率极低，农业生产对环境的破坏小，资源利用基本上是基于传统经验的利用，对环境影响小。20 世纪 60 年代，西方在农业现代化过程中大力推广"石油"农业，改变了传统农业资源利用的方式。化肥、农药替代了传统有机肥、植物抗病方法，极大地提高了农产品供给数量，满足了不断增长的世界人口对农产品的需求，但是，以石化资源为投入的现代农业也导致环境不可持续。我国在农业现代化过程中，于 80 年代开始引入化肥、农药等要素，农业生产体系也呈现以化肥、农药等工业要素投入为主要特征的农业生产模式，虽然创造了粮食产量和农产品等供给数量的快速增长，但是带来的土壤板结、水资源污染、农业生态环境破坏也成为我国农业现代化高质量发展的极大障碍。90 年代初，联合国在里约热内卢环境与发展大会通过《21 世纪议程》，"环境友好"得到各国普遍的认同。2002 年，国家发改委在武汉城市圈和长沙、株洲、湘潭城市群试点全国资源节约型和环境友好型社会综合配套改革。2005 年 3 月 12 日，胡锦涛总书记在中央人口资源环境工作座谈会上提出"大力推进循环经济，建立资源节约型、环境友好型社会"。此后，关于如何建设"两型"社会的研究在各种政策和实践中不断丰富。"两型"农业生产体系进一步拓展到"三大体系"，产出高效、产品安全、资源节约、环境友好的农业现代化道路成为我国未来农业发展的目标和路径。

国内学者对农业生产体系进行了研究，主要观点认为：现代农业生产体系建设的重点是提高农业生产能力和效率，核心是高新技术在农业生产中的应用（张锐，2014）。构建现代农业生产体系，要改变传统生产方式，用先进的技术、设施、装备等手段实现农业生产经营的升级，提升农业发展的质量和生产效率（付寿康，2019）。建设现代农业生产体系，要充分发挥资源禀赋效应，坚持绿色发展，要用现代物质装备武装农业，用现代科学技术服务农业（冯海发，2017），实现农业生产的快速、高效、生态的高度协调与统一（姬冠、曾福生，2019）。

从农业生产体系概念发展的动态演变来看，农业生产体系是一个开放动态的与环境之间相互作用的可持续生产体系。这个体系的目标是使农业生产资源要素投入是节约型、绿色低碳的、安全的、集约的，农业生产体系提供的产出农产品不仅要稳定数量，更要提高质量，强调资源投入转化效率的不断提升。共享经济为我国农业生产体系优化提供了具体的实施路径和场景应用。比如，生产主体通过测土配方技术对土壤进行改良，采用绿色病虫害防治、无人机生物防治等技术减少农药使用，通过发展种养循环（猪—果—菜）减少化肥使用；通过共享农机，减少劳动力使用，提高生产作业效率；通过移动互联网、人工智能、大数据和区块链技术，精准掌握生产过程，消除信息的不对称；通过平台之间生产信息、市场信息的共享，及时调整生产决策，实现订单生产、按需生产。

（2）农业经营体系

新型农业经营体系是农业生产经营主体、社会化服务主体与一系列政策和制度体系的集成（文华成、杨新元，2013）。现代农业经营体系体现了现代农业组织化程度，新型农业经营体系能够有效整合新型农业经营主体和服务主体、创新组织方式和服务模式等，通过经营主体与服务主体的协作，有效提高农业经营规模化、组织化、社会化水平（张红宇，2018）。为保障农产品有效供给和农民持续增收，要构建集约化、专业化、组织化、社会化的新型农业经营体系（郑风田、焦万慧，2013）。

共享经济下，农业经营体系发展具有以下特征。一是为土地共享提供流转平台。通过土流网、农村产权交易所等平台实现土地流转信息共享，搭建了土地流出供给方与流入需求方之间的信息共享通道，有效扩大了土地流转规模，为适度规模经营提供了支撑。二是农业生产性社会化服务实现了服务共享。农业生产性社会化服务涉及农资、种子和土壤改良等产前服务，生产中的病虫害防治、施肥等技术管理服务，以及产后采收仓储加工、冷链物流服务。以微信群、农机服务的专业 App 作为信息共享平台，农机专业合作社与家庭农场、种植大户和小农户之间建立了生产服务信息共享网络，为生产者提供产前、产中和产后的一体化服务，有效提高服务规模化效应和范围经济。三是实现组织柔性化、扁平化发展。互联网企业（平台企业）把生产者、消费者、技术专家等聚集在一起，及时共享新技术、新品种、新种植模式、市场供给与需求价格等信息，生产者与专家之间零距离接触，时时把脉生产技术问题。消费者通过平台视频、现场直播、VR 技术实时共享生产过程，增强彼此的信任。同时，生产者通过平台搭建，能方便快捷地学习各种农业生产和营销知识，不断增强自身的学习能力，提高职业素养。四是提高农业生产社会化服务水平。依托专业农业服务平台（农机合作社、农医生 App、"庄稼医院"等），提供统防统治等生产服务，开展粮食烘干、仓储物流等配套服务，创新农业经营模式，通过农业服务规模化带动生产经营规模化。这种以平台为桥梁，将正式组织与非正式组织、实体组织与虚拟组织成员聚在一起，改变传统经营组织的服务时空半径的模式，拓展了服务内容，提高了服务质量和效率。

（3）农业产业体系

农业产业体系是现代农业的结构骨架（冯海发，2017）。对农业产业体系的分析至今还没有形成统一的认识，不过很多学者偏好于从产业链环节去阐述产业体系的内涵和外延。例如，刘成林（2007）认为，农业产业体系是农业生产、加工、销售和服务等诸多环节主体相互作用以实现农业产前、产中和产后协调发展的有机整体。有学者认为，现代农业产业体系是经过历史演化和市场竞争，由市场化农业和与其相关的产业所构成的一种新型的农业组织形式和经营机制，是农业产业化的高端形式（曹利群，2007），是农业生产、经营、市场、科技等方面相互作用而构成的一个综合服务系统（姬冠、曾福生，2019；刘依杭，2018）。

农业产业体系是产业横向拓展和纵向延伸的有机统一，也是产业之间相互融合提升产业价值的过程。农业产业体系纵向延伸主要表现为产业内部结构优化和产业链价值提升。在产业内部，以水稻为例，依靠农机专业合作社仓储加工等物流设施的共享，收割的稻谷不需要通过传统的晾晒，直接进行烘干并仓储，减少了水稻生产者在收割环节的仓储和加工等工作；通过阿里巴巴产地仓建设，可以在水果采摘后及时进行智能分拣分级、冷链包装，再根据盒马鲜生、盒马集市、大润发等零售终端快速送到消费者手中。同时，通过与电商企业、社区超市合作，缩短流通渠道，提高流通效率，进一步地，还可以根据消费大数据分析反馈到生产端，以实现产品结构、区域布局和产业结构调整。从产业横向拓展来看，通过体验农业、认养农业、共享设施大棚、共享农庄、共享果树、共享农房等新模式新业态，实现三次产业融合发展，不断创新康养农业、创意农业、共享农业等新经济形态，推进农业多功能发展，扩大产业横向拓展的价值空间。

3. 农业供给体系的产出系统

农业供给体系的产出系统是以最终满足社会消费需求为目标供给高质量产品和服务。该系统也是对投入系统、生产转化系统的市场检验。共享经济下，农业供给的产品和服务要抓住消费者需求痛点，不仅要满足现实的有效需求，还要积极创造引导新的潜在需求。随着消费者收入水平的提高，他们对农产品的需求转向健康、营养、安全、购买方便快捷、价格适中、新鲜时令，买产品更强调体验式消费、情感消费、服务消费，因此农业供给产出系统要及时捕捉到消费市场需求升级的现实特点，形成反馈机制，促进农业生产体系、产业体系和经营体系的优化组合，更好地满足终端消费市场。

（二）共享经济下农业供给体系的演化特点

共享经济下农业供给体系是一个复杂的动态开放系统，既要遵循供给体系的一般规律又要体现农业产业本身具有的特殊性，为实现农业现代化目标服务。具体可以从农业供给体系的历史变迁和空间分异角度来把握这一变化趋势。

1. 共享经济下农业供给体系是高质量农业供给体系

如果把新中国成立以来农业产业发展和农村改革 70 多年的农业供给历史进行梳理，根据产品供给的特点和信息技术发展的阶段性特征，可以把我国农业供给体系划分成 3 个阶段：数量主导温饱型农业供给体系（供给体系形成期），又称为农业供给体系 1.0 时代，即从新中国成立到 20 世纪 80 年代初期；结构调整引导农业供给体系（供给体系成长期），又称为农业供给体系 2.0 时代，即从 80 年代中期农业产业结构调整开始到 2014 年前后；高质量农业供给体系（供给体系成熟期），又称为农业供给体系 3.0 时代，即 2015 年开始的"互联网＋"战略实施所产生的数字经济时代（见表 3 - 1）。从我国农业供给体系演变的规律分析，其演变趋势和路径一直以生产力和生产关系的相互作用、相互影响为核心不断调整变化。

表 3 - 1 农业供给体系演变阶段

阶段	特点	投入系统	转化系统	产出系统
农业供给体系 1.0 时代	数量主导温饱型农业供给体系：产品短缺时代，供给主要满足数量需求，质量不高，产品结构单一，以大宗农产品为主，供给不足	土地、劳动力、资金、技术、资源等要素计划配置，资源紧缺，投入质量不高，资源利用效率低	农业生产体系单一，产业体系处于起步阶段，重点在第一产业，产品附加值低；经营体系以人民公社、村等为基层生产组织	供给有限产品，品种单一，计划分配，产品市场交易少

续表

阶段	特点	投入系统	转化系统	产出系统
农业供给体系2.0时代	结构调整引导农业供给体系：产品供给出现数量充足、结构性过剩现象	农村劳动力转移，土地开始流转，化肥、农药大量使用，导致环境污染	生产体系注重标准化建设和安全农产品可追溯体系建设；产业结构调整成为常态，区域布局优化，三次产业开始融合发展	农产品供给出现结构性过剩，产品竞争力不强，供给与需求存在错位，农业供给存在不可持续风险
农业供给体系3.0时代	高质量农业供给体系：产品供给目标是有效供给、高质量供给，强调安全、绿色、共享、协调、可持续供给	数据成为重要生产要素，与其他资源节约、集约使用；强调环境可持续，实现资源低成本交易，提高资源使用效率	全产业链纵向延伸、横向拓展，产业内部结构优化，产业之间深度融合；经营组织扁平化、柔性化、虚拟化，平台组织快速发展	农业供给产品高效益，供给与需求总量和质量双平衡，可持续供给

首先，农业供给体系是不断提高生产力发展水平的过程，其核心就是不断提高要素的投入质量和利用效率。以水稻为例，围绕提高粮食生产数量，科研专家积极研发高产水稻品种。水稻专家袁隆平教授团队贡献的杂交水稻技术的普及推广，极大地提高了水稻的单产量和总产量。同时，围绕如何提高资源要素投入的报酬，各种提高资源要素转化效率的技术和先进要素不断替换传统的要素，集约经营成为生产共识。进入数字经济时代，数据成为新的驱动要素，数据与其他要素的组合将会带来农业生产要素投入数量和质量的飞跃，重塑要素投入利用方式，最典型的表征即是要素使用数量可以被精准计量、要素使用质量更加精确、要素使用成本降低，进而带来要素交易成本、生产成本、流动成本的总体下降。因此，农业供给体系生产力变革是以先进农业科学技术创新为驱动的，反映了农业技术创新轨道的渐进式发展和飞跃式突破。

其次，农业供给体系也是生产关系不断变革以适应生产力的过程。生产关系是以解决人与人之间关系为使命不断诱发制度供给，也可以说先进生产力需要与之相适应的体制机制创新。共享经济下，生产者（专业合作社、家庭农场、种植大户）、供应商（农资公司、农机公司、社会化服务组织、电商企业）、农技专家（科研院所、政府农技部门、乡村"土专家"）、消费者（本地消费者、区域性消费者、全球消费者）、政府等不同主体之间依托各种平台组织实现土地、资金、技术、物流设施、农业生产服务等信息的在线实时共享,这种"平台组织+多元主体"的立体网络组织打破了传统组织边界,实现了跨边界要素的流动。同时,不同主体之间的信息公开透明、信息对称,彼此之间拓展有限理性的边界,不再单一追求经济利益最大化,而是通过共建、共创、共享、共赢来形成可持续良性循环的生态圈,打破主体之间相互封闭独立的局面,实现开放、合作、互动、信任。

2. 共享经济下农业供给体系呈现空间发展多样性

我国的"大国小农"、地形地貌的多样性、区域自然资源禀赋的差异性决定了我国农业供给体系的发展不能采用单一的模式,应该根据不同空间进行科学的选择。首先,确保粮食安全是农业供给体系发展的基础。粮食安全是国家战略,农业供给体系首先是粮食安全的供给体系,要持续提高粮食有效供给能力,不仅要稳定数量安全,还要积极追求优质营养健康的质量安全。其次,共享经济下农业供给体系是以当地特色产业为方向,品种、产业结构不断优化,品质品牌竞争力不断增强的差异化农业供给体系,也是服务个性化、小众化、多元化的农业供给体系。最后,共享经济下农业供给体系是数字经济与农业产业深度融合的中国特色的农业供给体系。当前在消费互联网向产业互联网快速更替的时代,在数据红利、人口红利、政策红利等相互叠加的机遇窗口期,农业供给体系正处于高质量发展的拐点,各地可以积极探索实践农业产业数字化转型路径,衍生出一批新产业、新模式、新业态,推动农业供给体系与农业需求结构实现动态平衡。

三 共享经济赋能农业供给体系质量提升的理论框架

(一) 共享经济赋能农业供给体系质量提升的实践逻辑

根据前面共享农业及农业供给体系的理论分析,按照"经营主体供给参与—生产行为供给过程—产品和服务供给结果"的思路,本书将共享经济下农业供给体系质量提升的实践逻辑分成实践主体、运行过程和最终结果三个主要部分(见图3-2)。首先,农业供给体系的实践主体主要分为两大类：一类是农业生产者、经营者、管理者、服务者 4 个基本主体，另一类是由各类主体通过多元参与或联合形成的新的组织。在农业供给体系质量提升的过程中，各主体各组织之间要打破边界，共享资源，实现农业生产组织之间的紧密合作与有效联动。其次，农业供给体系质量提升的关键在于要素资源的重新配置和利用方式的革新。在共享经济发展的背景下，农业生产过程构建共享平台和机制，一方面可以实现劳动力、土地、资本、知识等要素的快速流动和有效配置，改善农业生产要素投入的效率和质量，实现农业生产的效率变革和质量变革，从而不断提高生产力发展水平；另一方面可以通过共享经济与农业产业深度融合，促进经营主体之间生产关系的不断优化调整，进一步适应新的生产力的变革需要，形成新的农业供给体系发展的动力，实现农业生产的动力变革。共享经济的导入，连接供需，按需生产，有效盘活闲置资源，实现供需的精准对接，促进品种结构、品质结构、生产结构、区域布局结构的调整，带来农业供给体系最终高质量的产出和效益。

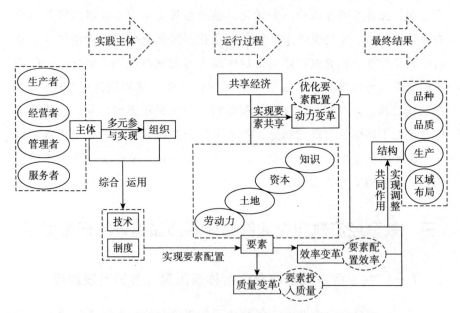

图 3-2　共享经济赋能农业供给体系质量提升的实践逻辑

从农业供给体系的实践主体来看，农业供给体系内部各主体和组织的多元参与或联合，打破组织边界，实现组织信息共享。农业供给体系中的主体包括四个：生产者主要是农民及家庭农场主、企业、专业合作社、职业农民；经营者主要包括家庭农场、专业合作社、龙头企业和种养大户，经营者和生产者有独立部分也有交叉部分；管理者主要是政府和职能部门；服务者主要包括农机机构、高校及科研院所、金融组织和行业协会等。各主体通过组建专业化组织、构建网络平台和跨界联合的形式，形成"公司＋合作社＋农户"等多主体参与的经营模式，实现组织多元化和柔性化发展。各主体在组织内部通过知识共享、信息共享和资源共享等方式实现主体的有效联动。

从农业供给体系的运行过程来看，各生产经营主体和农业组织通过共享经济平台实现要素的高效配置和共享，推动供给体系的质量变革、效率变革和动力变革。在效率变革方面，生产者通过要素共享、运用高效生产技术和多种经营方式，推动闲置资源和要素的精准配置，提高生产效率；运用农业高新技术和良种，进行规范化、科学化、标准化生产，提高产品生产质量。管理者通过制定资源利用政策、要素配置规则和产业政策，通过政策引导要素向高附加值和高效率产业集聚，从而实现要素的高效配置；通过创新和研发提供新技术和良种，行业协会的章程和规定为农业生产提供标准和技术。各主体和组织通过提高要素投入质量和生产质量促进农业供给体系的质量变革。服务者（高校和科研院所）通过物联网技术构建共享平台，帮助解决要素流通问题，实现要素的跨区域流动。各主体和组织通过建立全要素生产体系促进效率变革。

从农业供给体系的最终结果来看，将生产经营主体和各类型的农业组织聚集在共享经济平台，数据要素与土地、资本、劳动力、技术等要素的重新组合配置，实现要素的效率、质量和动力三大变革，共同作用于和实现农业品种、品质、生产、区域布局结构的调整。共享经济的导入、物联网技术的运用，使得生产更加透明化，溯源体系更加完善，供需对接的实现促使农业品种结构和品质结构不断调整优化。而共享农业通过要素使用权的共享来实现资源和要素的充分利用，在农业生产中嵌入第二、第三产业，实现生产的多样化，从而改善生产结构。互联网技术和平台能够突破地域的限制，实现生产要素的跨区流通，改变传统的农业区位布局，进一步达到优化农业区位布局的效果。

（二）共享经济赋能农业供给体系质量提升的理论逻辑

共享经济强调对资源的高效利用，通过缓解信息不对称、盘活存量资源、供需精准对接等提升农业供给体系质量。本部分结合供给理论、产业组织理论、要素流动理论和质量经济理论等，从数字技术驱动动力变革、共享平台实现效率变革和去中介化推动结构优化三方面阐述共享经济下农业供给体系质量提升的理论逻辑（见图3-3）。

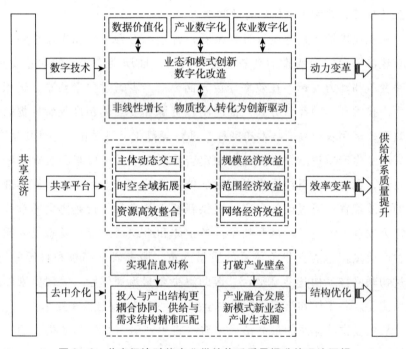

图 3-3 共享经济赋能农业供给体系质量提升的理论逻辑

共享经济是以5G、大数据、人工智能等数字技术为基础的新经济社会发展形态。共享经济赋能农业供给体系质量提升，通过数据价值化、产业数字化和农业数字化转型，释放数字生产力，实现农业的非线性增长和创新驱动。数字技术在农业生产经营过程中得到广泛应用，大量的农业生产经营数据被生产、记录、分析，实现价值转化，并且作为新的生产要素再度进入生产过程被加工、使用。与传统生产要素不同，数据具有非竞争性、非排他性以及低成本复制等特点，不仅能够被不同主体同时使用而不发生任何损耗，还能够促进各类要素有效结合，通过数字技术等智能性要素附着或渗透在实体性要素之中，改善实体性要素的内在品质以实现对生产力的创新，实现农业发展的非线性增长。数字技术的快速发展也推动了产业数字化发展和农业数字化转型。数字技术为传统农业生产注入数据、信息和知识等现代生产要素后，改变了传统依靠简单的机械和人的经验进行的小农生产方式和家庭经营模式。数字化产品的介入和数字技术的改造，创新了农业生产方式、经营模式和业态，使得农业生产经营从依靠物质投入转化为创新驱动发展。

共享平台使得农业供给体系发生巨大变革。共享经济赋能通过共享平台，充分发挥规模经济、网络经济和范围经济效益，实现效率变革。共享平台能够实现农业生产经营主体、农资供应商、农业服务主体、消费者和政府等主体的动态交互，打破时空地域的限制，简化传统交易中那些不必要的中间环节，将需求方与供给方、生产者与消费者等连接起来，通过定制化产品和个性化服务，改变了传统经济的同质化生产模式。生产者能够满足大量尾部的、边缘化的消费需求，增强供给对需求的适配性，形成供需的动态平衡，从而获得范围经济效益；也能基于大数据、云计算等技术使得资源配置实现时空的全域拓展和供需的精准匹配，降低农业生产的边际成本。由于边际成本逐渐降低，主体会不断扩大生产规模，从而增加产品供给，进而使得高固定成本被不断地分摊，进而降低固定成本，提高农业发展经济效益，发挥规模经济效益，而且对于需求端也能发挥规模经济效益。当企业用户规模达到一定边界后，就会引发正反馈效应，促成供给与需求之间的良性互动，增强供给对需求的适配性，助力供需的平衡。共享平台还能将主体的网络行为自动记载、自动归类整理、自动存储进数据库，并在网络内自动整合，甚至生成层次更高、价值更大的综合性信息，形成积累增值的信息传递效应。海量的数据在共享平台的整合下，通过大数据获客、精准客户画像和线上服务等方式不断提高资源匹配的效率、农业生产和供给的效率。

共享经济充分发挥去中介化作用以推动农业供给结构优化，从而赋能农业供给体系的质量提升。在传统经济模式下，消费者的消费需求得到满足必须借助商业组织提供的商品和服务。随着社会经济的进步，区块链、大数据、人工智能、物联网等新技术与传统农业相结合，推动了农业生产经营的在线化、透明化、数字化，实现了信息的有效对接。供需双方可以利用移动设备、互联网支付等手段实现农业生产与消费的有效对接，解决传统农业发展中的结构性矛盾问题，促使农业要素投入结构与产出结构更加耦合、协调。共享经济具有高渗透性、外部性等特点，能够减少经济运行中存在的各种摩擦，降低交易成本，实现信息资源共享和交易，打造开放性的产业生态系统，加强产业之间的互动和融合，孕育新产业、新业态，引导产业结构向合理化、高级化转变。

（三）共享经济赋能农业供给体系质量提升的分析框架

通过优化要素配置方式，培育壮大农村新产业、新业态，激活农业发展新动能，让农业发挥出更大的正向外部效应，是农业供给体系质量提升的关键及发展方向。基于前面关于农业供给体系构成及演变、共享农业运行机制的理论分析，本书基于"共享经济—农业供给—质量提升"的分析框架，从共享经济视角对农业供给体系质量提升的实现路径和发展对策进行研究。本书遵循"宏观层面—中观层面—微观层面"的结构安排，结合"理论分析—实证检验—对策讨论"的逻辑思路（见图3-4），应用宏微观数据，对共享经济赋能农业供给体系质量提升的路径措施进行深入分析，具体研究设计如下。

图 3 - 4　共享经济下农业供给系统

1. 理论分析

首先，在对供给与需求、农业供给与农业需求、农业有效供给与农业有效需求、农业供给体系等基本概念进行科学界定的基础上，分析农业供给体系构成及动态演变特点；利用共享经济理论探究共享农业产生和发展的本质，结合要素流动理论探索共享经济赋能农业生产要素如何通过再分配整合实现农业生产资源的有效利用。其次，结合共享经济理论和质量经济理论被进一步挖掘的新形势，探索农业供给体系质量提升的实现逻辑。最后，通过构建农业供给体系质量评价模型，从共享经济视角对农业供给体系质量提升的对策和路径进行研究。

2. 实证检验

首先，在全面系统梳理我国农业供给体系演变阶段的基础上，构建四川省传统农业供给质量的评价指标体系，利用宏观统计数据对四川省传统农业供给质量进行量化测度，以期厘清传统农业供给体系供给乏力的表征和原因。其次，结合实地参观、半结构化访谈等方式收集相关图文影像等一手材料和相关媒体报道、工作报告等二手资料，归纳提炼出共享农业发展的要素共享、全产业链共享和平台型共享三种模式，运用扎根理论对农业共享的主要做法及特点、运行机理进行深入剖析。最后，应用微观实地调研数据，运用 DEA 数据包络分析方法对微观层面农业供给体系的效率进行测算和质量测度；运用 Tobit 模型从小农户和新型农业经营主体视角对微观农户农业供给质量的影响因素进行深入探究。

3. 对策讨论

在理论和实证研究的基础上，从创新、协调、绿色、开放和共享等方面探究供给体系质量提升的实现路径，从农户、新型农业经营主体和政府等多维度提出共享经济赋能农业供给体系质量提升的对策。

共享经济下农业供给体系是一个包含投入要素、结构、主体、组织、制度等在内的综合的可持续发展系统。农业主体之间以不同的方式进行多元化的组合，构成新型农业组织。更多的主体参与新型农业组织，打破了组织边界，推动了传统机械式组织向动态网络虚拟组织演变，充分发挥了分工协同作用，形成了规模经济效益。新型组织形式会通过农业主体重新对农业要素进行优化组合，促进农业资源要素配置进一步优化，从而激发新型组织与三大产业产生联动效应。同理，三大产业的深入融合将导致农业结构出现裂变，这种变化是农业结构与三大产业相互适应的过程。最后，不论是新型农业组织的形成、农业生产要素的重新配置，还是产业融合和农业结构的不断优化，终将引导技术变革和制度变革，这是共享经济赋能农业供给体系质量提升的网络演进的必然结果。

实证篇

第四章　农业供给体系发展的历史追溯与现实困境

新中国成立以来，伴随农业政策和制度的不断变革，我国农业供给体系逐渐形成和发展。本章借鉴已有研究成果，以新供给经济学理论为依据，把握各个发展阶段的历史背景和社会经济条件，对我国农业供给体系的形成和发展进行历史溯源，并尝试归纳和总结当前我国农业供给体系供给乏力的表征和原因。

一　农业供给体系的发展历程与阶段特征

农业供给体系的形成起源于新中国成立之初，"耕者有其田"的逐步实现奠定了农业供给体系构建的基础。针对农业供给体系的形成与发展时期及特点，国内外诸多学者已有大量研究成果。本章从不同角度进行梳理分析，归纳起来主要认为农业供给体系的演变始于农业结构的动态调整，依据农业结构调整的不同目标和特征，分别形成了"三阶段""四阶段""五阶段""六阶段"几种不同的结论（见表4-1）。

表 4-1　农业供给体系演变不同阶段划分

农业供给体系阶段划分	主要观点	学者
"三阶段"论	以"农业供给侧结构调整"为切入点，系统地将1978年以来农业结构的调整和变革划分为三个阶段，包括20世纪70年代末针对农业供给不足的变革；80年代中期针对供给结构单一的调整；90年代中后期针对供给过剩进行的战略性结构调整	黄祖辉等（2016）
"四阶段"论	以"粮食种植结构"为切入点，从20世纪50年代后期的"以粮为纲"到改革开放树立"粮+经"二元种植结构，向90年代中后期"粮+经+饲"三元种植结构的更迭，到如今提出的农业结构性调整实现"粮+经+饲+草"四元种植结构变动	王明利（2018）

续表

农业供给体系 阶段划分	主要观点	学者
"五阶段"论	以"中国农业结构调整的不同方式"为切入视角，认为中国农业供给体系经过了五个阶段的重大调整：改革开放初期以调整种植面积为主的农业生产结构调整、1985 年主要进行的农产品价格调整、1992 年社会主义市场经济驱动下的农产品质量调整、1998 年开始的优化作物生产区域结构布局和农民非农收入比重增加的全面横向调整、2002 年启动的促进农业结构多元化的综合性垂直调整	杨艳琳和陈银娥 （2007）
"六阶段"论	以"制度改革和社会经济背景"为主线，将我国农业供给体系结构变迁大致分为六个阶段：第一阶段（1949～1978 年）以"粮食增产"为导向；第二阶段（1979～1984 年）倡导"以粮为纲，全面发展"；第三阶段（1985～1991 年）以"丰富农产品品种"为导向；第四阶段（1992～1997 年）以满足国内市场需求为导向；第五阶段（1998～2012 年）以农业增效、农民增收为导向；第六阶段（2013 年至今）以与国际市场接轨为导向	叶初升和马玉婷 （2019）

学者们以农业结构调整为主线，围绕不同阶段的改革实践和制度供给进行总结，为本章提供了丰富的学术参考资料。但现有的研究多是从单一角度进行农业供给体系历史时期划分和阶段特征的总结，没有考虑到农业供给体系是一个多元、复杂的集合体系，需要整体动态把握、多角度阐述相关历史时期的演变特点。本章借鉴相关学者的成果，以新供给经济学理论为依据，把握各个发展阶段的历史背景和社会经济条件，以要素、组织、制度、主体等农业供给体系演变的关键节点变化及相关政策为导向，从农业产业发展和结构变化出发，将农业供给体系演化划分为三个时期：农业供给体系演化的形成期（1949～1984 年）、农业供给体系演化的成长期（1985～2012 年）和农业供给体系演化的成熟期（2013～2019 年）。

（一）农业供给体系演化的形成期（1949～1984 年）

土地制度是农村最重要的生产关系安排。1952 年底，全国大部分地区基本完成土改工作，这标志着封建土地私有制退出历史舞台，社会主义农村土地集体所有的制度基本建立，为农业供给体系的萌芽提供了重要的要素基础。1978 年，农村家庭联产承包责任制的实施，极大地释放了土地制度改革红利，促进了农业生产力快速发展。1984 年，我国粮食生产取得历史上第一次大丰收，粮食供给的增加引起政府对粮食流通体制改革的关注，开启了从供给方面进行农业结构调整的进程，整个农业供给体系初步形成。故此，农业供给体系演化的形成期经历了探索阶段和初步形成的奠定阶段两个时期。

1. 农业供给体系探索阶段（1949～1978 年）

农业供给体系的探索阶段是从新中国成立初期确立农村集体所有的土地制度开始的。由于百废待兴，农业生产亟待恢复，迫切需要将土地、劳动力和农村生产资源要素组合起来投入农业生产。围绕土地和农民之间的关系，人民公社作为一种集体经营制度在实际生产中大力实施。人民公社实行"三级所有、队为基础"的农村生产经营组织形式，实现集体共产、收益共享。农业供给体系"以粮为纲"，表现为单一粮食型农业供给结构，种植业与林牧渔业比例为 4∶1，呈现"农业即粮食"的生产供给特点，形成以政府计划为指导、统销统购、集体统筹经营和分配的农业供给体系。要素投入依靠传统要素投入的数量驱动，村集体或人民公社的要素仅限于内部流动，农业供给能力弱，生产和供给目标主要是满足人民的温饱问题和支持工业化发展，农业供给体系还处于缓慢探索阶段。

（1）种植业供给体系的演化发展

从新中国成立到 1978 年改革开放这一时间段，我国种植业保持着快速发展的趋势，种植业占农业比重较大，种植业内部结构单一。农业产值实现了近 5 倍的增长，种植业产值占整个农业产值的比例一直保持在 80% 以上。① 在种植业内部，80% 以上的播种面积是用来种植粮食作物，经济作物播种面积的比重一直在 10% 以下。水稻、玉米和小麦产量在粮食总产量中的占比分别由 42%、11%、10% 增长到 45%、18%、18%。以种植业为主、由粮食生产占据主导的生产结构，造成这一阶段农业供给体系结构单一、供给农产品种类少。粮食人均占有量从 1949 年的 208.9 公斤增长到 1957 年的 306 公斤，之后粮食占有量不增反降，直到 1975 年才恢复到 310 公斤左右，这一阶段的农业供给体系目标以满足民众基本温饱为主。

---

① 注：本章数据若无特别说明均来自历年《中国农村统计年鉴》和《中国农业统计资料（1949—2019）》。

（2）畜牧业供给体系的演化发展

畜牧业的发展较为缓慢，产品供应相对单一。1949～1978 年畜牧业产值增长了 6.3 倍，到 1978 年产值达到 209.3 亿元，畜牧业产值占农业总产值的比重低于 15%。人均肉类产量最高的是 1978 年的 17.9 斤，人均肉类占有量小且增长缓慢，难以达到营养均衡的最低需求。[①] 1978 年肉类产量仅为 943 万吨，其中猪牛羊产量为 856 万吨，占肉类产量的 90% 以上。其年末存栏量达到 30129 万头，较 1949 年实现了近 6 倍的增长。该阶段畜牧产品的供给产量低，产品种类单一，供给能力弱。

2. 农业供给体系初步形成的奠定阶段（1978～1984 年）

1978 年 11 月，安徽小岗村 18 户村民通过"大包干"，开始土地承包经营的试点。1984 年，家庭联产承包责任制取代统一经营制度成为中国农村的基本制度。家庭联产承包责任制赋予了农民充分的生产经营自主权，农业供给能力快速提升，供给结构开始改善。1984 年，我国粮食产量突破 4 亿吨，创历史新高，解决了粮食长期短缺的问题，粮食开始出现供给过量，以"供给能力得到充分发挥、农业结构多元化调整和优化"为特征的农业供给体系初步形成。

（1）种植业供给体系的演化发展

随着农村改革的推进，中央政府出台了发展农业和农村多种经营的系列文件。[②] 这一阶段农业供给结构仍以种植业为主，粮食作物和经济作物的结构得到改善，农业的供给能力进一步提高，供给结构不断优化，供给体系初步形成。1978～1984 年，农业生产总值实现了 2.3 倍的增长，其中种植业产值增速达到 2 倍多，产值总额增长了 12631 亿元，但种植业产值占农业总产值的比重下降到 74.1%。粮食作物播种面积缩减了 770.3 万公顷，经济作物的播种面积增加了 182.0 万公顷，增长 6.2%，种植业内部的粮食作物和经济作物的种植结构得到进一步调整。

粮食供给能力得到显著提升，但结构变化不明显。1978～1984 年，谷物产量增长 37.6%，在整个粮食产量中的占比从 80% 上升到 83%。粮

---

① 《2016 全球粮食政策报告》显示，2016 年世界人均肉类消费量为 29.5 公斤。

② 例如，1979 年中国共产党第十一届中央委员会第四次全体会议通过的《中共中央关于加快农业发展若干问题的决定》，1981 年中共中央、国务院印发的《关于积极发展农村多种经营的报告》两个文件。

食单产每公顷提高了 1081 公斤，其中水稻、小麦、玉米的单位面积产量分别提高了 35.07%、60.92%、41.28%。人均粮食产量增长到 392 公斤，我国的粮食短缺问题基本得到解决。粮食作物仍然在种植业中处于主要地位，具体的品种仍以水稻为主，水稻产量增长 30.2%，与供给体系探索阶段的水稻、小麦、玉米结构相比，变化并不明显。

（2）畜牧业供给体系的演化发展

畜牧业供给体系形成演化与农业种植业结构调整紧密联系。党的十一届四中全会之后，国家出台了加快畜牧业发展的相关文件①，提出大力支持畜牧业发展，提高畜牧业在农业中的比重。在这一政策背景下，畜牧业的供给体系逐步形成，供给能力稳步提升，供给数量增多，供给种类日益丰富。1978~1984 年，畜牧业产值从 209.3 亿元增加到 587.3 亿元，增长了 1.8 倍。1984 年，肉类总产量较 1978 年增长了 38.83%，猪肉产量达到 1445 万吨，猪肉占比超过 93%。生猪的出栏量和存栏量也较 1978 年分别增加了 5937 万头、550 万头。除羊的年末存栏量有所下降外，其他牲畜的存栏量、出栏量都有大幅提升。人均肉类占有量从 1979 年的 11 斤提高到 1984 年的 15 斤，增长了 0.36 倍。总体来看，畜牧业供给水平较低，仍然以家庭散养为主，粗放型经营特征明显，生产技术和要素投入落后，养殖规模较小、结构单一，生猪养殖仍在畜牧业中居于主导地位。

（二）农业供给体系演化的成长期（1985~2012 年）

农村土地经营制度的改革极大地释放了政策红利。1984 年粮食生产获得了历史上最高产量，农业生产能力和供应能力大幅提升，出现农业粮食供给结构性过剩而其他产品供给不足的新问题。为缓解这一新问题，我国共进行了三次农业调整。第一次是 20 世纪 80 年代中后期针对农业结构失衡进行的调整，农业供给体系呈现"多品种、多类别生产，要素投入大，开始注重经营体系建设"的特点。第二次是 90 年代初期针对粮食过剩进行的调整，农业供给体系呈现"产品产量调整，强调数量和质量

---

① 1979 年《中共中央关于加快农业发展若干问题的决定》提出要大力发展畜牧业，1980年农业部发布《关于加速发展畜牧业的报告》。

并重发展，要素投入和管理效率得到极大提升，主要目标为加强农产品销售，解决'卖难'问题"的特点。第三次是 90 年代中后期以农产品质量提升为目标的品质结构调整，农业供给体系呈现"农业生产稳定增长和农产品供给种类丰富化，强调农产品高质量供给"的特点。

1. 种植业供给体系的演化发展

第一阶段：针对种植业结构失衡进行的调整（1985～1994 年）。种植业粮食作物和粮经作物种植结构逐渐优化，供给能力得到增强。1985～1994 年的 10 年间，种植业产值占农业总产值的比重从 69% 下降到 58%，但种植业仍以 2.7 倍的增长速度快速发展，产值从 2506 亿元增加到 9169 亿元。经济作物的播种面积总体保持增长趋势，到 1994 年，经济作物播种面积达到 3869.7 万公顷，增加了 391.6 万公顷。粮食作物和经济作物的种植结构逐步优化，进一步提高了粮食保障和供应的质量。

粮食作物的生产结构也得到了进一步优化。粮食产量从 1985 年的 37911 万吨增长到 1994 年的 46662 万吨，增长了 8671 万吨。其中，玉米产量提高最明显，增长 4816 万吨，在粮食产量中的占比上升到 24%，小麦产量从 8581 万吨增加到 10221 万吨，占粮食产量的比重稳定保持在 22%～23% 的水平。水稻产量占粮食产量的比重逐渐下降，从 44% 下降到 40%，表明粮食作物的生产结构不断优化。玉米的单产增幅最大，每公顷增加了 1086 公斤，水稻和小麦单位面积产量分别增加 575 公斤、489 公斤，人均产量最高为 393 公斤，说明粮食供给能力进一步增强。总体来看，这一阶段种植业的产值快速上升，粮食作物的单位面积产量不断提高，种植业生产能力、产品供给能力不断增强，同时非粮食作物的种植面积不断扩大，产品生产结构开始优化，供需匹配能力逐步增强，农业供给体系基本能够满足居民对农产品的需求。

第二阶段：针对粮食过剩进行的种植业结构调整（1995～1999 年）。由于粮食出现了供给过剩，政府通过市场改革促进农产品销售，推动农业经营产业化，助力农民解决产品销售难的问题。这一阶段种植业供给体系呈现"数量先增后减"的发展态势。从种植业产值及其占农业总产值的比重来看，1995～1999 年我国农业在改革的红利下快速发展，种植业产值突破 10000 亿元大关，到 1999 年达到 14106 亿元，占农业总产值的比重为 58%，粮食、水稻、小麦和玉米的单产分别每公顷增加了 253

公斤、320公斤、406公斤、351公斤，单产提高带来我国粮食丰收，粮食总产量在50000万吨上下波动。人均粮食产量突破了400公斤的占有量，我国粮食供给出现了结构性过剩问题。随着国家的调控，水稻、小麦和玉米三大粮食作物产量在1998年之后出现下降的趋势，整体农产品供给数量呈现"先增后减"的态势。

第三阶段：以农产品质量提升为目标的种植业品质结构调整（2000～2012年）。20世纪90年代中后期，粮食供给结构性过剩，导致价格下滑、农民增收困难、城乡差距大的问题十分突出。因此，国家农业政策调整的方向放在稳定数量增长，同时强调产品供给质量提升和农民增收。2000～2012年，种植业在农业中的地位进一步下降，产值占比下降到50%左右。但种植业的产值一直保持着较快的发展速度，从2000年的13874亿元上升到2012年的44846亿元，增长了30972亿元，增长2.23倍。农作物总播种面积保持先下降后上升的趋势，2012年达到16207.1万公顷；粮食作物播种面积在2003年下降到10000万公顷之后开始增加，到2012年粮食作物播种面积较2000年增加了590.5万公顷；经济作物的播种面积在2003年达到5300.5万公顷之后处于下降的趋势，总体变化不大，这说明国家政策在引导结构调整过程中始终坚持确保粮食供给的稳定。粮食总产量在2003年达到最低的43070万吨之后，开始连续增长，到2012年达到61223万吨，水稻、小麦和玉米三大粮食作物在2003年产量触底之后快速增加，分别达到20653万吨、12247万吨、22956万吨。值得注意的是，玉米的产量在2011年反超水稻成为产量最大的粮食作物，占粮食总产量的37%，水稻产量占比则从2000年的41%下降到34%。小麦在粮食产量中的结构保持稳定，产量占比保持在20%～22%。粮食、水稻、小麦和玉米的单位面积产量总体保持增长的趋势，到2012年单位面积产量分别增长25.63%、8.05%、33.47%、27.69%。人均粮食占有量2012年为453公斤。由上述分析可知，这一阶段的种植业供给体系不再单纯地强调数量增长，开始关注农产品质量。

2. 畜牧业供给体系的演化发展

第一阶段：针对畜牧养殖结构失衡进行的调整（1985～1994年）。1985年，国家出台《关于进一步活跃农村经济的十项政策》，农产品统派统购制度逐渐被市场收购和合同销售取代，鼓励农村根据实际情况发展多种经营。在政策的支持下，畜牧养殖结构开始发生变化。1985~1994年，畜牧业进入了数量扩充发展的黄金时期，供给能力和供给结构得到优化。1994年畜牧业产值是1985年的5.8倍，达到4672亿元，占农业产值的30%，成为大农业的支柱型产业。1985年，国家推进猪肉、蛋、牛奶等畜产品市场定价，加快畜禽良种生产基地建设，供给结构较供给体系形成期有所改变和优化。猪牛羊肉、奶类和水产品等畜牧产品的产量快速增加，肉类产量从1985年的1927万吨增加到1994年的4499万吨，产量增加了1.3倍。猪肉仍占主要地位，占肉类总产量的70%以上；牛肉和羊肉的产量快速增加，分别从1985年的47万吨、59万吨增加到1994年的327万吨、161万吨，其中牛肉增幅最大，实现了近6倍的增长；禽肉和兔肉也分别实现3.7倍和2.8倍的增长，产量达到755万吨、23万吨，人均肉类占有量实现2倍增长，到1994年达到37.8公斤，表明我国的畜牧养殖结构得到改善，肉类供给能力进一步提高、供给结构进一步优化。

第二阶段：针对粮食过剩进行的畜牧业结构调整（1995~1999年）。20世纪90年代末期，我国畜牧业实现了产品总量供给的平衡，但供给结构失衡、区域相对过剩和农产品安全问题突出。"菜篮子"工程①的实施要求加快新品种推广应用、进一步优化种养结构、提升产品品质、塑造农业品牌，助推畜牧业转型发展。这一阶段的畜牧业供给体系呈现"供给总量增长，数量保持平衡，供给结构十分不均衡"的特点。一方面，畜牧业产值和比重逐渐增加，畜牧业在农业中的地位不断提高。1999年，畜牧业产值上升到6997.6亿元，占农业总产值的28%，人均肉类占有量达到47.5斤，基本实现总量平衡，满足民众需求。另一方面，畜牧产品供给单一，畜牧业供给结构失调。猪、牛、羊、家禽、兔的产量占肉类总产量的比重分别从1995年的69.35%、7.89%、3.84%、17.78%、0.40%变为1999年的67.34%、8.49%、4.22%、18.74%、0.52%。由此可见，畜牧业品种结构并未有明显变化，仍然集中在猪和家禽类，这表明畜牧业供给结构发展不均衡，亟待优化和完善。

第三阶段：以农产品质量提升为目标的畜牧业品质结构调整（2000~2012年）。为进一步改善和优化畜牧业品质结构，国务院和原农业部连续

---

① 1998年《关于农业和农村工作若干重大问题的决定》提出"菜篮子"工程。

出台了促进畜牧业发展的政策文件①。国家的政策支持为畜牧业现代化发展提供了制度保障，推动了畜牧业的产业整合、结构优化和优势区域集中规模经营，助推了畜牧业供给体系从追求数量增长向数量和质量并重转变。2012 年，畜牧业总产值为 26491 亿元。受 2008 年三聚氰胺事件影响，畜牧业在农业产业结构中的比重呈现下降趋势，从 2008 年的最高占比 35% 下降到 2012 年的 30%。从产量来看，肉类总产量逐年增加，其中牛肉、羊肉的增速较快，分别为 2.33%、4.05%，但猪肉的增速逐渐放缓，低于肉类总产量增速，年增长速度仅为 2.06%，人均肉类占有量从 2000 年的 47 斤增加到 2012 年的 62 斤。从供给种类的优化和多元化可以看出，这一阶段的畜牧产品开始注重畜牧业供给结构优化以提高供给质量。

（三）农业供给体系演化的成熟期（2013～2019 年）

围绕结构调整主线，农业供给体系经过十多年成长期的发展已经成为供给数量基本平衡、供给结构需要持续调整的系统，为满足国内粮食安全稳定供给和不同消费者的差异化需求做出了贡献。自 2011 年开始，国内经济迈入新常态发展阶段，农业也面临着多重因素叠加的复杂局面。这表现在数字经济发展带来的互联网、区块链、大数据等数字技术逐渐与产业融合，农业生产内部产品品质低端，区域产业布局同质化严重，消费者对营养、安全、健康、生态、文化和绿色的消费需求强烈，国内农业发展面临着国际竞争力弱和生产成本上升的双重挑战。同时，信息和数据等作为新的要素参与农业生产过程，可以改变传统资源要素配置方式和利用率，供给体系中各要素、组织、主体等参与生产的过程和方式都面临新的变革，外部经济环境的牵引和内部农业科学技术、信息化的驱动共同推动了农业供给体系进入成熟期。农业供给体系也面临供给质量较低、供给动能乏力和供给效率低下等问题，亟须进一步从供给方进行结构性调整，建立一个可持续、有活力的供给体系。

---

① 2001 年农业部出台《关于加快畜牧业发展的意见》，这标志着我国畜牧业从数量增长向质量效益增加转变，随后其出台的《畜牧业国家标准和行业标准建设规划（2004—2010年）》、国务院出台的《关于促进畜牧业持续健康发展的意见》等文件支持畜牧业现代化建设。

1. 种植业供给体系的演化发展

2013 年后，我国种植业供给体系也步入成熟期，体现出供给能力和供给结构趋于稳定的特点。种植业在农业中保持着稳定的增长，其产值占比保持在 53% 左右，产值从 2013 年的 48944 亿元增加到 2019 年的 66067 亿元，增加了 34.98%。从其产量来看，在 2015 年提出供给侧结构性改革之后，粮食产量保持在 66000 万吨左右，其中水稻产量保持在 21000 万吨左右，小麦产量保持在 13360 万吨左右，玉米产量保持在 26000 万吨左右，三者在粮食产量中的占比分别约为 32%、20%、39%，整体的粮食作物和经济作物的播种面积比例长期维持在 7:3 左右，生产量和生产结构保持稳定。播种面积总体保持稳定，而粮食单产也保持幅度不大的增长态势。其中，粮食、水稻、玉米和小麦的单产分别增长 5.15%、5.09%、11.29%、10.94%，但人均粮食占有量仅增长了 2.24%，甚至到 2015 年达到最大的 481 公斤之后开始呈现下降的趋势，2019 年粮食人均占有量为 474 公斤。综合来看，种植业的产品供给能力和供给结构趋于稳定。

2. 畜牧业供给体系的演化发展

2013 年以来，国家先后出台了加快规模化养殖、防止养殖废弃物污染环境的文件，强调农业生产污染治理和环境保护，畜牧业供给体系呈现"供给下降"的变化特点。2014 年，肉类总产量达到历史最高产量 8818 万吨，随后呈现逐年下降的趋势，到 2019 年产量降至 7759 万吨，其产值在农业总产值中的占比为 26%。牛肉、羊肉和禽肉产量及其占比保持上升的趋势，其中禽肉产量增长最为突出。2013~2019 年，禽肉产量占比从 22% 提高到 29%，牛羊肉的产量占比达到 15%。与此同时，猪肉产量大幅下降，相较于 2013 年减少了 1374 万吨，产量占比也下降了 10 个百分点，但仍占据主要份额（55%）。这说明当前畜牧业供给体系供给总量下降，但供给结构得到了进一步优化。此外，牛、羊和家禽的出栏量和年末存栏量保持逐年增加的趋势。到 2019 年，牛、羊和家禽的出栏量分别为 4534 万头、31699 万只、1464062 万只，牛、羊年末存栏量分别为 9138 万头、30072 万只，而生猪的出栏量则呈现减少的趋势，特别是受猪瘟的影响，2019 年生猪的出栏量为 54419 万头，较 2014 年减少了 18349 万头，年末存栏量也减少了 16852 万头，这表明我国畜牧业供给体系抗风险能力较弱。

二　农业供给体系供给能力分析

（一）农业供给目标

1. 宏观目标

随着我国农业供给体系的逐渐形成、成长、成熟，中国农业经过艰难曲折的探索，不断树立新的发展目标，并取得了举世瞩目的成就。就宏观目标而言，农业供给体系的宏观目标实际上是保障粮食安全，推动农业高效、高质发展。在粮食生产上，2020 年我国粮食产量从 1949 年的 1132 亿公斤增长到了 6695 亿公斤，增幅接近 500%，实现了生产阶段的多级跨越。从 2004 年起，我国每年粮食总产量均保持在 1.2 万亿斤以上，目前已实现连续 18 年丰收，较 1949 年已翻番，并且多年超过国际粮食标准安全线。粮食产量维持世界第一，粮食供求也从长期短缺跨越到基本平衡，有效解决了中国人口的温饱问题，极大地促进了世界农业的发展。在推动中国农业发展方面，中国政府和人民通过土地改革、农业合作化、家庭承包经营和市场经济等制度创新、农业现代化战略、乡村振兴战略等一系列政策和手段，逐步实现了中国农业的科学化、规模化、产业化、现代化、数字化等，提高了农业供给效率和农业发展质量，推动了农业供给体系的高质量发展。

新中国成立以来，农业供给目标调整的动态过程总是跟随着农业发展阶段的进步而更迭，梳理我国农业供给目标变迁的历史，有助于把握农业发展的阶段性规律，从而为提高农业供给能力、深化农业供给体系改革提供经验借鉴。1949 年以来，我国农业发展的宏观目标总共经历过五次大调整。

（1）1949～1978 年，以粮食增产为目标

新中国成立初期，我国经济处于短缺状态，生产力发展不足，为实现工业化目标，需要改造农业以为工业提供保障。其中，温饱问题是必须首先破解的难题。因此，该时期农业生产的重点在于提高粮食供给能力和提供工业原料。计划经济时期，政府以强制手段对农业生产和农产品流通进行干预，以粮食为主、统购统销的农业管理制度由此形成。在

粮食增产的供给目标下，1949～1978 年中国粮食产量由 11318 万吨增长至 30476.5 万吨，30 年间增长了 169%，基本解决了我国人口的温饱问题。

（2）1978～1991 年，以全面发展农业生产为目标

1979 年，中共中央指出，要贯彻执行"农林牧副渔并举"和"以粮为纲、全面发展、因地制宜、适当集中"的方针，加强对经济作物种植业和林业、牧业、副业、渔业的重视，逐步调整和转变我国居民饮食消费结构和农业生产结构。1985 年，农业统购统派逐步向计划为主、市场调节为辅转变。政府的农业激励措施极大地调动了农户的生产积极性，粮食、棉花、油料产量大幅提升，经济作物播种面积快速扩大。1978～1991 年，粮食、棉花、油料产量由 30476 万吨、216.70 万吨、521.79 万吨增长至 43529 万吨、567.50 万吨、1638.31 万吨，经济作物播种面积从 2951.7 万公顷增长到 3727.2 万公顷，农业结构不断优化，农业开始全方面发展。同时，农业领域市场机制的引入，使农民非农就业规模扩大，乡镇企业得到发展，农业经济结构逐渐向多元化发展。

（3）1991～2000 年，以发展优质、高产、高效农业为目标

1995～1998 年，粮食连续四年丰收，农产品产量全面增长。由于需求增长平稳，急剧增加的农产品面临滞销难题。在这种形势下，中央开始进行农业结构战略性调整。2000 年中共中央提出，我国农业农村发展已经进入结构战略性调整的新阶段，必须充分适应市场的需求变化，以科技为支撑，发展优质、高产、高效农业，提高农业的整体效益。传统的农业经营管理模式、生产加工技术已经不能满足现代农业的发展要求，亟须由要素投入型、资源依赖型的发展模式向科技创新型、环境友好型的可持续发展模式转变，推动小规模农业向适度规模农业转变，推动粗放型农业向集约型农业转变，推动环境掠夺型农业向环境友好型农业转变（叶兴庆，2016）。

（4）2000～2014 年，以保护农业生产、促进农民增收为目标

该阶段的农业供给结构发生明显的转变。从供给侧来看，粮食、经济作物等农产品供给过剩，农业供给矛盾由总量不足转变为结构性失衡，农民增收困难，导致农民生产积极性不高，阻碍了我国农业进一步发展。从需求侧来看，国民经济快速发展，居民生活水平不断提高，国内外市

场也发生了巨大变化，人们的农业需求由数量向质量转变。1998 年，中央农村工作会议强调"不管遇到什么困难，务必实现农业增产、农民增收、农村稳定"。2000 年，农村税费改革推行。2002 年，《农村土地承包法》赋予农民长期而有保障的土地使用权。2004 年开始，为支持农业发展，我国全面取消农业税，"三农"工作成为党和国家的重点。2005 年，社会主义新农村建设开始，农业政策更加全面。2006 年，全国农业税正式取消，农民负担大大减轻。同时，农村合作医疗和农村养老保险制度先后建立，进一步改善了农民生活质量。以上"三农"政策改革，优化了农业产业结构，促进了农民增收和社会稳定，推动了小康社会的全面建成。

（5）2014 年至今，以提高农业供给质量和效率为目标

2014 年以来，加剧的库存积压、价格倒挂、资源环境约束等问题制约着我国农业发展，转方式、调结构成为农业政策关注的重点。2015 年，中央农村工作会议提出进行农业供给侧结构性改革，提高农业供给体系质量和效率，使农业供给与消费需求有效衔接，保障有效供给。截至 2020 年，我国粮食播种面积为 11677 万公顷，比 2019 年增加 70 万公顷，增长了 0.6%；粮食产量增加到 66949 万吨，较 2019 年增加了 565 万吨，增长了 0.9%。农业生产水平逐步提高，农机行业规模以上企业主营业务收入达到 2700.37 亿元，较上年增加 185.8 亿元。农业基础设备不断完善。国家统计局的数据显示，2020 年我国大中型拖拉机产量为 34.6 万台，同比增加 23%，其中，大拖、中拖、小拖分别增长 154.6%、121.4%、73.3%。2019 年，全国规模以上农产品加工企业达 8.1 万家，营收总额高达 22 万亿元，农业产业规模逐步扩大。此外，我国农业全要素生产率从 1981 年的 0.95 上升到 2014 年的 4.00，但 2015 年和 2016 年农业全要素生产率仅为 -0.17 和 -2.93（李展、崔雪，2021），这说明现阶段我国农业供给体系的效率亟待提高。

2. 微观目标

农业供给侧结构性改革的成功除了带来供给体系的优化、供给效率的提高，更表现在农民增收及实际获利上。新中国成立以来，国家农村改革政策的调整、农业供给侧结构的不断优化给农民生活带来了翻天覆地的变化，因此农业供给体系的微观目标就是以促进农民收入持续增加

为核心。

（1）1949～1978年，以工分收入为主，农民收入增长缓慢

新中国成立初期，在党和政府的带领下，生产力得到恢复，人民生活质量不断改善。该时期农村居民的收入大部分依靠农业生产，小部分从集体获取工分。1954年我国农村家庭人均纯收入为64.1元，其中从集体得到的收入为2.43元，其他非生产性经营收入为5.32元，分别占总收入的3.79%和8.30%，农村人均生活消费支出为59.6元，占总收入的92.98%；1978年农村家庭人均收入为134元，相较于1954年增加了1.1倍，人均消费支出为116元，占可支配收入的86.57%，恩格尔系数为67.7%。总的来说，这一时期农村居民生活质量有所提升，但仍未完全解决温饱问题。

（2）1979～2012年，工分收入向收入最大化转变，农民收入快速增长

党的十一届三中全会以来，家庭联产承包责任制得到推行，收入分配制度不断改革，农户开始独立经营，农户收入增加明显。随着大量农村剩余劳动力非农就业规模的扩大，这一阶段农村居民人均可支配收入快速增长，年均增长率约为9.3%。伴随收入的增长，农村人均消费支出水平也快速提升，年均增长率约为7.5%；恩格尔系数大幅降低，下降10.1个百分点，农村居民温饱问题基本解决。

1992年，改革开放进一步推进，非公有制经济快速发展。国家在农村地区先后出台一系列惠农措施，大量农村剩余劳动力向城镇转移，工资性收入成为农村居民增收的重要渠道，极大地促进了农民收入的增长。1992～2012年，农村居民人均可支配收入从784元增长至8389元，年均增长率为12.58%；农村居民人均消费支出从659元增长至6667元，年均增长率为12.27%；恩格尔系数从57.5%下降至35.9%，下降了21.6个百分点，农村居民收入水平大幅提升，生活质量得到改善，农村居民幸福感得到极大增强。

（3）2013年至今，收入分配体制不断优化，农民持续增收

党的十八大以来，各地区各部门坚持以习近平同志为核心的党中央集中统一领导、以人民为中心的发展思想，把保障和改善民生作为工作的根本出发点和落脚点。2013～2020年，农村居民人均可支配收入从

9430 元提升至 17131 元，年均增长 8.90%；农村居民人均消费支出从
7485 元增加到 13713 元，年均增长 9.03%；恩格尔系数从 34.1% 下降至
32.7%，下降了 1.4 个百分点。这表明我国农村居民收入水平得到稳步
提升。

总体来看，新中国成立至今的 70 多年来，我国农业发展取得了瞩目
的成就，农村居民生活得到了极大改善，实现了由满足温饱需求到追求
美好生活的质的飞跃，取得了脱贫攻坚战的胜利，全面建成了小康社会，
农业供给侧结构性改革中农民增收的目标初见成效。

（二）农业供给结构

1. 产业结构

产业结构调整将引起供给结构变化，进一步导致供给产品的数量和
质量变化，提升供给能力。新中国成立以来，我国农业总产值的增速在
不同的时间段呈现不同的发展趋势。1949～1978 年，我国农业总产值稳
步增长，但增速缓慢。1978～2018 年，农业总产值快速提升，从 1117.5
亿元增长至 61452.6 亿元，增长了约 54 倍。1978～1993 年，农业总产值
稳步提升，从 1117.5 亿元增长至 10996 亿元，年均增长 16.5%。1994 年
是产值增长的顶峰，1995 年农业总产值突破 2 万亿元大关，达 20340.9
亿元，两年间增长了近 1 倍，年均增长超过 36%。从 1996 年开始，农业
总产值增速开始放缓，并伴随大幅度的波动；1998～1999 年和 2001～
2002 年甚至出现负增长；2004～2020 年又进入了新的高速增长阶段，从
36239 亿元增至 130370 亿元，上涨了 259.75%。农业总产值的增长，离
不开我国农业产业结构的不断调整。梳理我国农业产业结构调整的历史，
可以大致将其划分为 6 个阶段。

（1）第一阶段（1949～1978 年），以粮食增产为导向的产业结构

1978 年以前，为了解决我国人口温饱问题、保障粮食生产，我国农
业结构基本保持单一粮食型结构，农业内部产业结构极不协调。从农林
牧渔业各部门结构比例来看，1978 年我国农、林、牧、渔各产业所占比
例分别为 80.0%、3.4%、15.0% 和 1.6%，新中国成立以来的 30 年间农
业产值占比常年保持在 80% 以上，种植业是主导产业。从种植业内部构
成来看，1978 年粮食作物、经济作物和其他作物所占的比例分别为

80.4%、9.6%、10.0%。其间，粮食生产是农业发展的主旋律，粮食播种面积基本维持在农作物总播种面积的 80% 以上，"以粮食增产为导向"的单一农业产业结构特征明显。

（2）第二阶段（1979～1984 年），"以粮为纲，全面发展"的农业产业结构

党的十一届三中全会后，家庭联产承包责任制得以确立，同时为了积极发展多种经营方式、改善农业产业结构，1981 年国务院出台了"绝不放松粮食生产，积极发展多种经营"的方针政策，我国各地开始了对农业结构的调整。相关政策的落实使我国农业生产结构得到优化和调整，国内生产结构多元化，农产品类型也日渐多样化。截至 1984 年底，我国农业产业结构得到较大调整，相比于 1978 年种植业占比下降了 10 个百分点，林、牧、渔业占比则分别提升了 1.8 个百分点、7.1 个百分点、1.9个百分点。其中种植业结构中粮食占比为 75.8%，相比于 1978 年下降了4.2 个百分点，经济作物和其他作物占比分别为 15.6% 和 8.6%，经济作物占比相比于 1978 年上升了 6 个百分点，农业产业结构得到多元化发展。

（3）第三阶段（1985～1998 年），农业产业结构由"粮食作物—经济作物"的二元结构向"粮食作物—经济作物—饲料作物"的三元结构转变

家庭联产承包责任制的确立和发展，使农民变成了生产经营的主体，具有了极大的劳动热情和积极性。在连续几年获得丰收的基础上，粮食、棉花等农作物的产量得到较大提升，但同时流通体制存在的弊端也日益显现，全国多个地区出现了农作物"卖难"的问题。为妥善地解决好国内出现的卖粮难的问题，我国开始以流通体制为主导来调整和优化农业结构。通过对流通体制的改革来引导我国建立起较为合理的农工商产业结构。在农产品的价格被逐步放开之后，以市场为主导的价格导向逐渐明显，相关政策也以发展高产、优质、高效的农业为目标。1992 年，国务院出台了《关于发展高产优质高效农业的决定》，将扩大优质产品的生产作为农业发展的重要目标，并以此来优化农业结构，以农产品品种结构优化、产品质量提升为手段，使传统农业朝着高产、优质的现代化方向发展转型。在第二轮农业结构调整过程中，农业产业结构由以"粮食作物—经济作物"为主的二元结构转变为以"粮食作物—经济作物—饲

料作物"为主的三元结构。经过这一时期的调整,截至 1998 年,种植业所占比例明显下降,渔、牧业所占比例有所上升,农、林、牧、渔业占比分别达到了 58.1% 、3.4% 、28.6% 、9.9% 。而在种植业中,粮食作物、经济作物以及其他作物的播种面积也得到了调整,粮食作物比例相比 1985 年下降了 2.5 个百分点,经济作物和其他作物的比例均有小幅度提升。

(4)第四阶段(1999~2003 年),以满足国内市场需求为导向的产业结构

1998 年党的十五届三中全会指出:"粮食和其他农产品大幅度增长,由长期短缺到总量大体平衡、丰年有余,基本解决了全国人民的吃饭问题。"农业供给大体能够满足人民需求,但也存在部分农产品库存积压,高端、优质农产品稀缺,供需不匹配,农产品供需出现错位的问题。粮食和其他主要农产品供给得到有效保障,人民生活质量总体提升,但农业结构性问题逐渐突出,农业和农村经济发展面临新的机遇与挑战。因此,进一步调整农林牧副渔结构比例,发展畜牧业和农产品加工业成为我国农业产业结构调整的方向。通过这一调整,国内粮食主产省份的粮食供应量明显增加,农业结构也不断优化。截至 2003 年,农、林、牧、渔业比例分别达到了 50.1% 、4.2% 、32.1% 、10.6% ;同时,种植业中粮食作物播种面积进一步减少,占总面积的 65.2% ,以水果蔬菜为代表的经济作物播种面积明显增加,占总面积的 13.3% ,种植结构得到优化。

(5)第五阶段(2004~2012 年),以保障粮食安全、农产品有效供给为导向的产业结构

粮食作物在农业生产中所占比例呈现下降的趋势,2003 年的粮食产量相比于 1998 年下降了 15.9% ,下降到 20 世纪 90 年代以来的最低水平。因此,粮食安全问题已被提到新的议事日程之中,并逐渐成为农业结构调整的方向。自 2004 年中央一号文件重点关注"三农"问题以来,我国政府在制定农业政策的过程中重点关注粮食安全与农产品的有效供给等问题,并先后颁布了一整套的强农、惠农、富农政策,初步建立了农业保护体系,采取补贴种粮农民的措施来激发农民种植粮食作物的热情。截至 2012 年,农、林、牧、渔业在农业结构中所占的比例分别为52.5% 、3.5% 、30.4% 、9.7% 。同时随着人口的增加,国家为确保粮食安全,坚守耕地红线,粮食作物播种面积始终保持在 65% 以上。这一阶

段农业结构有所调整，但也存在不小的问题，如玉米播种面积快速增加，导致库存积压，出现了玉米高库存、高进口、高成本"三高"等农业供给问题，农产品无效供给问题突出。

（6）第六阶段（2013 年至今），以促进农业提质增效为目标的产业结构

我国自 2013 年开始在全国进行第六次农业产业结构调整，这一调整的关键是在全国范围内推行农业供给侧结构性改革。2013 年中央颁布的一号文件、2015 年农业部出台的《关于进一步调整优化农业结构的指导意见》及 2015 年底中央农村经济工作会议上的报告都鲜明地指出应增强对农业供给侧结构性改革的重视程度，切实提升农业供给的质量和水平。此次对农业结构的调整是对我国现存的农业生产结构的改革和优化，从数量和质量两个角度确保农业供给水平的提高，进而实现农产品结构和总量的合理优化。截至 2020 年，农、林、牧、渔业在农业结构中所占比例分别为 54.9%、4.6%、30.8%、9.7%。同时在农作物种植面积方面，粮食作物所占比例有所提升，占 69.9%。我国农业产业结构经过六个阶段的调整，目前国内的粮食、经济以及饲料作物之间的结构得到有效调整、种植结构逐渐改善、有效供给显著增加、产业融合得到快速发展，以粮食作物—经济作物—饲料作物为主体的三元结构正逐步形成。

2. 产品、要素结构

（1）农业产品结构

新中国成立后，随着经济的不断发展和国家政策的调整，我国农产品品种由单一向多元化转变，消费者对农产品品质的要求也日渐提高。自新中国成立以来，我国农产品结构调整共经历了 4 个阶段。

①1949～1978 年，贯彻"以粮为纲"的生产方针，农产品以粮食作物为主

1949 年新中国成立后，为迅速恢复生产、改善人民群众生活、保障粮食供给，国家提出了"以粮为纲，全面发展"的生产方针。这一阶段除1960～1969 年种植业总面积呈减少态势（1969 年作物面积较 1960 年减少963.1 万公顷，同比减少 5.2%）外，其余年份作物面积均呈增加趋势，1978 年作物面积为 15010.4 万公顷，较 1949 年增加了 2581.8 万公顷，增长了 21%。1978 年以前，农产品品种以水稻、小麦、玉米、豆类、谷子、高

粱等粮食作物为主,其中水稻面积为 3442.1 万公顷,占总面积的 22.9%;小麦面积为 2918.3 万公顷,占总面积的 19.4%;玉米面积为 1996.1 万公顷,占总面积的 13.3%;谷子、高粱面积为 772.9 万公顷,占总面积的 5.1%;豆类、薯类面积为 1894 万公顷,占总面积的 12.6%。上述粮食作物种植面积之和占总面积的 73.4%,占据绝对的主导地位。

②1978~2000 年,推行"决不放松粮食生产,积极发展多种经营"的理念,农产品中经济作物比例提高

改革开放初期,"以粮为纲"的指导思想转变为"决不放松粮食生产,积极发展多种经营"的生产理念,在全国范围内大幅度缩减粮食作物种植面积。具体表现为,1978~2000 年,在农作物总播种面积增长的趋势下,粮食作物播种面积从 12085.7 万公顷减少到 10846.3 万公顷,减少了 10%;水稻、小麦、豆类、谷子、高粱等粮食作物所占比例持续降低,分别从 22.9%、19.4%、4.7%、2.8%、2.3%,下降到 19.2%、15.8%、0.6%、0.4%、8.4%。在"积极发展多种经营"的理念下,经济作物所占比例持续增加,玉米、蔬菜、油料播种面积分别从 1978 年的 1196.1 万公顷、333.1 万公顷、622.2 万公顷增长到 2000 年的 2305.5 万公顷、1523.7 万公顷、1540 万公顷,所占比例分别从 8.0%、2.2%、4.1% 提升至 14.8%、9.7%、9.8%。这一阶段,在市场经济调节作用下,农产品中经济作物所占比例不断提高。

③2000~2014 年,消费结构升级,肉禽蛋奶类农产品产量迅速增加

改革开放后,随着经济的快速发展和人们收入水平的提高,我国人民的饮食结构逐渐由"吃得饱"向"吃得好"转变。尤其是进入 21 世纪以来,人民生活的富足导致其对脂肪、蛋白质、维生素、矿物质的需求量增加,传统的粮食作物已无法满足饮食消费结构升级后的农产品需求,肉禽蛋奶类农产品产量迅速增加。2001 年我国肉禽产量为 11911 万吨,到 2014 年增加至 18250 万吨,14 年间产量增加了 53.2%,年均增长 3%,是全球平均水平 1.6% 的 2 倍左右。2014 年我国禽肉行业产值也由 2003 年的 1477.6 亿元增长到 4160.1 亿元,产业规模扩大了 181.5%;奶类产量从 2000 年的 919.1 万吨增加到 3276.5 万吨,增加了 256.5%,奶产品行业产值从 2003 年的 336.47 亿元增至 1541 亿元,增长了 3.6 倍。这一阶段,受饮食消费结构升级的影响,肉禽蛋奶类农产品产量迅速增加,

在农产品生产中占据重要地位。

④2014年至今，农业供给侧结构性改革，推动农产品高质量发展

2014年后，随着我国经济的进一步发展，消费者对农产品提出了更高层次的需求：不仅要"吃得好"，还要吃得健康，吃得优质。为此，我国开始进行农业供给侧结构性改革，通过对农业结构的调整，生产出能够满足消费者高层次需求的优质农产品，推动农业产业高质量发展。2014年以来，国家一直重视农产品质量提升。在农产品质量安全方面，截至2020年，现行的由我国农业农村部制定发布的农业国家标准有1124项，农业行业标准有5032项，其中农药残留标准有147项，兽药使用标准有63项，畜牧业饲料标准有42项，农业生产相关检测方法标准有140项。通过标准的制定和实行，最大限度地保障了我国农产品的质量安全。2018年，我国对3000家企业实行农业生产资料产品质量国家监督抽查，抽查比例接近30%，农产品抽查合格率超过了97%，农产品质量安全得到保证。在农产品品种质量方面，截至2020年底，全国绿色有机地标农产品获证单位超过2.3万家，产品种类数超过5万个，每年向社会提供的产品总量超过2亿吨，准备在"十四五"期间构建30个农产品全产业链标准体系及相关标准综合体，建造全产业链标准化基地300个，孵化出更多的全国知名的无公害、绿色、有机农产品和农产品地理标志。① 这一阶段，通过农业供给侧结构性改革，我国农产品逐步实现了由低水平供需平衡向高水平供需平衡的跨越。

（2）农业要素结构

新中国成立以来，我国农业要素投入结构的特点表现出由"传统单一要素投入"逐步向"多元化、多要素的混合使用"变动，我国要素投入结构变动共经历了五个阶段。

①1949~1978年，以土地资源和农业从业人员变动为主

新中国成立后，我国的首要任务就是恢复农业生产。1950年《中华人民共和国土地改革法》的发布，为新的土地制度提供了法律支撑，封建地主所有制被废除，土地归农民所有。1953年，全国土地改革基本完成，近3亿农民共同分配了7亿亩农村土地，到1973年我国耕地面积也

---

① 数据来自 http://std.samr.gov.cn（全国标准信息公共服务平台）。

由 1949 年的 9800 万公顷增长到 10002 万公顷,增长 2%。土地改革结束后,党中央大力倡导合作社的发展,合作社数量从 1953 年的 140 个增加到 1955 年的 60 余万个,合作社吸纳了 60% 的农户参与生产。1956 年第一届全国人民代表大会第三次会议通过《高级农业生产合作社示范章程》后,高级合作社的数量短短一年从 500 个增加到 54 万个,参与农户占全国劳动人口的 96% 以上,充分调动了我国人民从事农业的热情,到 1978 年我国农业从业人员数达 28300 余万人,相比 1952 年的 17300 万人,增长了 64%,这一阶段的农业要素投入以土地投入和劳动力投入为主。

②1979~1984 年,以农业机械总动力和农林牧渔业从业人员变动为主

随着国家一系列惠民政策的实施,农民生产积极性得到有效提升,农业从业人员大幅度增加。随着农机产权制度的改革,农民使用和购买农业机械的限制逐渐被放开,农民对农机投入的热情高涨,使农业机械总动力逐年提升。1979~1984 年,农业机械总动力由 1360.0 亿瓦增长至 1949.7 亿瓦,年均增幅为 7.5%,农业从业人员数从 29071 万人增加至 48917 万人,增加了 68.3%,其他要素投入变化相对较小,农作物播种面积和有效灌溉面积都在 1% 的水平浮动。这些数据说明,这一阶段农业生产的主要投入要素为机械投入和劳动力投入。

③1985~1993 年,以农林牧渔业从业人员、农业机械总动力和化肥施用量变动为主

1993 年,我国农业机械总动力为 3181.7 亿瓦,是 1985 年 2091.3 亿瓦的 1.52 倍;农用化肥施用量为 3152 万吨,相比 1985 年的 1776 万吨增加了 1376 万吨,增长了 77.5%。这一阶段其他要素投入相比农业机械动力和化肥施用量投入,变动不大。该阶段有效灌溉面积增加 4693 公顷,增加了 10.6%;农业从业人员数增加了 6550 万人,增加了 20%。这说明农业机械投入虽然大幅增加,但由于该阶段仍为小农经营时代,更多的还是劳动力投入。

④1994~2006 年,农业机械总动力和化肥施用量的增长依然较快,与此同时,其他要素投入也发生了较大变化

1994~2006 年,农业机械总动力和化肥施用量增长迅速。2006 年,农业机械总动力为 7252.2 亿瓦,是 1994 年 3380.3 亿瓦的 2.15 倍;化肥

施用量为 4928 万吨，相比 1994 年增长 48.5%；其他要素变动不一，1994~2006 年有效灌溉面积增加了 699.15 万公顷，增加了 14.3%，农业从业人员数减少了 4687 万人，减少了 12.8%。1994 年，党的十四大报告提出要建立社会主义市场经济体制，推动商品经济的繁荣，增大了农业劳动力的机会成本，使农业从业人员数出现减少。此外，2004 年的农机购置补贴政策，大大降低了农机的购置成本，提升了农民的农机投入热情，促使该阶段机械投入大幅提升。2001 年发布的进口化肥免征增值税政策和 2006 年实施的农资综合直补政策，都限制了我国农业生产者价格指数的进一步增长，在农业收入增加的同时，化肥、机械等农业要素投入价格趋于稳定。随着农业规模化的发展，播种面积扩大，化肥、农业机械要素投入进一步增加。

⑤2007 年至今，农业机械总动力、有效灌溉面积和化肥施用量变动幅度较大

2007~2019 年，我国农业机械总动力、有效灌溉面积、化肥施用量分别增长 25.0%、21.5%、5.8%，农业从业人员数进一步减少，约减少 6.4%。2011 年，国家提出大力兴建农田水利设施，加强灌区末级渠系和配套的田间水利工程建设，极大地促进了有效灌溉面积的增加。随着农村土地的三权分置改革，农地流转面积不断扩大，农业机械化生产被逐渐运用到生产实践中，农业机械总动力大幅度提升。从土地投入来看，为保障粮食安全，国家提出了坚守耕地红线政策，农业播种面积得到进一步巩固，同时农村土地流转政策的完善实施，减少了农地撂荒现象，农业用地面积得到进一步扩大。从化肥投入来看，该阶段化肥投入的增速放缓，这主要是因为消费者对农产品需求的转型升级以及国家发展绿色农业的大政方针，在一定程度上控制了化肥投入的增长趋势。

总体来看，我国要素投入以土地和劳动力为主。这种要素结构导致我国农业生产效率低下，农产品同质化现象严重，难以发挥地区优势和特色。大量劳动力投入低端农产品的生产，导致供给过剩，又缺乏绿色、无公害、有机农产品等高端产品的供应，难以满足消费者日益增长的农产品消费需求。同时，在要素投入方面，机械化水平和资本投入提升明显。但目前的农业生产仍以小农粗放生产、低端技术投入为主，分散化的小规模经营农户只能通过增加化肥、农药等可分散利用的中间品投入

来提高产量，这使得当前的农业发展模式难以满足高质量发展的需求。而当前我国在农业种质资源创新、生产条件改善和生产力提升方面的能力仍有所欠缺，数字农业、精准农业、智慧农业等现代农业发展模式未得到大范围推广运用，农业的高质量供给仍未实现。

3. 区域结构

（1）从区域结构来看，粮食生产核心区不断北移

我国 13 个粮食主产区有 7 个在北方，分别为黑龙江、吉林、辽宁、内蒙古、河北、山东和河南。2020 年，全国粮食播种面积约为 11677 万公顷，粮食产量约为 66949 万吨。北方粮食主产区的粮食产量为 33465.3 万吨，占全国粮食产量的 50.0%，北方粮食播种面积占全国的 48.1%。其中，黑龙江粮食产量从 1978 年的 1500 万吨（占全国的 4.9%），增长至 2020 年的 7540.8 万吨（占全国的 11.3%）；2020 年河南粮食产量相比于 1978 年增长了 225%，占全国的比重也由 6.9% 提升至 10.2%。[①] 北方逐渐成为我国粮食生产中心，对我国的粮食供给保障具有决定性作用。

（2）南方粮食产量逐渐减少，成为粮食主销区

改革开放后，随着城镇化与工业化的推进，我国南方的土地、资源和人力更多地向工业和服务业转移。我国粮食生产格局发生重大改变，南方粮食生产规模逐步缩减，占全国的比例由改革开放初期的 40% 降至 30% 以下。北方的粮食生产地位日益凸显，如今已占全国粮食生产的一半以上。得益于优厚的自然条件，我国北方在粮食产量增加的同时，粮食质量也不断提升，孕育了"五常大米"等一系列国家地理标志产品，迅速占据消费市场。南方作为粮食主要需求区，粮食库存仅占全国的 9%，北方大量粮食销往东南沿海地区，造成了南北方主要粮食供给区和消费区的错位，逐渐形成了"北粮南运"的生产消费格局。同时改革开放以后，我国东南沿海地区经济的飞速发展，聚集了大量的外来劳动力，南方粮食需求量逐年增加，"北粮南运"的压力也持续增大。

（3）东北地区粮食生产地位日益凸显

东北地区农业资源禀赋好、发展潜力大，在全国范围内具有粮食生产比较优势。其中，黑龙江的地位尤其重要，它具有较好的粮食种植优

---

① 数据来源于各省国民经济和社会发展统计公报。

势。黑龙江无论是在耕地面积还是在耕地质量上，都具备一定优势，其耕地面积全国第一，约 2.39 亿亩，优质耕地占比约为 98%，永久基本农田高达 1.66 亿亩，占全国的 10.77%。东北三省是我国最重要的粮食主产区和粮食供给基地。2000 年以来，东北三省粮食产量及播种面积占全国的比重不断增长，近 5 年来已经达到 20% 左右，粮食产量及播种面积的持续增长为保障粮食稳定自给做出了巨大贡献（刘钰，2020）。2000 年以来，东北三省粮食播种面积持续扩大，2017 年粮食播种面积达到 240968 公顷，占全国总播种面积的 19.64%；东北三省粮食总产量稳步增加，由 2000 年的 553644 吨增加到 2017 年的 1445080 吨，占全国的比重由 11.52% 提高到 21.00%（刘钰，2020）。东北三省成为名副其实的"中华大粮仓"，其主要粮食生产地位凸显。

（三）农业供给功能

1. 经济功能

（1）农业供给体系对经济增长的贡献

农业供给体系对经济增长的贡献主要体现在两个方面。一是为农业总产值和 GDP 增长做出直接贡献。1952 年我国农业总产值为 395.95 亿元，2012 年增加到 44845.72 亿元，增加 112 倍，年均增长 8.20%；2019 年增加到 66066.45 亿元，比 2012 年增长 47.32%，年均增长 5.69%；农业固定资产投资（不含农户）国家预算资金 2003 年为 27.21 亿元，2019 年增加到 511.25 亿元，增加 484.04 亿元，年均增长 20.12%。[①] 二是粮食保障"端牢饭碗"，为经济增长提供"压舱石"的保障贡献。2020 年，我国粮食产量为 66949 万吨，同比增长 0.9%，连续六年产量保持增长。近年来，党中央始终把"三农"问题作为政府长期工作的主线和重点，积极推进乡村振兴战略，改善农村生态环境，紧抓粮食生产，积极推动农业供给侧结构性改革，粮食产量稳步提升，农业产业稳固发展，为我国经济高质量发展和社会安全稳定运行奠定了坚实的基础。

（2）农业供给体系对人民生活的贡献

农业供给体系对人民生活的贡献主要体现在提高生活水平和减少贫

---

① 数据来源于《中国投资领域统计年鉴》。

困两个方面。一是刺激消费，促进生活水平提高。新中国刚成立时，百废待兴，广大人民生活条件艰苦，1949年我国农村居民人均收入仅为44元。随着1953年"一五"计划的颁布，国内生产生活开始有序恢复。1957年"一五"计划完成后，我国农村居民人均纯收入增长到73元，农村居民人均消费支出增长到70.9元。1978年改革开放后，国家经济实力的快速提升带动了农业产业的迅速发展，国家相关政策的倾斜和帮扶也在极大程度上改善了农村居民生活，农村居民收入和消费水平不断提升。截至2020年，我国农村居民人均可支配收入为17313元，是1949年的393.5倍，相比于1978年也增长了128.42倍；农村居民人均消费支出达13713元，是1957年人均消费支出的193.4倍，相比1978年的146.64元也增长了92.5倍；1978～2020年，除极少数年份外，几乎每年我国农村居民人均收入和消费支出较上年都有大幅度提升，农村居民的生活水平得到极大程度的改善。二是减少贫困，促进脱贫攻坚的按时完成。1978年以来，随着农业农村改革的推进，农村扶贫力度不断加大，农村贫困人口生活得到了有效改善。2010年国家出台了新的贫困标准，按照新标准，2010年我国农村贫困人口下降至16567万人，贫困发生率降至17.2%；截至2019年，农村贫困人口下降至550万人，改革开放以来累计脱贫约7.65亿人，贫困发生率下降至0.6%[1]，2020年实现全部脱贫，完成了消除绝对贫困的艰巨任务。

2. 社会政治功能

（1）农业供给体系发展可以稳定就业和保障民生

保障农业供给是社会稳定、有序发展的基础，同时供给体系的发展和供给质量的提升，也为社会提供了大量的就业岗位。2019年，我国乡村就业人数为33224万人，其中第一产业就业人数为19445万人，产业人员占比为58.5%。[2] 首先，农业作为我国的立国之本、强国之基，一直担当着解决我国庞大人口生存就业问题的重任，在不同时期为解决社会上低学历、低技能的闲散人员和贫困户的再就业问题做出了巨大贡献。同时，我国农业生产主体是小农户，生产资源分散，相比于其他产业，农

---

① 数据来源于《中国农村贫困监测报告》。
② 数据来源于《中国农村统计年鉴2020》和《中国社会统计年鉴2020》。

业生产效率低下，经济效益增长缓慢，缺乏对高层次人才的吸引力，需要国家政策福利的倾斜。无论是选聘高校毕业生到村任职工作，还是"十四五"规划实施的加快推进乡村人才振兴政策，都为农村人才队伍的建设和农业产业发展奠定了坚实的基础。其次，面对 2008 年全球金融危机的爆发、2020 年新冠疫情的来袭，为解决农村劳动力闲置问题，国家实施"八大措施""六个一批"等举措来促进农民工下岗再就业，鼓励投身农业，农业产业吸收了大量的闲置劳动力，为农民工再就业提供了机会，起到了稳定社会的作用。最后，农业供给体系的发展提供了诸多劳动力需求，在解决农村人口就业问题的同时，也改善了农村居民生活。

（2）农业供给体系发展可以助力国家安全稳定

粮食安全保障是各个国家关注的重点。其中粮食安全的保障离不开国内农业生产的发展，同时国内粮食产品的生产和储备，也具有重大的政治战略意义。目前，我国粮食生产成本居高不下，远超国际平均水平，粮食作物的经济效益远低于经济作物的经济效益。对广大农户来说，粮食种植并不是最优选择。但一直以来国家高度重视粮食生产，坚守耕地红线，保证"中国人的饭碗装中国粮"，保障了粮食生产。新冠疫情发生以来，农业生产的有序进行在保障粮食安全的同时，也为疫情防控缓解了巨大的压力。同时农业自身的公共物品属性，形成了地区特色农牧产业，有利于边远地区的经济发展和生态环境保护。

3. 生态功能

（1）农业供给体系发展促进农业资源保护

生态农业建设注重农业资源的保护和高效利用，因此，2015 年农业部印发《耕地质量保护与提升行动方案》，以落实耕地保护行动，大规模建设高标准农田，提高耕地质量，同时节量增效，发展节水农业、节能农业，保证资源高效利用。改革开放以来，随着我国农业生产技术的进步，农业节水灌溉、除涝和水土流失治理面积也逐年增加，2019 年我国节水灌溉面积为 3705.9 万公顷，相比 1998 年的 1500 万公顷增加了 1.47 倍；在我国耕地灌溉总面积逐年增加的趋势下，2019 年节水灌溉面积占耕地灌溉面积的 54.8%，相比 1998 年的 28.5% 提升近 1 倍；2019 年我国除涝面积为 2450 万公顷，相比改革开放初期 1978 年的 1720 万公顷增加了 42.4%；同时农业水土流失治理面积也从 1978 年的 4040 万公顷增加到 2019 年的 13700 万公顷,面积增加了 2.4 倍。[1] 在能源消耗方面,虽然农、林、牧、渔业能源消费量由 1980 年的 4692 万吨标准煤增长到 2015 年的 8232 万吨标准煤,但总能源消耗占比从 7.8% 降低到 1.9%。通过控量增效、减量替代,农业资源保护初见成效。

(2)农业供给体系促进农业生态系统稳定发展

随着农业绿色发展政策的推进,农业生态系统建设取得初步成效,我国生态环境也有了明显改善。2019 年,我国森林面积为 22045 万公顷,相比 1988 年的 12465 万公顷增长了 76.86%,森林覆盖率由 1985 年的 0.12% 提升到 22.96%,提高了 22.84 个百分点;2018 年我国活立木蓄积量为 190.07 亿立方米,相比 2000 年的 124.9 亿立方米增长了 52.2%;2019 年我国森林蓄积量为 175.60 亿立方米,相较于 1993 年的 93.1 亿立方米增加了 82.5 亿立方米。根据《中国统计年鉴》,2019 年我国现有湿地面积 5360.3 万公顷,占总面积的 5.58%,比 2003 年的 3848.6 万公顷增加了 1511.7 万公顷,增加了 39.3%。我国已经基本实现全国森林覆盖率不低于 23%、湿地面积达到 5300 万公顷以上的目标。近几年,我国在稳定生态系统方面取得了良好成绩,同期资源增长水平为全球最高,我国的森林资源呈现出面积持续增加的良好发展态势,这是我国农业绿色发展取得的卓越进步,也为我国生态环境保护修复做出了巨大贡献。

4. 文化功能

农业生产活动与农村生活息息相关,农业经济水平的提高离不开农村文化的建设。文化振兴是乡村振兴中不可缺少的一环,也是推进农业农村高质量发展的重要前提,能够满足广大农民群众的精神文化需求。在农村文化服务供给方面,随着农业的不断发展,配套的基础设施和公共文化服务也逐步完善。2019 年,我国已有乡镇文化机构 40747 家,从事乡镇文化服务人员 136481 人次。农民收入水平的提高不仅带来物质生活的满足,也让农民对精神文化有了更高追求,从而对农村文化生活建设提出了更高层次的要求。2019 年,我国乡村文化活动开展 105.9 万次,涵盖 29165 万人,举办文化展览 10.23 万个,参展人数为 6687 万人[2],极

---

① 数据来源于《中国水利统计年鉴》。

② 数据来源于《中国第三产业统计年鉴》。

大地丰富了农村文化生活。在文旅产业发展方面，近年来休闲农业和乡村旅游产业不断融合，各地结合自身优势，利用"生态 + 文化 + 旅游"的模式，拓展出农业的多功能性，将观光休闲产品定制、农事体验等与农业紧密结合，形成了多种新业态，逐渐形成了精品民宿带动型、乡村旅游扶贫型、自然景区开发型、文化产业依托型、生态休闲观光型等兼具地方特色与文旅产业发展的农村新模式，文旅产业形态不再拘泥于农村自身的自然资源禀赋，逐渐向产业融合、功能多样的休闲农业发展。

（四）组织

组织是一群人为了共同目标而构建的有机集合体。现代农业产业组织主要包括农户家庭、农民专业合作社、农业公司与企业（黄祖辉，2018）。不同形态的农业组织反映了不同时期的社会经济发展水平，体现出不同农业经济形态的历史变革。1949 年以来中国农业组织体系发生了一系列演变（见图 4 - 1）。

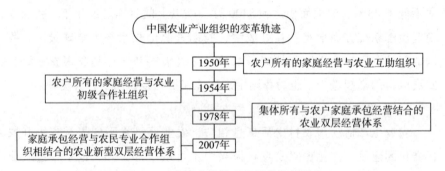

图 4 - 1　中国农业产业组织的变革轨迹

1. 组织的初步发展

1949 ~ 1978 年，中国农业产业组织制度从初级合作组织与家庭经营并存向集体经营转变。1978 年后，家庭联产承包责任制成为农村最重要的一项经济制度，农户重新成为农业生产者，家庭成为新的农业组织单元。2007 年，随着《农民专业合作社法》的施行，农业经营逐渐由村集体与农户承包演变为农户家庭与专业合作社结合的新型双层经营体系。农民合作社政策在不断变迁中日臻完善，合作社组织对外吸引企业投资建厂和提供技术服务，对内带动帮扶农户生产增收，成为连接农户和企业的有机桥梁，企业、农户与合作社并存的产业组织模式逐渐发展。

2. 组织向规模化和多元化发展演变

近10年来，伴随多元化市场竞争环境日趋严峻，各级政府大力发展新型化、多元化、高效化的农业组织，中国新型农业经营主体迅速发展，在规模、类型、功能等方面均有较大突破。2020年，在专业合作社承包的流转耕地中，家庭承包面积达9737万亩，占流转总面积的21.8%，其中，有16%以入股形式加入。农民专业合作社的产销一体化经营服务总值已突破1万亿元，超过10万家合作社开展了农业服务。50亩以上规模经营农户数量持续增加至402.1万户，签订约5536万份耕地流转合同，涉及流转耕地面积2333.3万公顷。① 根据《中国农村统计年鉴》与《中国农业年鉴》，截至2019年底，全国已有家庭农场85.3万家，其中11.7万家达到县级及以上示范家庭农场标准，60万家家庭农场被纳入名录。农业产业化龙头企业规模显著扩大。2019年，全国农业产业化龙头企业共9.3万家，其中1542家为国家重点龙头企业，8000家年销售收入破亿元，70家突破百亿元。全国有220.3万家农民合作社登记在册，并持续带动周围农户，这些合作社有80.7%为普通农民。我国农业生产组织正在向规模化、多元化发展，逐步成为满足农民需求和农业发展要求的多功能组织，比如不断向休闲农业、观赏农业、体验农业等新业态扩展。

3. 组织的带动作用不断增强

农业合作组织推进农民持续增收。截至2019年，国家农民合作社示范社300强的平均经营收入为5789万元，辐射带动非社员农户约2456户，参与农户人均年分配盈余提升近1600元；相比生产同类农产品的农户，合作社社员生产增收20%以上。② 同时，合作社积极发展现代农业，创办加工实体，开展"农社对接"，在产业化经营利益分享上做文章。到2019年底，超过半数的农民合作社实现产销一体化，除了仓储物流等基本业务外，还在加工、配送等方面提供增值服务，社员人均统一购销额达1.56万元，得到二次盈余返还1402元。此外，约3.5万家合作社创办

---

① 数据来源于《2021中国新型农业经营主体发展分析报告（一）——基于中国农民合作社的调查》。

② 数据来源于《国家农民合作社示范社发展指数研究报告（2019）》。

实体经济企业，8.7 万家合作社拥有自主品牌，4.6 万家合作社生产的农产品通过质量认证。[①]

合作组织还积极带动贫困人口就业增收，成为产业扶贫的重要载体。2019 年，通过扶贫工作已培育出 1.4 万家市级以上龙头企业，大量新发展的重点龙头企业扎根贫困地区。每家企业平均带动 2 万户农户脱贫致富，合作组织已成为推动农业农村经济发展的重要支撑。[②] 合作组织注重拓展多功能农业，将农业产业发展与休闲、乡村旅游、民间工艺和电商等元素结合，形成全新业态。约 2 万家农民合作社开展网店运营，联合企业、高校高水平发展农村电子商务，7300 多家在休闲农业、农旅结合上下功夫。[③] 此外，股份、信用合作、互助保险以及土地股份合作等各级示范社超过 18 万家，实现了由单一要素经营向资金、技术、土地等多要素联合的跨越，起到了组织服务的中坚作用，逐步推动传统农业产业向休闲农业、品牌农业、共享农业等新业态的转型升级。

（五）制度

制度解决的是农业供给体系发展中的生产关系问题，核心是激励生产者和各类组织的积极性，为农业供给体系能力提升提供政策保障支持。新中国成立 70 多年来，我国农业生产要素相对稳定，农业产出稳步提高，显著改善了农民生活，农业农村发展取得了举世瞩目的成就。这与我国在不同阶段的经济社会中成功推进的农业农村发展政策及改革息息相关。

1. 土地制度改革与农业合作化阶段（1949~1977 年）

新中国成立之初，为加快发展农业，我国进行了土地制度改革。1950 年 6 月，《中华人民共和国土地改革法》颁布，土地制度改革开启。1953 年，中共中央总结了部分地区农业生产合作社试点探索的成果，肯定了农业生产合作社的优越性（邹於娟，2020）。在很长一段时期内，农业生产合作社都发挥了较大的作用。

---

① 数据来源于《2019 中国农业经济发展报告及展望》。
② 数据来源于《2019 中国农业经济发展报告及展望》。
③ 数据来源于《2019 中国农业经济发展报告及展望》。

2. 农村市场经济体制形成阶段（1978~2003 年）

在改革开放政策实施过程中，经济发展和社会主义现代化建设成为国家在新阶段的工作重点，而以解放生产力、发展生产力、激活农村市场经济为核心的农村改革则是改革开放的重要出发点和攻坚关键，因此，国家进一步推进以粮食为核心的农产品流通体制以及家庭联产承包经营制的改革。

（1）以粮食为核心的农产品流通体制

1983 年，中央一号文件对农产品统购派购范围进行限制，并在一定条件下允许农民进行多渠道经营。1985 年，为进一步激活农村商品经济，废除了农副产品统购统销制度，鼓励农民在各个层次、多种渠道积极参与农产品流通，将粮食收购制度改为以"倒三七"比例价格收购与市场调节价相结合的"价格双轨制"，价格由农民和政府部门共同协商制定，统购统销政策正式退出历史舞台（陈祥云等，2020）。同年，国家专项粮食实现丰歉调剂，以保护价收购议价粮。为防止粮价大幅波动，1990 年我国以消费者形式对部分农产品进行订购，建立粮食收购保护价格制度和粮食风险基金制度来防范可能的粮价波动。1998 年，党的十五届三中全会提出，我国粮食已完成从长期短缺到总量大体平衡的转变，粮食安全得到有效保障，基本解决了粮食购进价格高于销售价格的问题，农产品市场化网络体系基本形成。此阶段粮食流通政策及主要内容如表 4-2 所示。

表 4-2　粮食流通政策及主要内容

粮食流通政策	主要内容
1983 年中央一号文件	逐步缩小农产品统购派购范围，并允许农民对完成统派购任务后的产品开展多渠道经营
1985 年中央一号文件	除个别品种，不再下达统购派购任务，实行合同定购 + 市场收购，合同定购"倒三七"计价
1990 年《国务院关于建立国家专项粮食储备制度的决定》	国家专项粮食储备实现丰歉调剂，以保护价收购议价粮
1993 年《国务院关于建立粮食收购保护价格制度的通知》	执行范围为国家定购和专项储备的粮食；建立粮食风险基金制度

粮食流通政策	主要内容
1998 年《国务院关于进一步深化粮食流通体制改革的决定》	以"四分开一完善"为原则；完善储备体系；政府调控下的粮食价格市场形成机制
2000 年《国务院关于进一步完善粮食生产和流通有关政策措施的通知》	促进生产结构调整；继续敞开收购，缩减保护价范围品种；加强仓储设施建设；促进顺价销售

（2）家庭联产承包经营制

1978 年，党中央提出要尊重生产队自主权，鼓励开展多种经营，坚持按劳分配和生产责任制。1982 年、1983 年，中央一号文件均指出全面推广以农户家庭承包经营为根本、统一与分散经营相结合的双层经营体制。1983 年末，我国超过九成的农户自行安排经营管理，将土地所有权归集体所有。此后，党的十五届三中全会和党的十九大报告均提出将到期的农村土地承包延期 30 年。经过改革，我国农业综合生产有了大幅度提升，农民生活质量也显著提高。

3. 统筹发展阶段（2004～2014 年）

从 2004 年开始，国家对"三农"问题高度关注，中央连续发布了 17 个以"三农"为主题的一号文件，主要体现在农业领域财政投入和政策倾斜不断加大，粮食安全、惠农政策的推出，以及鼓励农业合作组织发展、农村基础设施建设等方面。此阶段粮食安全政策及主要内容如表 4 - 3 所示。

表 4 - 3　粮食安全政策及主要内容

粮食安全政策	主要内容
2004 年中央一号文件	深化粮食流通体制改革，建立对农民的直接补贴制度，并正式推行粮食直补和农机具购置补贴政策
2004 年《国务院关于进一步深化粮食流通体制改革的意见》	全面放开粮食收购市场；有利于粮食生产、种粮农民增收、粮食市场稳定、国家粮食安全
2004 年《国家粮食局关于加强粮食仓储管理工作的通知》	深化企业改革，逐步建立粮食仓储业务的社会化服务体系，切实加强粮食仓储队伍建设，稳步推进科学保粮进程，加强安全生产管理
2005 年《财政部关于印发中央财政对产粮大县奖励办法的通知》	缓解产粮地区财政压力，调动地方政府抓粮积极性

续表

粮食安全政策	主要内容
2006 年《财政部关于印发〈对种粮农民直接补贴工作经费管理办法〉的通知》	进一步严格对种粮农民直接补贴工作经费的管理，深入贯彻落实党中央、国务院关于粮食直补及农资综合直补的政策，加快中国农民补贴网建设，全面推广对种粮农民补贴"一卡通"或"一折通"
《国家粮食安全中长期规划纲要（2008—2020）》	大幅增加对农业农村的投入，向提高粮食综合生产能力倾斜；完善四项补贴；完善最低收购价，探索目标价格补贴等
2009 年《农业部办公厅关于进一步加强新增 8 亿元优质粮食产业工程项目建设督导工作的通知》	加大对新增 8 亿元优质粮食产业工程标准粮田建设项目的监管力度，确保项目按时保质保量完成
2010 年中央一号文件	继续加大投入力度；增加四种补贴种类；适时采取临时收储政策
2010 年《国务院办公厅关于进一步加强节约粮食反对浪费工作的通知》	加强粮食生产和养殖业节约，做好粮食储存和保管工作，提高粮食加工和转化利用率，狠抓粮食运输节约，等等
2011 年《农业部办公厅关于进一步加强产销衔接 保障农产品市场稳定的通知》	稳定购销渠道，推动产销对接，落实支持政策，优化流通环境

（1）粮食安全方面

为了保障粮食安全、促进农民增收、稳固粮食市场，2004 年国家全面开放收购市场，对粮食流通体制进行进一步改革。同时，为帮助产粮大县摆脱财政困难，地方政府积极调动当地农户生产积极性，对产粮大区分三等进行奖励（袁慧，2021）。2006 年起，我国正式取消了农业税、牧业税、屠宰税等，进一步减轻农民负担；2008 年提出要全面提升粮食综合生产能力，加大财政投入对农业农村的倾斜力度，增加四种补贴种类，完善最低收购价、目标价格补贴等补贴政策。2010 年中央一号文件加大投入力度，提出适当采取临时收储政策，粮食收储制度、保护价收购制度、粮食风险基金制度逐渐成形并取得成效，逐渐构建了以良种补贴、农机具补贴、生产资料综合补贴等为主的直接补贴政策和以最低收购价格、临时收储政策为主的价格支持政策等一系列以增产为目标的农业支持政策体系。

（2）农业生产专业合作经济组织的发展

1991 年，党的十三届八中全会提出要鼓励农业生产专业合作社、股份企业等各种自办联办服务组织，自此各地展开了多种形式的摸索。

2004～2008 年，中央一号文件强调要发展农业合作经济组织。2007 年 7 月，《农民专业合作社法》为农民合作社提供了法律基础，我国农业合作组织发展也步入一个新阶段。

（3）惠农政策的完善

党中央、国务院高度重视农民工群体的就业，强调维护该群体的合法权益。从 2003 年开始，《2003—2010 年全国农民工培训规划》《关于解决农民工问题的若干意见》等文件的出台，进一步健全了就业服务体系，对农民工就业进行了专业化指导，改善了就业环境，完善了农民工工伤、医疗、子女教育等权益保障（刘福江等，2018）。鼓励农民工返乡创业，加快构建以职业院校为基础的新型职业农民教育培训体系。

（4）农业生产转型政策

从 2006 年开始，围绕农业生产经营、农业信息化、农产品质量安全方面，国务院印发《关于支持农业产业化龙头企业发展的意见》，明确指出提高区域经济实力，就要推动龙头企业向地区集聚。2013 年，农业部办公厅印发《农业物联网区域试验工程工作方案》，强调提高农业物联网理论及应用水平，推进农业信息资源开发与利用。2013 年，国家强调提高监管能力，推进农业标准化生产任务落实，政策的实施进一步提高了农业信息化发展和质量安全的监管水平。2006 年以来相关政策及主要内容如表 4-4 所示。

表 4-4　农业生产转型政策及主要内容

政策类型	政策名称	主要内容
农业信息化建设	2006 年《农业部关于进一步加强农业信息化建设的意见》	推进农业信息资源开发与利用，推进农业信息网络系统建设，抓好农业信息化队伍、标准体系建设
	2010 年《农业部办公厅关于做好 2010 年农业市场与信息工作的通知》	完善农业信息采集制度。加强农产品市场监测预警，强化政策研究与协调，努力推进农业农村信息化
	2013 年，农业部办公厅印发《农业物联网区域试验工程工作方案》	探索农业物联网理论研究，提高农业物联网理论及应用水平，启动农业物联网区域试验工程

续表

政策类型	政策名称	主要内容
农业生产经营	2011 年《现代农业人才支撑计划实施方案》	选拔一批农业科研杰出人才，给予科研专项经费支持；支持 1 万名有突出贡献的农业技术推广人才，开展技术交流、学习研修、观摩展示等活动
	2012 年《国务院关于支持农业产业化龙头企业发展的意见》	加强标准化生产基地建设，促进产业优化升级，创新流通方式，完善农产品市场体系，推动龙头企业集聚，增强区域经济发展实力
	2013 年《农业部办公厅关于申报全国休闲农业品牌培育试点项目的通知》	在全国范围内选择特色鲜明的农家乐集聚村或休闲农业经营点，培育在业内示范带动作用强的休闲农业知名品牌
农业生产经营	2018 年《国务院关于加快推进农业机械化和农机装备产业转型升级的指导意见》	加快推动农机装备产业高质量发展，着力推进主要农作物生产全程机械化，积极发展农机社会化服务，持续改善农机作业基础条件。完善农机装备创新体系，推进农机装备全产业链协同发展，优化农机装备产业结构布局，加强农机装备质量可靠性建设
农产品质量安全	2008 年《农业部关于切实加强农业安全生产工作的通知》	切实加强组织领导，强化落实安全生产责任，深入开展百日督查专项行动，加大监督检查力度
	2013 年《国务院办公厅关于加强农产品质量安全监管工作的通知》	强化属地管理责任，落实监管任务，推进农业标准化生产
	2015 年《农业部关于打好农业面源污染防治攻坚战的实施意见》	大力发展节水农业，实施化肥、农药零增长行动，推进养殖污染防治，着力解决农田残膜污染，深入开展秸秆资源化利用，实施耕地重金属污染治理
	2019 年《国务院办公厅关于加强农业种质资源保护与利用的意见》	开展系统收集保护，实现应保尽保；强化鉴定评价，提高利用效率；建立健全保护体系，提升保护能力

4. 农业供给侧结构性改革阶段（2015 年至今）

2015 年以来，农业供给的环境发生了明显变化，表现出消费结构升级、农产品生产成本不断增高、产品价格低迷、国际竞争力弱等多重因素的叠加，农产品供需结构矛盾越发突出。摆脱农业发展困境，寻求新的发展动能成为经济发展新常态和新阶段农业农村改革的重点。2015 年 11 月，习近平总书记提出在适度扩大总需求的同时，着力提升供给体系质量和效率，推进供给侧结构性改革，从而增强经济持续增长动力，以解决我国农业发展过程中的诸多现实性问题。2016 年中央一号文件明确提出，加快转变农业发展方式，农业供给侧结构性改革应运而生。2015 年以来农业供给侧和供给体系质量政策及主要内容如表 4 - 5 所示。

表 4 - 5　农业供给侧和供给体系质量政策及主要内容

农业供给侧和供给体系质量政策	主要内容
2015 年 11 月，习近平总书记主持召开的中央财经领导小组第十一次会议	提出在适度扩大总需求的同时，着力加强供给侧结构性改革，着力提高供给体系质量和效率，增强经济持续增长动力
2015 年 12 月 24 ~ 25 日，中央农村工作会议	首次战略性提出农业供给侧结构性改革，要着力加强农业供给侧结构性改革，提高农业供给体系质量和效率
2016 年 1 月 19 日，全国农业机械化工作会议	农业部副部长张桃林在会上要求：加快农机化供给侧结构性改革步伐，为现代农业建设提供更有力支撑
2016 年 3 月 2 日，中央一号文件《中共中央国务院关于落实发展新理念加快农业现代化实现全面小康目标的若干意见》	各地区各部门要牢固树立和深入贯彻落实创新、协调、绿色、开放、共享的发展理念，大力推进农业现代化。其中最为重要且基础的一点就是，促进农业供给侧结构性改革，提高农产品供给体系质量
2016 年 3 月 16 日，十二届全国人大四次会议审查通过了《中华人民共和国国民经济和社会发展第十三个五年规划纲要》	"十三五"规划纲要进一步明确要求，"以提高发展质量和效益为中心，以供给侧结构性改革为主线，扩大有效供给，满足有效需求，加快形成引领经济发展新常态的体制机制和发展方式"
2016 年 12 月 19 ~ 20 日，中央农村工作会议	2017 年"三农"工作要坚持新发展理念，把推进农业供给侧结构性改革作为农业农村工作的主线，培育农业农村发展新动能，提高农业综合效益和竞争力
2016 年 12 月 31 日，中央一号文件《中共中央国务院关于深入推进农业供给侧结构性改革　加快培育农业农村发展新动能的若干意见》	推进农业供给侧结构性改革，加快转变农业发展方式，保持农业稳定发展和农民持续增收
2017 年 1 月 26 日《农业部关于推进农业供给侧结构性改革的实施意见》	为贯彻中央一号文件，提出 6 个大点 36 个小点的实施意见，并将具体工作责任落实到农业部各部门，将推进农业供给侧结构性改革的实施措施深化、细化
2017 年 9 月 8 日《国务院办公厅关于加快推进农业供给侧结构性改革大力发展粮食产业经济的意见》	为应对粮食问题，提出加快推进农业供给侧结构性改革，大力发展粮食产业经济，促进农业提质增效、农民就业增收和经济社会发展

续表

农业供给侧和供给体系质量政策	主要内容
2017 年 12 月 28~29 日，中央农村工作会议	明确了必须深化农业供给侧结构性改革，走质量兴农之路
2018 年 1 月 2 日，中央一号文件《中共中央国务院关于实施乡村振兴战略的意见》	必须坚持质量兴农、绿色兴农，以农业供给侧结构性改革为主线，提高农业供给体系质量，加快构建现代农业产业体系、生产体系、经营体系
2018 年 2 月 6 日，农业部召开全国推进质量兴农绿色兴农品牌强农工作会议，印发《关于启动 2018 年农业质量年工作的通知》	开展农业质量年工作，推进质量兴农，按照高质量发展的要求，以推进农业供给侧结构性改革为主线，加快农业转型升级
2018 年 4 月 25 日《国务院关于构建现代农业体系　深化农业供给侧结构性改革工作情况的报告》	总结阶段性农业供给侧结构性改革成果，提出接下来的发展方向，要深化农业供给侧结构性改革，把提高供给体系质量作为主攻方向，显著增强我国经济质量优势
2018 年 7 月 19 日，农业农村部就质量兴农工作相关情况举行发布会	启动八大行动，部署全面推进农业高质量发展，提高农产品质量安全水平，为培育农业农村发展新动能提供重要支撑

2015 年以来，提高竞争力并探索新的农业支持政策逐渐成为我国在农业供给侧结构性改革上的重点。中央经济工作会议将加快转变农业发展方式列为经济工作的重要任务，要提升竞争力，注重农业科技创新，同时走产出高效、产品安全、资源节约、环境友好的现代农业发展道路。此后多个文件均强调要转变农业发展方式，推进农业供给侧结构性改革，增强农业可持续发展能力，对种植业、畜牧业、渔业结构进行调整，推进科技引领现代农业发展。提升农产品的供给质量，控制农业面源污染，改变原有的供需结构，形成高质量供需平衡，提高农民增收。随后围绕我国农业结构转型政策，在农机信息化、农业产业化、新型农业经营主体培育、农业经营体系及新业态发展上提出一系列支持政策（见表 4-6）。

表 4-6　转变农业发展方式政策及主要内容

政策类型	政策名称	主要内容
种植业发展政策	2015 年《中共中央　国务院关于进一步推进农垦改革发展的意见》	持续壮大农垦事业，实施农垦改革放权方案，倡导开展具有先天发展优势的区域化特色农业，进一步凸显其在农业现代化进程中的突出意义

续表

政策类型	政策名称	主要内容
种植业发展政策	2016 年《全国种植业结构调整规划（2016—2020 年）》	要推进农业供给侧结构性改革，稳定稻谷、小麦等的种植面积，优化结构，对非优势区玉米进一步调减
	2020 年《农业农村部关于印发〈国家现代种业提升工程项目运行管理办法（试行）〉的通知》	规范和加强国家现代种业提升工程项目运行管理，确保项目建设成效，持续发挥投资效益，推进现代种业高质量发展
畜牧业发展政策	2020 年《农业农村部关于加快畜牧业机械化发展的意见》	统筹设施装备和畜牧业协调发展，着力推进主要畜种养殖、重点生产环节、规模养殖场（户）的机械化。积极促进畜牧业机械化转型升级
	2020 年《国务院办公厅关于促进畜牧高质量发展的意见》	加快构建现代养殖体系、现代加工流通体系，建立健全动物防疫体系，持续推动畜牧业绿色循环发展
渔业发展政策	2008 年《国务院办公厅关于加强渔业安全生产工作的通知》	加强渔业安全设施和装备建设、安全管理与监督，提高渔业安全生产应急能力，强化渔业安全生产的保障措施
	2019 年《农业农村部关于乡村振兴战略下加强水产技术推广工作的指导意见》	总体围绕乡村"五个振兴"，关注渔业绿色转型以及高质量发展的全新目标，在渔业现代化发展方面增添人力及物力保障
规模化经营政策	2014 年《关于引导农村土地经营权有序流转发展农业适度规模经营的意见》	全面了解和准确把握中央政府整体深化农村改革精神，让农民切实成为土地流转和规模经营的协同参与者和实际受惠者
	2016 年《关于完善农村土地所有权承包权经营权分置办法的意见》	实行土地所有权、承包权、经营权"三权"分置并行
	2020 年，农业农村部部长韩长赋作《国务院关于农村集体产权制度改革情况的报告》	全面加强农村集体资产管理，由点及面开展经营性资产股份合作制改革，因地制宜探索集体经济有效实现形式
农业新业态政策	2017 年《农业部办公厅关于推动落实休闲农业和乡村旅游发展政策的通知》	加快转变农业发展方式、推进农村三次产业融合发展，推进农业与旅游、教育、文化、健康养老等产业深度融合

（六）要素

1. 土地

（1）耕地面积减少，耕地质量下降

我国国土面积辽阔、人口数量众多，以山地和高原地形为主，平原地形仅占国土总面积的 12%，耕地资源相对较少。耕地作为我国重要土地利用类型，在保障粮食安全、维持农村稳定、改善农民生活方面有着重要意义，但近年来，经济发展、城镇化进程以及环境污染都对我国耕地资源数量以及质量造成了威胁。我国后备资源不足，大量耕地被征收用于城镇建设，导致人均耕地面积少且不断下降，呈现年年下降的趋势。2000 ~2018 年，我国人均耕地面积从 0.11 公顷下降到 0.09 公顷，下降了 18.18%（见图 4 - 2）。

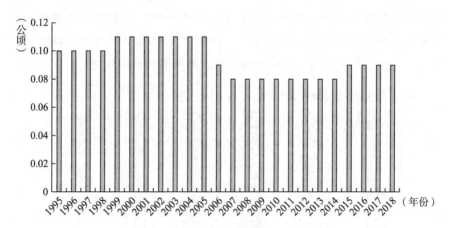

图 4 - 2　1995 ~2018 年我国人均耕地面积

资料来源：1996 ~2019 年《中国农村统计年鉴》。

《全国土地整治规划（2016—2020 年）》指出，"十三五"期间，由于退耕还林、农业结构调整以及建设用地增加，耕地面积减少 7000 多万亩。截至 2019 年底，全国耕地质量平均等级为 4.76 等。其中，占地面积为 6.32 亿亩的高等地（即一至三等耕地），仅占耕地总面积的 31.24%；面积为 9.47 亿亩的中等地（即四至六等地），占 46.81%；而七至十等（即低等地）耕地面积为 4.44 亿亩，占 21.95%。[①] 由于大量耕地被道路、城市、工矿等占用，黄金地段被工业用地大量占据，优质耕地大量减少。

（2）耕地肥力流失，水旱失衡

近年来，频发的土地荒漠化、水土流失、干旱问题是导致大量耕地

————————————

① 数据来源于《2019 中国生态环境状况公报》。

荒芜的主要原因，耕地肥力降低、有效耕地面积锐减，加之我国宜农荒地数量少，开垦成本高、见效周期长，农业生产中对耕地"重用轻养"或"只用不养"，导致我国耕地土壤有机质含量下降到 10g/kg，相比 20世纪 80 年代的 20.5g/kg，锐减一半，土壤有机质含量的下降导致土地肥力损失严重。

此外，要保证谷物自给、保障粮食安全政略的顺利实施，一定规模的水田是必要的。然而如图 4-3 所示，2008~2018 年，水田面积在耕地面积中占比低于 30%，水田数量较少，直接影响农业生产的高效率；旱地面积占耕地面积的比重接近 60%，在缺乏水源的旱地地区，耕地经营较差，土地利用率较低，影响农业生产土地要素的供给质量。

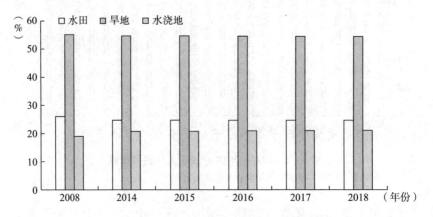

图 4-3　2008~2018 年我国耕地面积构成

资料来源：2009~2019 年《中国农村统计年鉴》。

（3）耕地利用不足，集约化程度低

我国以家庭式分散经营为主的利用方式导致耕地的低质量和较高的破碎化程度，加之农户耕地所得收入增幅有限，一些经营耕地被农户放弃和荒置，导致农村耕地利用效率低下（朱高峰，2019）。

如图 4-4 所示，由于长期无水、建设占地导致耕地面积减少等原因，我国有效灌溉面积增加缓慢，2019 年增速仅有 0.60%，严重阻碍了我国的粮食生产。表 4-7 呈现了 2016~2019 年我国粮食播种面积变化情况。

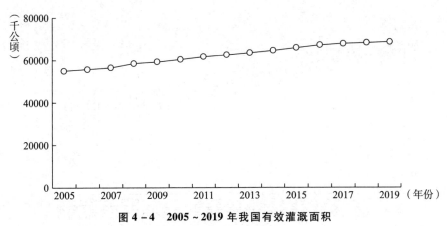

图 4 – 4　2005 ~ 2019 年我国有效灌溉面积

资料来源：2006 ~ 2020 年《中国农村统计年鉴》。

表 4 – 7　2016 ~ 2019 年我国粮食播种面积变化情况统计

单位：万公顷

年份	粮食播种总面积	小麦	稻谷	玉米
2016	31	– 5	5	136
2017	81	20	0.2	132
2018	95	24	56	27
2019	97	54	50	85

资料来源：2017 ~ 2020 年《中国农村统计年鉴》。

2. 劳动力

（1）农村人口外流多，农业从业人员少

近年来，城镇化和农民工市民化的发展导致了我国农村人口的大量流动，农村人口在总人口中的占比不断下降。如图 4 – 5 所示，农村人口占比从 1978 年的 82.1% 下降到 2002 年的 60.9%，有效劳动力资源大量减少，农村空心化问题加剧。减少的人口又以中青年人口为甚。农村大量青壮年选择前往城市就业，农村劳动力空虚，老人、妇女、儿童留守问题严重，发展所需的人力资本严重缺乏。如图 4 – 6 所示，农村籍大学生不愿或无条件回乡就业，导致农村从业人员数量从 2005 年的 4.63 亿人下降到 2019 年的 3.32 亿人，劳动力数量和质量严重退化，农业人力供给不足。

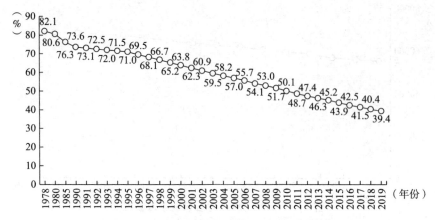

图 4 - 5 1978 ~ 2019 年农村人口占总人口比重

资料来源：1999 ~ 2020 年《中国统计年鉴》。

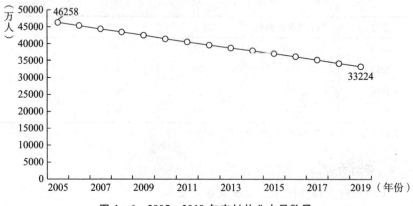

图 4 - 6 2005 ~ 2019 年农村从业人员数量

资料来源：2006 ~ 2020 年《中国统计年鉴》。

（2）农业经营者素质低下，人才供给不足

新型农业经营主体是农业供给体系运行的主体，其素质高低对农业供给能力具有决定性作用。如图 4 - 7 所示，2019 年农村居民家庭户主文化程度为"未上过学或小学程度"的人占比 36.1%，相较 2013 年的 37.0%，并未显著减少。《2017 年全国新型职业农民发展报告》显示，2017 年全国新型职业农民总量突破 1500 万人，仅占第三次全国农业普查农业生产经营人员总量的 4.78%。从年龄上看，16.8% 的新型职业农民为 35 岁及以下，而 72.11% 的新型职业农民为 35 ~ 54 岁；从文化素养上看，高中及以上文化程度的新型职业农民仅占 30.34%，虽较以往有所提升，但数量仍有待增加。农业职业化建设体系不够健全与灵活，缺乏规范化、具有针对性的有效培育体系，加之培育对象缺乏自主学习意识、培训普及不够、培育师资力量薄弱，导致新型青年职业农民发展基础不牢固、培育新型青年职业农民内生动力总体不足、农业人力资本供给质量偏低。

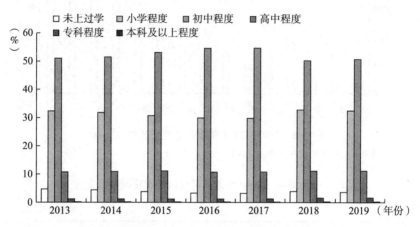

图 4 - 7　2013 ~ 2019 年农村居民家庭户主文化程度

资料来源：2014 ~ 2020 年《中国统计年鉴》。

3. 资金

（1）农业固定投资不足，制约农业产业化发展

农业农村的发展需要投资，资金要素是农业供给体系能力提升的保障。政府及社会对农业的资金投入能够完善农业基础设施，有利于研发和推广新型农业技术，提高生产效率，但从目前来看，农业固定投资是严重不足的。如图 4 - 8 所示，农村固定资产投资增长速度在 2008 年达到最高，增速49%，之后增速开始减缓，2011 年增速仅为 11%，此后又缓慢回升，2017 年我国农林牧渔业全社会固定资产投资达到 26708 亿元，但增速仅有 7%。近年来，投资增速连年降低，下降趋势明显，农业产业化发展的资金可能不足，而农业相关投资回报周期长、风险大、资本收益率较低等问题，导致社会资本进入农业农村领域的积极性不高，农业产业发展受到极大制约。如表 4 - 8 所示，国家财政用于农业以及农村综合改革的支出总体上在增加，进入"十三五"规划时期之后，财政支农向扶贫大幅倾斜，其单年涨幅在 1000 亿元以上，但增长速度远远达不到农业产业化发展所需。

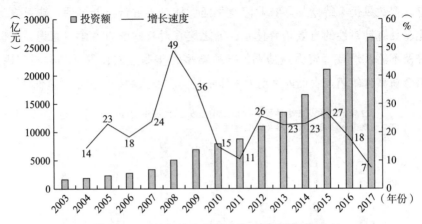

图4-8　2003~2017年固定资产投资增长变化

资料来源：国家统计局宏观经济数据。

表4-8　2008~2019年国家财政用于农业的各项支出

单位：亿元

年份	农业	扶贫	农业综合开发	农村综合改革
2008	2278.9	320.4	251.6	—
2009	3826.9	374.8	286.8	—
2010	3949.4	423.5	337.8	607.9
2011	4291.2	545.3	386.5	887.6
2012	5077.4	690.8	462.5	987.3
2013	5561.6	841.0	521.1	1148.0
2014	5816.6	949.0	560.7	1265.7
2015	6436.2	1227.2	600.1	1418.8
2016	6458.6	2285.9	616.6	1508.8
2017	6194.6	3249.6	571.2	1486.8
2018	6156.1	4863.8	575.6	1530.3
2019	6554.7	5561.5	288.8	1644.3

资料来源：国家统计局住户收支与生活状况调查。

　　此外，农业贷款增速也难以满足农业产业化资金需求的增长速度。从表4-9中可以看出，我国涉农各项贷款近几年呈增长趋势，2014~2018年农户贷款增长72.3%，涉农贷款增长38.5%，但涨幅均较低。实际调研显示，新型农业经营主体在生产中资金需求缺口大，在贷款和筹集资金方面门槛高，贷款流程复杂、环节多。同时，由于农村经济发展缓慢，农业企业缺乏用于金融机构担保的固定资产，只能以现有资产作为抵押。然而农业生产较大的不确定性给小型企业带来生产经营过程中的较大风险，致使金融行业机构无法向涉农企业提供更多商业贷款（沙龙云，2014），农业产业化缺乏资金支持。

表 4 - 9　2014 ~ 2018 年涉农各项贷款情况

单位：亿元

年份	农林牧渔业贷款	农户贷款	农村贷款	涉农贷款
2014	33394	53587	194383	236002
2015	35137	61488	216055	263522
2016	36627.3	70845.9	230092	282336
2017	38712.9	81055.7	251398	309547
2018	39424	92322	266368	326808

资料来源：2015 ~ 2019 年《中国统计年鉴》。

（2）贷款投放力度小，不能满足农业生产需求

农业和农户贷款是农民不断推进农业生产的资本保障。一方面，农村金融体系尚需完善。农民大小不一的经营规模导致农业用地相对分散，缺乏用于农业贷款的有价值的担保品，加之金融机构与农户之间的信息不对称，导致金融机构不了解农户情况，从而严重阻碍了农村信贷资金的投放。另一方面，农村金融机构针对农户发放的贷款规模较小，不足以推动农民参与新兴产业及扩大再生产，信贷资金供给不足。匮乏的资金投入量，使得农村金融发展不平衡，因而无法形成有效的农业生产环境。

4. 技术

（1）专利质量低，科研投入不足

专利是技术研发成果的重要载体，是保护科技创新的重要手段，高质量专利以及科技成果对提升农业创新力和竞争力有着重要意义。从 1985 年开始，我国科研成果申请数量增长明显，特别是 2016 年以后呈指数级增长。1985 ~ 2019 年，中国国内外农业专利受理数量为 81 万条，远超其他国家。根据图 4 - 9，中国发明专利占比仅为 58.2%，远低于全球平均水平79.8%；此外，从有效发明专利占比来看，全球有效发明专利占比为

18.3%，美国占比为46.4%，中国仅占14.5%，远远滞后于全球平均水平。

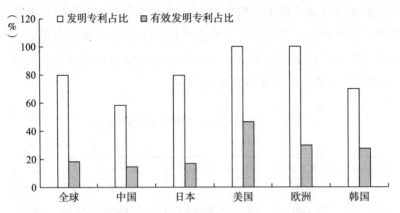

图4-9 1985~2019年主要国家和地区发明专利占比

资料来源：国家统计局宏观经济数据。

从农业专利质量来看，专利整体价值不高，核心技术竞争力不够。科研创新是农业技术发展的第一动力，科研人才是第一资源。如图4-10所示，截至2019年，我国农业研发全时人员、R&D人员全时当量、研发人员数占比分别仅为15.18%、16.48%、16.99%，农业研发人员储备严重不足，有科研创新实力的学科带头人数较少，农业科技创新主体力量十分薄弱。

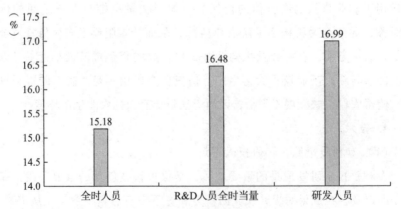

图4-10 截至2019年中国农业科研人员数量占比

资料来源：《中国统计年鉴2020》。

（2）农业机械化程度不高，技术推广不足

农业机械化以其先进的农业设备不断提高农业生产效益，是农业技术推广运用的重要体现，也是农业现代化的重要标志（张铁民等，2012）。近年来，我国农业机械总动力呈增长态势（见图 4 - 11），农业机械动力装备总量不断提高，但仍呈现结构性不平衡的状况。一般农田作业机械价格较高，一次性投资成本大，农民短期无法筹措大量资金，负担重，机械购买力低下。此外，由于农村农作物种类繁多、种植分散，以家庭农场为主的生产经营模式规模小、缺乏统一规划，农业机械化发展面临多样性和复杂性（周秀梅，2021）。不同规模、不同品种的作物均要求与之相适应的农机具，这与农业机械化要求的大规模作业相悖，导致农业机械效能无法完全发挥，机械水平低下，农业技术供给不足。同时，农机作业市场尚未完全形成、农业机械化服务体系仍需健全、农机具闲置与非田间作业时间多等多种因素共同制约了农业机械动力的发展水平。

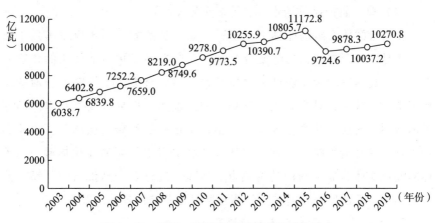

图 4 - 11　2003 ~ 2019 年我国农业机械总动力

资料来源：2004 ~ 2020 年《中国统计年鉴》。

三　农业供给体系供给乏力的归因识别

（一）农业供给体系供给乏力的表现

1. 农业供给体系不能满足消费转型升级需求

（1）城乡居民收入增加，消费需求不断升级

根据《中国统计年鉴》，2003 ~ 2019 年，我国居民人均可支配收入由 5006.7 元上升至 30732.8 元，增加 5.14 倍；居民人均可支配收入指数从

666.3 上升至 2679.7（1978 年 = 100），增长幅度为 2013.4；居民消费水平由 3888.9 元上升至 21558.9 元，增长 4.54 倍，可见我国居民消费能力和消费水平显著提升。城市居民的恩格尔系数降至 27.6%，农村居民的恩格尔系数降至 30.0%，相较于 2003 年分别下降了 9.5 个百分点、15.6 个百分点；与此同时，我国服务型消费显著增加，居民人均总支出中人均服务型消费占了 45.9%，相比 2013 年提高了 6.2 个百分点。由此可见，我国消费者需求结构明显转型升级，由注重消费数量和物质转向注重消费质量和服务。相比之下，农业供给结构的调整明显滞后于消费需求的升级，无法满足我国居民对农业日益增长的新需求。因此，需求侧结构升级是导致农产品供需总量与结构性失衡的重要原因，也是农业供给体系供给乏力的重要表现。

（2）单一农产品供给难以满足多元化农产品需求

在需求结构升级的驱动下，居民对农产品的需求不再仅仅满足于温饱，而是向着营养型、功能型转变，进而产生多元化、个性化的食物消费需求。具体表现为：农产品消费品种增多，对维持个体基本生活的口粮消费显著减少，对非口粮类食物，如肉蛋奶、瓜果、蔬菜和水产品等的消费明显增加；膳食营养趋于丰富，由单一糖类转向脂肪、蛋白质和维生素等综合营养摄入。同时，从农产品消费中得到的文化体验、休闲体验和社交体验成为新的消费热点。然而，现有农产品供给的新型功能开发不足，无法匹配日益扩大的体验型消费需求和多样性需求。

2. 农业供给质量有待进一步提高

（1）农业产业结构不协调

根据国家统计局的分类标准，种植业、林业、牧业和渔业四大产业构成了我国的农业系统，农业产业结构指的就是这四大部门的产出比例构成。2003～2019 年，农业产值占农林牧渔业总产值的比重为 50% 左右；林业占比为 4% 左右；牧业所占比重多年来仅次于农业，但 2011～2019 年牧业产值占比由 32% 降至 27%，呈现小幅度下降趋势；渔业产值比重始终维持在 10% 左右（见图 4-12）。因此，以农业产业为主导的产业结构布局影响了农产品供给品种多元化。

（2）农产品供给质量不高

当前，农业供给矛盾由总量不足向结构失调转变，农业供给侧结构

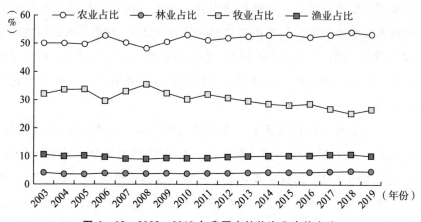

图4-12 2003~2019年我国农林牧渔业产值占比
资料来源：2004~2020年《中国农村统计年鉴》。

性矛盾成为我国农业发展的主要矛盾。消费者需求结构升级主要体现在对高品质农产品的消费比重增大，以及对不同农产品的消费结构优化。当前，我国农产品供给质量错位，主要表现在以下几个方面。

一是传统农产品供给过剩。2015~2019年，我国稻谷、小麦和玉米的产量分别由18059万吨、9745万吨和13937万吨增长至20961万吨、13360万吨和26078万吨，分别增产了16.1%、37.1%和87.1%。然而，水产品、牛肉、羊肉、大豆、牛奶等农产品产量减少或增加不明显，芝麻、花生和油菜籽等脂肪类油料作物和薯类作物产量甚至有所下降。传统农产品呈现明显的"生产结构过剩"态势，而消费者需要的大豆、牛羊肉、牛奶、水产品等供给数量少，增长缓慢。部分主要农产品价格比国际市场高出30%~50%，导致农产品库存积压、损失严重（余斌、吴振宇，2018）。

二是进口农产品依存度高。根据《中国农业产业发展报告2020》，2019年，我国的稻谷、小麦和玉米的自给率高达98.75%，但粮食进口量依然呈现上涨趋势。2019年，我国粮食进口总量高达11144万吨。其中，谷物和谷物粉的进口量为1785.1万吨；大豆的进口量为8851.1万吨，大豆对外依存度超过80%；高粱进口量远少于谷物和大豆，仅为390万吨，却处于世界高粱进口量第一地位。此外，羊肉、奶类、棉花为进口补充型农产品，糖类、橡胶为进口依赖型农产品，棕榈油则全部依赖进口。

由于我国猪肉供应趋紧、价格迅速提升，居民对作为替代品的牛羊肉的需求量明显增加，牛肉、羊肉进口量分别为 165.9 万吨、39.2 万吨，分别较 2018 年增加了 59.7% 和 23%，创下历史新高。由此可见，由于我国部分农产品供给的短缺，消费者需求得不到满足和释放，从而将目光转向国际市场。

三是优质农产品供给不足。消费者对优质农产品的需求日益增加，而传统农产品主要是简包装、粗加工，且难以有效满足消费者个性化、服务化需求的产品。以优质农产品——绿色食品供给为例，截至 2019 年 12 月，我国共有 15984 家企业获得绿色食品认证，注册的绿色食品标志产品总数达 36345 个①，但绿色食品企业规模小、产量低的特点导致市场上优质农产品的供给不足。

（3）农业质量安全监管制度有待完善

农业质量安全监管是农产品质量的"保卫军"，是农产品质量安全的"守门员"。2012-2018 年，我国农产品质量合格率呈波动下降趋势（见图 4-13）。2018 年农业农村部的农产品质量抽检数据显示，全国五大类产品 122 个指标的总体抽检合格率为 97.5%。其中，蔬菜的抽检合格率为 97.2%，水果为 96.0%，茶叶为 97.2%，畜禽产品为 98.6%，水产品为 97.1%，农产品整体的合格率还有上升的空间。此外，全国共有 611

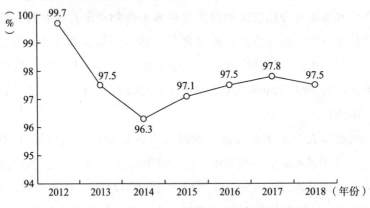

图 4-13　2012~2018 年我国农产品质量合格率

资料来源：农业农村部。

---

① 数据来自中国绿色食品发展中心。

个城市，我国农产品检测广度仅覆盖 150 余个城市，检测范围不到 25%，很多区域存在农产品检测空白和监督盲区，我国农产品质量安全仍然存在较大隐患。

(4) 农业品牌建设意识不强

一是农产品品牌化程度低。据中国绿色食品发展中心 2008～2019 年的数据，绿色食品企业产品和无公害产品数量均超过了 2 万个，但是农产品地理标志登记产品总量为 2778 个。虽然有部分农产品品牌，如郫县豆瓣、宁夏枸杞、攀枝花枇杷等，具有资源和地理优势、质量与特色的天然标签，但由于品牌化程度太低、知名度不高和销售模式不能匹配消费者需求等原因，农产品品牌竞争力不强，原产地长期处于市场边缘位置。

二是农业生产者品牌意识缺乏。我国农业生产者对产品商标注册的重视程度不够，对品牌管理的认识较为片面，缺乏对农业品牌、内涵和形象进行定位、提炼和维护的定义和举措（陶应虎，2013）。企业产品品牌尚未形成以大带小、以强带弱的体系，梯次结构不够合理（张颖等，2020）。由于缺乏有效整合，农产品品牌无法形成品牌效应，品牌优势不明显。政府相关部门在农业品牌建设方面的引导欠缺，特别是政策支持、资金投入的力度不足，市场营销、宣传推广等农业品牌建设环节仍未形成合力。

3. 农业供给体系产业融合程度较低

根据赫芬达尔指数法、总产值比例法测算，2003～2019 年我国三次产业的市场融合度 HHI 指数均位于 0.36～0.52 的区间内，且 HHI 指数呈上升趋势，表明中国三次产业虽呈中高度融合，但融合度有明显的下降趋势，与三产高度融合还有一定的差距。随着三次产业产值的稳步增长，第一产业比重较低并且呈现逐年下降的趋势，第二产业比重较高但是下降趋势明显，第三产业比重较高而且表现出稳步上升的态势。

通过对农林牧渔业与其他产业的融合度的测算，2003～2019 年农林牧渔业与其他产业的融合度在大多年份稳定在 0.58～0.59（见图 4-14），处于中等偏上的融合阶段，融合深度还不足，且融合度的年际变化并不显著，还需进一步推进农林牧渔业与其他产业的深度融合发展。其中，2006 年融合度出现一个高峰，可能的原因是 2006 年农业税的全面取消，极大地调动了农民生产积极性，对农资、农机、农业服务等的需求增加，在一定程度上促进了农林牧渔业与其他产业的融合。2018～2019年融合度出现显著的上升趋势，可能是由于党的十九大前后关于农业农村产业融合政策的出台，比如中共中央、国务院关于推进农村一二三产业融合发展的决策部署和2018年《农业农村部关于实施农村一二三产业融合发展推进行动的通知》，推动农林牧渔业开始与其他产业深度融合发展。

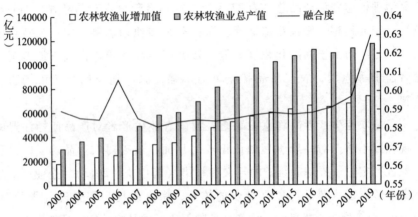

图4-14　2003～2019年中国农林牧渔业与其他产业的融合情况

资料来源：2004～2020年《中国农村统计年鉴》。

从中国产业融合度的测算结果来看，不管是中国三次产业之间的市场融合，还是农林牧渔业与其他产业的融合，都仅处于中等偏上的融合水平，产业融合发展深度不足，离产业深度融合发展的目标还有一定距离。中国当前的产业融合程度还无法支撑起高水平的农业供给，传统农业的供给水平总体上落后于中国居民消费需求结构调整升级的步伐。因此，农业产业融合发展程度不足是中国农业供给乏力的重要体现和深层原因。

4. 农业供给体系资源环境压力持续增大

（1）资源压力增大

农业资源是保障农业供给的物质基础，农业资源禀赋决定了农业供给能力的大小。近年来，中国工业化、城镇化进程不断推进，农业用地不断被挤占，农业用地总量逐渐减少。2006年，中国农用地面积达65718.8万公顷，但到2018年农用地面积下降至64460.1万公顷，下降了1258.7万公顷。2006年，中国人均农用地面积仅为0.5公顷，2018年下降至0.462公顷，人均减少了0.038公顷。2006~2018年，中国城市建设用地面积从317.657万公顷增长到560.759万公顷；征用土地面积从13.965万公顷增长到20.037万公顷，其中征用耕地面积从6.805万公顷增长到9.046万公顷；人口规模从13.14亿人增长到13.95亿人。① 由于城镇化规模和人口规模不断扩大，农业供给的土地资源不断被挤占，农业供给需求不断上升，土地和人口的双向压力最终传向农业供给体系，成为农业供给乏力的重要表现。

农业耗水量巨大，农业供给的水资源压力增加。水是生命之源，农业作为依靠动植物为人类提供食物和原材料的基础产业，水资源对农业供给的重要性不言而喻。2003~2019年，中国用水总量从5320.4亿立方米增长至6021.2亿立方米，增长了700.8亿立方米。其中，农业用水量增长了249.5亿立方米，年均农业用水量高达3713.9亿立方米，占年均总用水量（5926.6亿立方米）的62.66%。② 农业供给面临时间和空间上的水资源压力（郑德凤等，2021），且随着农业水资源需求的进一步扩大，农业水资源压力也在不断增大，制约着农业供给能力的提升。

此外，随着农业机械化水平的提升，农业供给也面临能源压力。国家统计局数据显示，2003年中国农村用电量仅为3432.9亿千瓦时，2019年农村用电量增至9482.9亿千瓦时，增加了6050.0亿千瓦时。农业能源大量消耗在提升农业供给的同时，也增加了农业能源供给的负担，农业逐渐成为能源依赖型产业，需要以大量的能源投入来换取农业产出，农业能源供给压力逐渐增大。

（2）环境压力增大

农业生产与生态环境具有天然的一致性，环境为农业发展提供天然场所，农业是与生态环境联系最为密切的产业（金书秦、韩冬梅，2020）。然而，农药、化肥、农膜等化学投入品的大量使用对水环境、大气环境和土壤环境造成严重污染，这不仅对人类的健康和生存环境产生了威胁，也阻碍了农业的可持续发展（张明明、于波，2011；窦营等，

---

① 数据来源于《中国城乡建设统计年鉴》《中国环境统计年鉴》。
② 数据来源于《中国环境统计年鉴》。

2016）。2003～2019 年，中国农药使用量从 133.0 万吨增长至 150.4 万吨，增长了 17.4 万吨，特别是到 2012 年左右，中国农药使用量达到 181.0 万吨，比 2003 年增加了 48.0 万吨；化肥施用量从 4412.0 万吨增长至 5403.6 万吨，增长了 991.6 万吨；塑料薄膜使用量从 159.2 万吨增长至 240.8 万吨，增长了 81.6 万吨。农药、化肥、农膜等化学投入品使用量不断增加，加重了生态环境负担，农业污染已经远超工业污染，成为中国最大的污染源（孔祥才、王桂霞，2017）。农业供给面临的环境污染压力不断增大，环境污染问题已经成为农业供给质量提升的主要短板之一。

农业供给面临环境压力的另一重要表征是农业环境污染治理困难。一方面，尽管近年来我国开始大力整治农业环境污染问题，控制农业污染源，使用化肥、农药、农膜等化学品的剂量有所下降，但农业高投入、高产出、高污染的发展模式决定了长期内仍将保持较高的化肥、农药、农膜等化学品的投入强度，短期内无法从根源解决农业环境污染问题。另一方面，城乡二元结构使农村生态环境治理长期被忽视，乡村生态环境治理投入不足，城乡生态环境治理设施差距大，乡村农业环境污染治理能力薄弱（于法稳，2021）。

5. 农业供给体系可持续发展后劲不足

良好的生态环境是农产品供给质量与品质的保障，是最普惠的民生福祉。由于我国农村地区的经济发展相对落后，农村生态治理还存在很多制约因素。

一是畜禽养殖废弃物利用率低。农业农村部数据显示，2016 年在我国畜禽粪污年产生量近 38 亿吨中，由畜禽直接排泄的粪便约 18 亿吨，而养殖过程产生的污水量比直接排泄的粪便还要多 2 亿吨。但是我国当前的禽粪资源化利用率仅为 70%，即使是规模养殖场的粪污处理设施装备配套率也仅仅在 63% 左右，畜禽粪便的无害化处理以及资源化利用效率还有很大的提升空间（刘春等，2021）。

二是农村生活污水处理水平低。当前大部分农村处理生活污水的做法是，直接将通过沟渠或化粪池简单处理后的生活污水排入河道和农田，尚未意识到这种行为对农用水源和农业环境造成的严重污染。第二次全国污染源普查数据显示，2017 年我国农村生活污水排放量达 75.91 亿立方米，其中农村生活源污水化学需氧量占生活源污水排放总量的 50.8%。自 2013 年起，我国污水净化沼气池数量逐年减少，由 2013 年的 213226 个降至 2018 年的 181435 个（见图 4 - 15），与全国 69 万个行政村比起来显得远远不足。农村生活污水缺少有效排放方式和治理举措，导致农村环境质量改善缓慢，严重影响农产品供给质量。

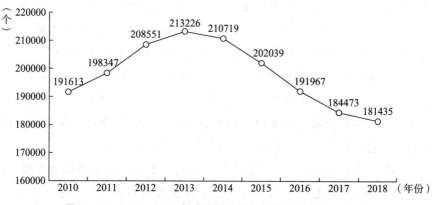

图 4 - 15　2010 ~ 2018 年我国污水净化沼气池数量变动情况

资料来源：2011 ~ 2019 年《中国农村统计年鉴》。

（二）农业供给体系供给乏力的原因

长期以来，强调供给创造需求的供给学派与主张以需求调节为中心来解决经济问题的凯恩斯主义在理论和实践中争论不断。实际上，早期的经济学家更加注重从供给视角研究经济发展规律（滕泰、刘哲，2018），综合吸纳凯恩斯主义、制度经济学、发展经济学、信息经济学和转轨经济学等理论内涵，主张供给管理与需求管理并重的新供给经济学孕育而生（贾康、苏京春，2016）。新供给学派认为，从长期发展的角度而言，供给创造需求。随着技术的发展，新供给被创造，新供给的支付意愿逐渐产生，慢慢诞生出新的需求。从中短期发展的角度而言，需求会影响供给。生产者的积极性受到消费需求、投资需求和出口需求的影响，即影响了短期的供给（滕泰、刘哲，2018）。基于新供给经济学理论，本书认为农业供给体系供给乏力的原因分析必须立足宏观经济整体视角，同时从供给侧和需求侧入手分析，才能从中长期农业发展实践中寻找到约束和抑制农业供给质量提升的根本原因。因此，本部分主要从农业供给体系的需求约束和供给抑制两方面展开。

1. 需求约束

（1）农业需求有限性对农业供给能力的约束

传统主流需求理论一般假定需求为所有消费品的加总，因而需求会随着收入水平的提升而无限扩大，但现实中人们的消费需求因人而异、因时而异，而且加总的需求掩盖了实际商品需求的动态变化特征（周炎等，2020）。在马斯洛的需求层次理论中，需求的满足是按照生理需求、安全需求、社交需求、尊重需求和自我实现需求的顺序递进的。上一层次的需求满足后，该需求的重要性就会降低，激励作用也将失去效果，而下一层次的需求重要程度将会提高。因此，一定条件下商品的需求是有限的，比如我们每天需要摄入的食物是有限的，超出这个限度的食物供给不会使效用水平进一步提高（陈昆亭、周炎，2020）。

同样，人们对农业供给的需求在一定程度上也具有时效性和有限性，制约着农业供给质量的提升。农业最基本的功能是满足人们维持生命所需的能量，这是人们对农业最基本的需求，也是最重要的需求。改革开放以来，随着中国土地制度的改革以及农药、化肥、农膜、农机等现代农业投入品的不断投入，农业生产水平不断提升，粮食等基本农业供给品充足，中国居民的温饱层次需求得到满足，居民的农业消费需求开始转向更高层次。然而，中国农业供给滞后于居民消费需求的升级，农业供给在中短期内仍将以传统低端农产品为主，而中国居民对传统低端农产品的需求已经饱和，低端农产品供给过剩问题由此产生，增加传统低端农产品供给已经无法进一步提升农业供给能力。因此，在当前中国居民已经满足温饱需求的情况下，低端农产品的有限需求限制了农业供给能力的进一步提升。

（2）农业需求有效性对农业供给能力的约束

需求的经济学含义是指一定时期内，在某价格水平下，人们愿意并且能够购买的商品数量，因此需求有两个核心要素，即"愿意"与"能够"（张松彪、曾世宏，2019）。将需求定义与农业需求相结合可以看出，农业需求主要是指居民有意愿并有能力消费相关农业供给品，意愿和能力缺一不可。如果有农业供给品消费意愿，但缺乏消费能力，则该需求无法转变为有效需求，不能带动农业供给能力提升。同样，如果有农业供给消费能力，却无消费意愿，农业供给品也无法被消费，有效的农业需求也难以形成。根据新供给学派观点，需求会对供给产生影响，有效的农业需求能刺激农业供给，提升农业供给能力，而农业有效需求不足则会挫伤农业供给者的积极性，降低农业供给能力。

就农业供给而言，低端农业供给品已经过剩，中国居民的消费需求更多地转向中高端农业供给需求，但中高端农业供给品的生产成本较高，其消费价格也相对较高。随着中国经济社会的发展，中国居民的消费观念发生巨大变化，人们面临的住房、教育、医疗、社会保障等的支出压力不断增大，加之市场化就业收入的不确定性，导致中国居民习惯性地进行高储蓄（刘惯超，2010）。在这种情况下，虽然中国居民存在中高端农产品需求，但其消费能力被不断增长的住房、教育、医疗等支出挤占，无法负担高价格的中高端农业供给品，不能形成对中高端农业供给品的有效需求。此外，农业供给者与需求者之间的信息不对称，无法保障中高端农业供给品的质量，从而形成中高端供给品的信任危机，即使部分消费者有中高端农业供给品的消费能力，也会因消费信心的缺失而丧失消费意愿，此时中高端农业供给品的有效需求也无法形成。居民对中高端农业供给品的消费意愿不强，自身消费能力不足，导致高端农业供给品的有效需求无法形成，制约了传统农业中高端供给品供给能力的提升。

2. 供给抑制

当前，中国市场存在严重的供需错配，解决供给结构的失衡问题要首先从供给端入手（宁国富，2015），一些伴随经济发展和政策导向的失衡问题需要供给端的改革来解决（张弛，2016）。只有解决供给抑制问题，使供给满足需求，才能实现供需匹配。供给抑制是指农业要素流入过程中供给无法满足大量有效需求的状态，产生供给抑制的原因在于各种形式的障碍因素的存在导致供给能力不足。农业供给抑制强调的是我国农业本身具有潜在供给能力，但由于各种因素，实际供给能力未得到充分释放（徐朝阳、张斌，2020）。

（1）供给要素抑制

在新供给经济学理论中，决定经济长期潜在增长的关键要素是人口、土地、资本、技术和制度，由此可知，要解除长期抑制，就必须给予这五大要素充分供给。对我国的农业供给侧结构性改革来说，解除五大要素的供给抑制，就是消除农业供给乏力、提高农业供给质量的关键所在（滕泰，2013）。

在农业供给体系中，供给价格对供给的效率和质量存在负向作用，供给的效率和质量会随着供给价格的提高而降低。当供给成本较低，劳动力、技术、资本、水、土地等要素的供给量充足时，提高供给质量和供给效率在很大程度上能够增加产出，提高农产品供给的质量；反之，降低供给质量和供给效率，同时提高供给成本，整个农业供给体系的有效供给会下降，经济增速也会随之下滑（滕泰、刘哲，2018）。以劳动力要素为例，在城市发展的吸引下，农村富余劳动力不断向非农产业转移，乡村人口比重严重下降，且大多为老人、妇女和儿童，农村有效劳动力由过剩转向短缺（丁泽，2017），农业劳动力的供给数量和质量下降，从而造成劳动力供给效率降低及供给结构扭曲，影响我国农业供给体系质量。对土地、资本等要素的供给量、供给效率、供给成本等进行抑制，会影响农业产出；抑制技术要素，则会影响劳动力、土地等其他要素的生产效率。

（2）供给环境抑制

供给环境抑制是从社会和生态角度衍生出来的内涵，具体指农业的生产效率低下、供给质量不高、过度消费使用等行为，造成社会和生态损失，甚至影响生产力可持续发展的现象。供给环境抑制产生的原因在于农业在生产方式、资源配置、供给成本等方面存在的缺陷和不足。按照可持续发展理论，环境和社会因素不仅是经济增长的内驱动力，更是经济增长规模与速度的抑制因素。对于我国农业供给体系而言，生态环境抑制和社会环境抑制是限制农业供给体系质量提升的两个重点问题。

农业生态资源是保障农业供给质量的基础。我国农业生态环境的供给水平，严重受限于生态环境开发需求大和管理水平低导致的农业生态环境污染。长期以来，我国农业生产依旧以小农户为主，生产方式落后，规模较小，加之农药、化肥、农膜等化学物质残留，土壤和水体污染严重，重度污染的耕地面积已经达到5000万亩，人类身体健康受到严重威胁，而且带来了洪涝、干旱、水土流失等自然灾害。与此同时，我国农业发展和农业供给侧结构性改革还面临着低端农机产量过剩、高端农机产量不足等设施"短板"和农业生产成本"地板"，不能满足农户经营生产需求，阻碍了农村经济的发展。同时，我国农产品生产成本远远超过其他国家和地区，我国农产品人工生产成本比美国、巴西、欧盟等国家和地区高出 80% 以上，农业生产成本居高不下（张晓飞等，2017）。

四　本章小结

本章借鉴相关学者的成果，以新供给经济学理论为依据，把握各个发展阶段的历史背景和社会经济条件，以要素、组织、制度、主体等农业供给体系演变的关键节点变化及相关政策为导向，对我国农业供给体系的发展历程与阶段特征进行系统梳理。同时，结合宏观统计数据和资料，对当前我国农业供给体系供给乏力的表现进行归纳总结，并立足整体宏观经济视角，从供给侧和需求侧入手，在中长期农业发展实践中探寻约束和抑制农业供给质量提升的根本原因，主要研究结论如下。

从农业产业发展和结构变化出发，将农业供给体系演化划分为三个时期，分别是农业供给体系演化的形成期（1949～1984 年）、农业供给体系演化的成长期（1985～2012 年）和农业供给体系演化的成熟期（2013～2019 年）。

农业供给体系不能满足消费转型升级需求、农业供给质量有待进一步提高、农业供给体系产业融合程度较低、农业供给体系资源环境压力持续增大和农业供给体系可持续发展后劲不足等是我国农业供给体系供给乏力的主要表现。

从供给和需求层面的分析来看，需求约束和供给抑制是导致我国农业供给体系供给乏力的两个重要因素。一方面，农业需求的有限性和有效性限制了农业供给能力的进一步提升。另一方面，供给要素抑制和供给环境抑制阻碍了农业供给体系实际供给能力的充分释放。

第五章 农业供给体系的供给质量评价与时空演变

农业是国民经济的"压舱石"，农业供给是维护国家粮食安全的重要保障。新中国成立以来，中国农业供给历经供给绝对短缺、供需基本平衡、阶段性供给过剩三个阶段，农业发展的主要矛盾由供给总量不足转变为供给结构性矛盾（涂圣伟，2016）。2019 年中国粮食生产实现"十六连增"，粮食产量高达 6.638 亿吨，人均约 474 公斤，远超人均 400 公斤的粮食安全线标准。与此同时，"三量齐增"与"三本齐升"现象并存（罗必良，2017）、农业供给结构调整滞后于消费结构升级、农民增收乏力、资源环境约束趋紧等问题依旧突出，农业供给质量的可持续提升面临新挑战（和龙等，2016；王国敏、常璇，2017）。自 2015 年中央农村工作会议提出"加强农业供给侧结构性改革，提高农业供给体系质量和效率"以来，中国进行了一系列的农业供给侧结构性改革实践探索，以期进一步提升农业供给质量。发展至今，中国农业供给侧结构性改革的成效如何？农业供给质量的演变趋势是怎样的？农业供给质量提升的短板在哪里？对以上现实问题的解答有助于系统全面地把握中国农业供给质量的发展变化规律，科学诊断农业供给中存在的问题，对深化农业供给侧结构性改革、实现农业供给质量的可持续提升也具有重要的现实意义。

一 农业供给质量的内涵与评价指标体系构建

（一）农业供给质量的内涵特征

准确把握农业供给质量的科学内涵是合理构建评价指标体系的基础。新供给经济学认为，供给的本质是自然资源、劳动力、资本、技术等生产要素的组合配置，资源总量和技术水平决定了供给能力（苏剑，2016），并提出供给与需求是相辅相成的两大经济要素（林卫斌、苏剑，2016），供给是对需求的回应与引导（贾康、苏京春，2014）。马克思主义经济学则认为，供给主要包含产品供应与资本、劳动力、自然资源、技术等生产要素的供应，其质量还涉及总量、结构、效率等内容（简新华、余江，2016）。有学者将相关供给理论引入农业领域，提出农业供给是通过水、土地等自然资源与劳动力、资本、技术等潜在生产力的结合，形成农产品，并通过市场实现供需转换的全过程（谢瑾岚，2020）。该过程反映了供给前端的要素整合、供给中端的产品生产与供给后端的效益生成。因此，大多数学者已经意识到农业供给质量的内涵不能单纯地理解为农业供给品的质量（姜长云，2017），而应将其看作农业供给过程中要素、制度与产品等的复杂关联结构（黄祖辉等，2016）。其内涵不仅要反映农业供给品数量与质量的保障水平，还应体现农业供给结构协调融合水平、效率水平、绿色水平以及满足农业需求的效益水平（杨建利、邢娇阳，2016；张社梅、李冬梅，2017；万忠等，2017；谢瑾岚，2020）。总的来看，农业供给质量的内涵在不断丰富，且不限于农业供给品质量的简单范畴。广义的农业供给质量是一个涉及农业供给全过程的复杂抽象构念，供给前端的农业资源要素供给是农业供给质量的基础保障，供给中端的农业供给效率、结构和绿色水平是农业供给质量提升的内在驱动，供给后端的农业供给效益是农业供给质量的外在表征。因此，本书认为农业供给质量的内涵主要包括农业供给前端的农业供给要素质量，供给中端的农业供给效率质量、供给结构质量和供给绿色质量，以及供给后端的农业供给效益质量。

（二）农业供给质量评价指标体系构建与指标选取

基于对农业供给质量科学内涵的理解，遵循科学性、全面性与数据可获得性原则，本章从供给要素质量、供给效率质量、供给结构质量、供给绿色质量、供给效益质量 5 个维度，构建了包含 27 个具体指标的中国农业供给质量评价指标体系（见表 5 - 1），具体评价维度与指标选取标准如下。

供给要素质量：供给要素质量是指农业供给前端的生产资料投入质量，它是保障农业供给的物质基础和前提，反映农业供给的潜在能力与水平（黄祖辉等，2016）。矫正和优化农业资源要素配置结构，是提高农业供给质量的重要途径（宋洪远，2016）。针对中国农业资源匮乏、资源质量参差不齐的现状，本章主要从农业供给要素的数量和质量两方面选取具体指标。通过农业机械总动力、人均耕地面积、单位面积财政支农支出衡量农业要素供给的数量，以科研投入强度、劳动者受教育程度反映农业要素供给的质量。农业要素供给数量越多、质量越优，供给要素质量越高，表明农业供给能力越强，农业供给质量也越高。

供给效率质量：农业供给效率是农业供给能力的重要体现，农业供给效率质量是农业供给质量的重要表征之一，可以用土地、劳动力、机械等各类农业要素的边际收益来衡量（张社梅、李冬梅，2017；刘云菲等，2021）。借鉴已有研究，本章从要素产出效率和要素利用效率两方面选取具体指标。通过劳动生产率、土地生产率、农机生产率衡量农业要素产出效率，以复种指数、有效灌溉指数反映要素的利用效率。农业要素产出效率和农业要素利用效率越高，表明农业供给效率质量越高，农业供给质量也越高。

供给结构质量：农业供给结构质量既包含农业内部结构质量，即农林牧渔业结构质量，也涵盖农业外部结构质量，即三次产业结构质量。供给结构质量能反映城乡居民日益优质化、个性化和多样化消费需求的满足程度，是新时代农业供给质量的重要体现（姜长云，2017）。基于此，本章主要从农业产业融合水平和结构协调水平两方面选取具体指标。以产业融合指数、产业结构调整指数分别反映三次产业融合水平和农林牧渔业融合水平，以种植结构多元化指数、养殖业产值比重、种植业产值比重反映农林牧渔业结构协调水平。农业产业融合水平和结构协调水平越高，表明农业供给结构越合理，农业供给质量越高。

供给绿色质量：农业供给绿色质量是满足新时代人民对高质量农产品需求的关键，也是实现农业可持续供给、提升农业供给质量的重要途径。中国传统农业供给很大一部分是以牺牲生态环境和人民健康为代价取得的，是不健康、不可持续的农业供给形态（叶兴庆，2016）。农业绿色供给并不是为了绿色而使农业供给停滞甚至倒退，而是要转变过度依赖资源消耗的粗放型农业供给方式，在保障农业供给的同时，兼顾资源节约和环境保护（王国敏、常璇，2017）。因此，本章主要从资源减量水平和资源利用水平两方面选取具体指标。以农药、化肥、农膜的使用强度来衡量资源的减量水平，以万元农业 GDP 电耗、万元农业 GDP 水耗来衡量资源的利用水平。资源减量水平和资源利用水平越高，表明农业供给的绿色化水平越高，农业供给质量越高。

供给效益质量：推进农业供给侧结构性改革，提升农业供给质量，核心是要解决效益偏低的问题，有效益的农业供给才是可持续、有质量的农业供给（陈文胜，2019）。传统农业最重要的效益是其经济效益，即为人类提供食物和原材料（宋洪远，2016）。但随着经济社会的发展，人们在追求农业经济效益的同时，更多的是关注农业的社会效益和生态效益。当前，城乡收入差距不断扩大，农民增收问题已成为一个亟待解决的社会问题，而农业供给是实现农民增收的重要途径。此外，农业以动植物为主要劳动对象，必须依附于农业生态环境而存在，农业生态环境在调节气候、保持水土、涵养生态、维持生物多样性等方面具有重要作用（李晓燕，2017）。因此，农业供给不仅具有经济效益，还具有重要的社会和生态效益。基于此，本章从经济、社会和生态三方面选取具体效益质量指标。以农林牧渔业总产值、人均粮食产量和人均肉蛋奶鱼产量来衡量农业供给的经济效益，以农村居民恩格尔系数、农民人均可支配收入来衡量农业供给的社会效益，以森林覆盖率、造林总面积来衡量农业供给的生态效益。农业供给的经济效益、社会效益和生态效益越高，表明农业供给质量越高。

表 5-1　中国农业供给质量评价指标体系

维度层	要素层	指标层	度量方法	指标属性
供给要素质量（A1）	要素供给数量（B1）	农业机械总动力（C1）	农业机械总动力	+
		人均耕地面积（C2）	耕地面积/农业总人口	+
		单位面积财政支农支出（C3）	财政支农支出/耕地面积	+
	要素供给质量（B2）	科研投入强度（C4）	科技支出/财政总支出	+
		劳动者受教育程度（C5）	高中及以上劳动力占比	+
供给效率质量（A2）	要素产出效率（B3）	劳动生产率（C6）	农林牧渔业总产值/乡村总人口	+
		土地生产率（C7）	农林牧渔业总产值/耕地面积	+
		农机生产率（C8）	农林牧渔业总产值/农机总动力	+

续表

维度层	要素层	指标层	度量方法	指标属性
供给效率 质量（A2）	要素利用 效率（B4）	复种指数（C9）	播种面积/耕地面积	+
		有效灌溉指数（C10）	有效灌溉面积比重	+
供给结构 质量（A3）	产业融合 水平（B5）	产业融合指数（C11）	农林牧渔服务业总产值/ 农林牧渔业总产值	+
		产业结构调整指数（C12）	1－（农业产值/农林牧渔 业总产值）	+
	结构协调 水平（B6）	种植结构多元化指数（C13）	1－（粮食播种面积/农作 物播种面积）	+
		养殖业产值比重（C14）	养殖业产值/农林牧渔业 总产值	+
		种植业产值比重（C15）	种植业产值/农林牧渔业 总产值	+
供给绿色 质量（A4）	资源减量 水平（B7）	农药使用强度（C16）	农药使用量/耕地总面积	－
		化肥使用强度（C17）	化肥施用量/耕地总面积	－
		农膜使用强度（C18）	农膜使用量/耕地总面积	－
	资源利用 水平（B8）	万元农业 GDP 电耗（C19）	农村用电量/农林牧渔业 总产值	－
		万元农业 GDP 水耗（C20）	农业用水量/农林牧渔业 总产值	－
供给效益 质量（A5）	经济效益 （B9）	农林牧渔业总产值（C21）	农林牧渔业总产值	+
		人均粮食产量（C22）	粮食产量/劳动力数量	+
		人均肉蛋奶鱼产量（C23）	肉蛋奶鱼产量/农村人 口数	+
	社会效益 （B10）	农村居民恩格尔系数（C24）	农村居民食物支出/消费 总支出	+
		农民人均可支配收入（C25）	农民人均可支配收入	+
	生态效益 （B11）	森林覆盖率（C26）	森林覆盖率	+
		造林总面积（C27）	造林总面积	+

二　模型构建与数据说明

（一）模型构建

从现有相关文献来看，当前学界关于农业供给质量的评价方法可分为主观和客观两类。其中，主观评价法是评价者根据经验和认知，通过对各指标的重视程度来对指标赋权，如德尔菲法、模糊综合评价法、灰色关联法等。主观评价法实操相对简单，但主观性较强，十分依赖评价者的知识和能力，评价结果的可信度和可重复性较低。客观评价法是以原始指标数据提供的信息量为依据来进行评价的客观方法，如因子分析法、TOPSIS 法、熵权法等。相较于主观评价法，客观评价法的评价结果更加客观可信，可重复性更高，因此客观评价法更适用于本章研究。但相比之下，因子分析法和 TOPSIS 法仅能得出最终综合得分，对于多维度、多指标的复杂指标体系，无法得出指标体系各部分的具体权重，不适合做出全面的综合评价分析。熵权法是通过量化综合指标信息，根据指标的变异程度，运用信息熵计算各指标的熵权，得到客观的指标权重，从而得出科学的评价结果（欧进锋等，2020）。因此，本章选取熵权法作为农业供给质量的评价方法。此外，为深入分析中国农业供给质量的时空演变规律，本章采用 Moran's I 指数进行探索性空间分析。

1. 全局熵权法

传统熵权法只能分析指标—空间或指标—时间的二维数据，无法分析涉及指标—空间—时间的三维数据（潘雄锋等，2015）。因此，借鉴相关研究（潘雄锋等，2015；赵瑞芬、王小娜，2017；王展昭、唐朝阳，2020），本章引入全局思想构建农业供给质量的全局熵权法动态评价模型，以期对我国农业供给质量进行科学、客观、全面的评价。具体计算过程如下。

第一，全局熵权评价矩阵构建。若用 n 个评价指标 x_1，x_2，x_3，$\cdots$，x_n 对 m 个地区 t 年的农业供给质量进行评价，可以收集到 t 张截面数据表 $X^t = (x_{ij})_{m \times n}$，引入全局思想将 t 张截面数据表按时间顺序排列在一起，则构成一个全局熵权评价矩阵：

$$X = (X^1, X^2, X^3, \cdots, X^t)_{mt \times n} = (x_{ij})_{mt \times n} \qquad (5-1)$$

第二，数据标准化。运用极值法对指标进行标准化处理，其中 $a = 0.999$。具体计算方式如下：

$$正向指标：x_{ij}' = (1-a) + a \times \frac{X_{ij} - \min(X_i)}{\max(X_i) - \min(X_i)}, 1 \leq i \leq mt, 1 \leq j \leq n \qquad (5-2)$$

$$\text{负向指标}: x'_{ij} = (1 - a) + a \times \frac{\max (X_i) - X_{ij}}{\max (X_i) - \min (X_i)}, 1 \leq i \leq mt, 1 \leq j \leq n \quad (5-3)$$

第三，计算指标权重。采用熵权法计算各项指标权重，计算方式如下。

测算 j 项指标下第 i 个地区在该指标所占的比重：

$$P_{ij} = x'_{ij} / \sum_{i=1}^{mt} x'_{ij}, 1 \leq i \leq mt, 1 \leq j \leq n \quad (5-4)$$

第 j 项指标的熵值计算：

$$E_j = - K \sum_{i=1}^{mt} P_{ij} \ln P_{ij}, K = 1/\ln(mt), 1 \leq i \leq mt, 1 \leq j \leq n \quad (5-5)$$

第 j 项指标的信息熵冗余度计算：

$$G_j = 1 - E_j \quad (5-6)$$

第 j 项指标的权重测算：

$$W_j = \frac{G_j}{\sum_{j=1}^{n} G_j}, 0 \leq W_j \leq 1 \quad (5-7)$$

第四，计算综合评价得分。

$$F_i = \sum_{j=1}^{n} W_j x'_{ij} \quad (5-8)$$

2. 空间自相关检验模型

地理学第一定律指出，所有事物均相互关联，且相近的事物相对更加关联，如果区域的地理位置存在相似的数据，则存在空间自相关（陈强，2014）。分析数据的空间自相关特征，有利于揭示农业供给质量的空间分布特征。空间相关分析包括全局空间和空间自相关两类，其中，莫兰指数（Moran's I）是进行空间相关性分析的经典指标之一。本章运用全局莫兰指数（Global Moran's I）和局部莫兰指数（Local Moran's I）分别检验我国农业供给质量的整体和局部空间相关性特征。

全局莫兰指数可以揭示相邻省份农业供给质量的相近程度，其计算方式如下：

$$I = \frac{\sum_{i=1}^{n} \sum_{j=1}^{n} w_{ij} (x_i - \bar{x})(x_j - \bar{x})}{S^2 \sum_{i=1}^{n} \sum_{j=1}^{n} w_{ij}} \qquad (5-9)$$

其中，I 为全局莫兰指数，其取值为 $-1 \sim 1$。若数值大于 0 表示正自相关，即高值与高值相邻，低值与低值相邻；若数值小于 0 表示负自相关，即高值与低值相邻；接近 0 表示空间分布是随机的，不存在空间自相关。莫兰指数绝对值越大，表明空间相关性越强。$S^2 = \dfrac{\sum_{i=1}^{n}(x_i - \bar{x})^2}{n}$ 为样本方差，w_{ij} 为空间权重矩阵的元素，x_i 为 i 地区的农业供给质量得分值。

局部莫兰指数能够展示中国农业供给质量的局部空间集聚特征，有助于深入考察中国农业供给质量的局部空间异质性。其计算方式如下：

$$I_i = \frac{(x_i - \bar{x})}{S^2} \sum_{j=1}^{n} w_{ij} (x_j - \bar{x}) \qquad (5-10)$$

I_i 为局部莫兰指数，其含义与全局莫兰指数相似。若 I_i 为正，说明局部相邻省份的农业供给质量呈现相似特征，具体表现为局部空间中高值与高值（H-H）集聚，低值与低值（L-L）集聚；若 I_i 为负，说明局部相邻省份的农业供给质量呈现不同特征，具体表现为局部空间中低值与高值（L-H）集聚，高值与低值（H-L）集聚。

（二）数据说明

研究数据是进行实证分析的基础，本部分主要研究中国农业供给质量。为保证研究结论科学可靠，本部分构建的农业供给质量评价指标体系涉及的指标多、地区广、年限长。受数据兼顾性、可得性限制，未将香港、澳门、台湾等数据缺失严重的地区纳入样本。最终，本部分研究涉及中国 2003~2019 年 31 个省区市的宏观农业发展数据。数据主要来源于历年的《中国统计年鉴》《中国农村统计年鉴》《中国农业年鉴》《中国农业统计资料》《中国劳动统计年鉴》《中国第三产业统计年鉴》，以及各省区市历年统计年鉴等。针对少数缺失数据和异常数据，采用线性插值法和均值法进行填补和替换。

三 农业供给质量的评价与时空变化

（一）农业供给质量的时间演变趋势

1. 指标权重分析

利用全局熵权法计算出中国农业供给质量评价指标体系各指标权重及排名，结果如表5-2所示。从维度层来看，供给要素质量权重最大，为0.3926，其次为供给效益质量，为0.3195，供给绿色质量权重最低，仅为0.0168。这表明中国农业长期以来仍保持着以增加要素投入为发展动力、以提高供给效益为最终目标的粗放型农业发展模式，对农业供给结构调整与农业发展可持续性的重视度还较低，已经成为限制中国农业供给质量进一步提升的短板。从指标层来看，权重排名前8位的指标分别为单位面积财政支农支出、农业机械总动力、造林总面积、人均耕地面积、农林牧渔业总产值、人均粮食产量、农民人均可支配收入、土地生产率。这表明农业要素供给、农业综合生产能力与农业供给效益越来越成为影响中国农业供给质量的重要因素。这与当前增加农民收入、保障有效供给、提高农业综合生产能力的农业供给侧结构性改革目标相一致。

表5-2　中国农业供给质量评价指标体系指标权重与排名

维度层	要素层	指标层	权重	权重排名
供给要素质量 A1 (0.3926)	要素供给数量 B1 (0.3278)	农业机械总动力 C1	0.0671	2
		人均耕地面积 C2	0.0635	4
		单位面积财政支农支出 C3	0.1972	1
	要素供给质量 B2 (0.0648)	科研投入强度 C4	0.0464	10
		劳动者受教育程度 C5	0.0184	16
供给效率质量 A2 (0.1798)	要素产出效率 B3 (0.1350)	劳动生产率 C6	0.0413	12
		土地生产率 C7	0.0510	8
		农机生产率 C8	0.0427	11
	要素利用效率 B4 (0.0448)	复种指数 C9	0.0164	17
		有效灌溉指数 C10	0.0284	15

续表

维度层	要素层	指标层	权重	权重排名
供给结构质量 A3 (0.0913)	产业融合水平 B5 (0.0491)	产业融合指数 C11	0.0353	13
		产业结构调整指数 C12	0.0138	20
	结构协调水平 B6 (0.0421)	种植结构多元化指数 C13	0.0152	18
		养殖业产值比重 C14	0.0141	19
		种植业产值比重 C15	0.0128	21
供给绿色质量 A4 (0.0168)	资源减量水平 B7 (0.0127)	农药使用强度 C16	0.0055	23
		化肥使用强度 C17	0.0030	25
		农膜使用强度 C18	0.0042	24
	资源利用水平 B8 (0.0041)	万元农业 GDP 电耗 C19	0.0015	27
		万元农业 GDP 水耗 C20	0.0027	26
供给效益质量 A5 (0.3195)	经济效益 B9 (0.1646)	农林牧渔业总产值 C21	0.0601	5
		人均粮食产量 C22	0.0569	6
		人均肉蛋奶鱼产量 C23	0.0476	9
	社会效益 B10 (0.0581)	农村居民恩格尔系数 C24	0.0068	22
		农民人均可支配收入 C25	0.0513	7
	生态效益 B11 (0.0969)	森林覆盖率 C26	0.0326	14
		造林总面积 C27	0.0642	3

2. 中国农业供给质量整体水平与各维度得分情况分析

表 5 - 3 为 2003 ~ 2019 年中国农业供给质量得分情况，主要呈现了供给要素质量、供给效率质量、供给结构质量、供给绿色质量、供给效益质量五个维度的得分和综合得分情况，并汇报了各维度对农业供给质量的贡献度。为直观反映我国农业供给质量的时间演化趋势，本章以图 5 - 1 呈现了 2003 ~ 2019 年中国农业供给质量的得分变化情况。

从综合得分及其变化趋势来看，中国农业供给质量呈现明显的上升趋势，但整体得分不高，农业供给质量较低。数据显示，2003 ~ 2019 年中国农业供给质量综合得分从 0.1537 上升至 0.3023，均值为 0.2222，增长了 96.68%。中国传统农业依靠增加生产要素的投入来追求高产出，以满足国内巨大的农业需求，长期以来形成了"高投入、高产出、高污染"的资源环境依赖型农业发展模式，这在一定程度上提高了农业供给水平，但也造成了巨大的环境污染和资源浪费，导致中国农业供给质量虽呈上升趋势，但整体供给质量仍处于较低水平。

从各维度得分及其变化趋势来看，中国农业供给质量提升的主要驱动因素是供给要素质量、供给效率质量和供给效益质量，供给结构质量和供给绿色质量发展水平较低，制约了中国农业供给质量的提升。由表5-3可知，2003~2019年供给要素质量、供给效率质量、供给效益质量的得分较高，其均值分别为0.0510、0.0488、0.0750，贡献率分别为22.95%、21.96%、33.75%，且其得分与贡献率都呈现缓慢增长趋势；供给结构质量和供给绿色质量得分较低，其均值分别为0.0335、0.0138，贡献率分别为15.08%、6.21%，供给结构质量和供给绿色质量得分没有发生显著的年际变化，但其贡献率呈明显的下降趋势。此结果与当前"高投入、高产出、高污染"的农业发展模式相一致，也与当前中国农业供给结构失调、面源污染严重的现实相符。因此，深入推进农业供给侧结构性改革、改变传统农业发展方式，是未来提升农业供给质量的主攻方向。

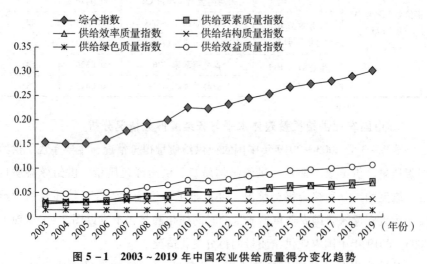

图5-1　2003~2019年中国农业供给质量得分变化趋势

（二）农业供给质量的空间格局演化

1. 省域农业供给质量空间格局演化特征

为展现中国省域农业供给质量的时空演变情况，本章进一步估算了2003~2019年中国农业供给质量得分情况和31个省区市的得分情况，见表5-3和表5-4。同时，为直观反映中国省域农业供给质量的区域分布

表 5－3　2003～2019 年中国农业供给质量得分情况

年份	供给要素质量		供给效率质量		供给结构质量		供给绿色质量		供给效益质量		综合得分
	得分	贡献率（%）	得分	贡献率（%）	得分	贡献率（%）	得分	贡献率（%）	得分	贡献率（%）	
2003	0.0288	18.71	0.0261	16.99	0.0326	21.20	0.0142	9.25	0.0520	33.86	0.1537
2004	0.0297	19.66	0.0285	18.88	0.0315	20.90	0.0141	9.37	0.0471	31.19	0.1509
2005	0.0304	20.15	0.0294	19.48	0.0315	20.85	0.0141	9.36	0.0455	30.17	0.1509
2006	0.0335	21.17	0.0303	19.12	0.0307	19.39	0.0140	8.87	0.0498	31.46	0.1585
2007	0.0406	22.92	0.0365	20.60	0.0334	18.85	0.0138	7.77	0.0529	29.86	0.1771
2008	0.0426	22.17	0.0428	22.26	0.0323	16.81	0.0137	7.14	0.0608	31.62	0.1921
2009	0.0444	22.25	0.0423	21.17	0.0338	16.93	0.0136	6.82	0.0655	32.83	0.1996
2010	0.0531	23.55	0.0500	22.21	0.0332	14.72	0.0136	6.04	0.0754	33.48	0.2252
2011	0.0510	22.87	0.0513	22.99	0.0330	14.81	0.0135	6.07	0.0742	33.25	0.2230
2012	0.0538	23.14	0.0547	23.55	0.0330	14.18	0.0135	5.83	0.0774	33.30	0.2324
2013	0.0565	23.08	0.0579	23.64	0.0331	13.53	0.0135	5.52	0.0838	34.23	0.2448
2014	0.0611	24.07	0.0582	22.94	0.0335	13.21	0.0137	5.39	0.0873	34.40	0.2538
2015	0.0647	24.18	0.0599	22.40	0.0340	12.72	0.0137	5.12	0.0952	35.59	0.2676
2016	0.0649	23.64	0.0639	23.29	0.0347	12.66	0.0138	5.02	0.0971	35.39	0.2745
2017	0.0676	24.13	0.0628	22.40	0.0360	12.84	0.0139	4.96	0.1000	35.67	0.2803
2018	0.0709	24.41	0.0655	22.56	0.0368	12.66	0.0141	4.86	0.1031	35.50	0.2903
2019	0.0736	24.37	0.0698	23.10	0.0371	12.27	0.0142	4.70	0.1075	35.56	0.3023
平均	0.0510	22.95	0.0488	21.96	0.0335	15.08	0.0138	6.21	0.0750	33.75	0.2222

注：贡献率是指某一维度得分占综合得分的比重。

表 5-4 2003~2019 年 31 个省区市得分情况

省区市	2003 年	2004 年	2005 年	2006 年	2007 年	2008 年	2009 年	2010 年	2011 年	2012 年	2013 年	2014 年	2015 年	2016 年	2017 年	2018 年	2019 年
北京	0.1558	0.1597	0.1589	0.1775	0.2394	0.2617	0.2674	0.2769	0.2997	0.3163	0.3287	0.3463	0.3577	0.3705	0.3853	0.4021	0.4034
天津	0.1661	0.1667	0.1666	0.1614	0.1713	0.1781	0.1803	0.2043	0.2042	0.2137	0.2238	0.2335	0.2419	0.2474	0.2414	0.2465	0.2556
河北	0.2116	0.2060	0.2047	0.2122	0.2194	0.2387	0.2410	0.2624	0.2619	0.2742	0.2835	0.2916	0.3030	0.3112	0.3040	0.3186	0.3249
山西	0.1382	0.1293	0.1227	0.1469	0.1307	0.1386	0.1534	0.1737	0.1654	0.1730	0.1865	0.1923	0.1894	0.1894	0.1970	0.2049	0.2115
内蒙古	0.1971	0.1963	0.2121	0.2103	0.2291	0.2579	0.2706	0.3222	0.2907	0.3056	0.3153	0.3113	0.3264	0.3200	0.3297	0.3349	0.3534
辽宁	0.1584	0.1606	0.1650	0.1770	0.1883	0.2055	0.2135	0.2529	0.2565	0.2715	0.2836	0.2831	0.2867	0.2791	0.2716	0.2805	0.2903
吉林	0.1482	0.1463	0.1489	0.1600	0.1670	0.1812	0.1870	0.2465	0.2084	0.2171	0.2335	0.2404	0.2560	0.2585	0.2505	0.2490	0.2598
黑龙江	0.1757	0.1770	0.1768	0.1796	0.2006	0.2204	0.2306	0.3202	0.2592	0.2815	0.2967	0.3145	0.3305	0.3347	0.3431	0.3496	0.3653
上海	0.1736	0.1752	0.1759	0.1932	0.2467	0.2670	0.2923	0.2996	0.3076	0.3160	0.3249	0.3740	0.3900	0.4118	0.4338	0.4728	0.4654
江苏	0.1639	0.1682	0.1718	0.1861	0.2051	0.2199	0.2253	0.2484	0.2637	0.2805	0.2952	0.3085	0.3250	0.3303	0.3412	0.3515	0.3654
浙江	0.1593	0.1667	0.1704	0.1857	0.2023	0.2099	0.2141	0.2235	0.2434	0.2501	0.2600	0.2667	0.2784	0.2907	0.2942	0.3070	0.3270
安徽	0.1424	0.1382	0.1399	0.1453	0.1647	0.1770	0.1851	0.2005	0.2096	0.2194	0.2410	0.2517	0.2665	0.2794	0.2771	0.2878	0.3056
福建	0.1610	0.1677	0.1714	0.1776	0.2076	0.2182	0.2199	0.2361	0.2652	0.2675	0.2891	0.2979	0.3117	0.3191	0.3246	0.3417	0.3633
江西	0.1515	0.1458	0.1448	0.1528	0.1818	0.1984	0.2008	0.2177	0.2130	0.2211	0.2294	0.2331	0.2502	0.2656	0.2683	0.2791	0.2908
山东	0.1951	0.1978	0.1943	0.2097	0.2333	0.2558	0.2620	0.2855	0.2984	0.3089	0.3245	0.3355	0.3453	0.3283	0.3381	0.3496	0.3646
河南	0.1836	0.1915	0.1911	0.1985	0.2015	0.2386	0.2503	0.2555	0.2628	0.2730	0.2856	0.2961	0.3009	0.2969	0.3038	0.3123	0.3340
湖北	0.1519	0.1466	0.1501	0.1476	0.1771	0.1936	0.1980	0.2254	0.2341	0.2481	0.2709	0.2858	0.3000	0.3076	0.3170	0.3263	0.3431
湖南	0.1734	0.1767	0.1660	0.1756	0.1884	0.2015	0.2160	0.2398	0.2676	0.2785	0.2869	0.2954	0.3162	0.3243	0.3264	0.3446	0.3623

续表

省区市	2003 年	2004 年	2005 年	2006 年	2007 年	2008 年	2009 年	2010 年	2011 年	2012 年	2013 年	2014 年	2015 年	2016 年	2017 年	2018 年	2019 年
广东	0.1676	0.1720	0.1827	0.1906	0.2115	0.2273	0.2330	0.2518	0.2610	0.2709	0.2881	0.3056	0.3496	0.3631	0.3693	0.3889	0.4037
广西	0.1376	0.1374	0.1434	0.1439	0.1666	0.1740	0.1821	0.1958	0.2063	0.2158	0.2275	0.2342	0.2450	0.2574	0.2608	0.2738	0.2854
海南	0.1392	0.1361	0.1394	0.1493	0.1586	0.1765	0.1774	0.2105	0.2058	0.2170	0.2281	0.2404	0.2494	0.2690	0.2683	0.2779	0.2979
重庆	0.1261	0.1105	0.1141	0.1177	0.1304	0.1418	0.1423	0.1610	0.1719	0.1785	0.1898	0.1907	0.2088	0.2173	0.2234	0.2358	0.2496
四川	0.1715	0.1545	0.1478	0.1605	0.1871	0.2102	0.2069	0.2135	0.2165	0.2173	0.2261	0.2291	0.2635	0.2846	0.2970	0.2915	0.3066
贵州	0.1224	0.1004	0.0994	0.1154	0.1334	0.1387	0.1455	0.1541	0.1537	0.1577	0.1799	0.1914	0.2057	0.2278	0.2613	0.2479	0.2573
云南	0.1457	0.1323	0.1339	0.1400	0.1494	0.1769	0.1975	0.2067	0.2067	0.2102	0.2196	0.2182	0.2377	0.2377	0.2378	0.2459	0.2620
西藏	0.0761	0.0816	0.0852	0.0929	0.0972	0.1049	0.1103	0.1335	0.1214	0.1238	0.1253	0.1258	0.1323	0.1463	0.1426	0.1520	0.1578
陕西	0.1612	0.1530	0.1263	0.1359	0.1567	0.1661	0.1826	0.1973	0.1938	0.2035	0.2144	0.2234	0.2315	0.2329	0.2434	0.2525	0.2603
甘肃	0.1263	0.1134	0.1054	0.1046	0.1382	0.1428	0.1509	0.1738	0.1638	0.1682	0.1754	0.1844	0.2001	0.1908	0.1950	0.2011	0.2059
青海	0.0984	0.0964	0.0976	0.0961	0.1008	0.1128	0.1207	0.1362	0.1348	0.1400	0.1462	0.1473	0.1487	0.1595	0.1646	0.1731	0.1824
宁夏	0.1187	0.1120	0.1100	0.1151	0.1357	0.1418	0.1433	0.1767	0.1610	0.1684	0.1776	0.1862	0.1964	0.2018	0.2126	0.2268	0.2327
新疆	0.1677	0.1616	0.1623	0.1531	0.1687	0.1802	0.1872	0.2807	0.2062	0.2183	0.2312	0.2339	0.2516	0.2557	0.2662	0.2745	0.2826
全国平均	0.1537	0.1509	0.1509	0.1585	0.1771	0.1921	0.1996	0.2252	0.2230	0.2324	0.2448	0.2538	0.2676	0.2745	0.2803	0.2903	0.3023

及其变化情况，本章采用 ArcGIS 10.8 软件的自然间断点分类法，将 2003 年、2006 年、2009 年、2012 年、2015 年和 2019 年 31 个省区市的农业供给质量划分为低质量区、较低质量区、中等质量区、较高质量区和高质量区五大类型区，如表 5 - 5 所示。

表 5 - 5 2003~2019 年部分年份 31 个省区市的农业供给质量划分情况

区域类型	2003 年	2006 年	2009 年	2012 年	2015 年	2019 年
低质量区	青海、西藏	青海、西藏、宁夏、重庆、贵州、甘肃	青海、西藏、宁夏、重庆、贵州、甘肃、山西	青海、西藏、宁夏、重庆、贵州、甘肃、山西	青海、西藏	山西、甘肃、青海、西藏
较低质量区	甘肃、宁夏、重庆、贵州、广西、安徽、山西、海南	山西、陕西、湖北、安徽、云南、广西、海南	新疆、广西、海南、陕西、安徽、吉林、天津	陕西、云南	宁夏、重庆、贵州、甘肃、山西	宁夏、陕西、重庆、贵州、云南、天津、吉林
中等质量区	云南、陕西、湖北、江西、福建、浙江、江苏、辽宁、吉林、北京	新疆、四川、江西、吉林、天津	四川、云南、湖北、湖南、江西、福建、浙江、辽宁	四川、新疆、广西、海南、安徽、吉林、江西、天津	四川、新疆、广西、云南、海南、安徽、吉林、江西、天津、陕西、浙江	四川、新疆、广西、海南、安徽、江西、辽宁
较高质量区	新疆、四川、湖南、广东、天津、河南、上海、黑龙江	黑龙江、辽宁、北京、福建、浙江、江苏、湖南、广东、上海	黑龙江、河北、河南、江苏、广东	黑龙江、河北、河南、江苏、广东、福建、浙江、辽宁、湖北、湖南	黑龙江、河北、河南、江苏、福建、辽宁、湖北、湖南、内蒙古	山东、黑龙江、河北、河南、江苏、浙江、福建、湖北、湖南、内蒙古
高质量区	内蒙古、河北、山东	内蒙古、河北、山东、河南	山东、北京、上海、内蒙古	山东、北京、上海、内蒙古	广东、上海、山东、北京	广东、上海、北京

结果显示，省域农业供给质量得分呈上升趋势，与我国农业供给质量得分的整体变化趋势相似；省域层面，农业供给质量的空间格局差异极为明显但表现相对稳定，呈现出东部高、西部低的分布特征；农业供给质量发展水平排名前三位的依次是上海、广东和北京，后三位依次是西藏、青海和甘肃。2003~2019 年，上海农业供给体系质量从 0.1736 上升至 0.4654，广东从 0.1676 上升至 0.4037，北京从 0.1558 上升至

0.4034，西藏从 0.0761 上升至 0.1578，青海从 0.0984 上升至 0.1824，甘肃从 0.1263 上升至 0.2059。上海的农业供给体系质量得分是西藏的约 3 倍，两极分化较为严重。北京、黑龙江、上海、江苏、福建、山东、湖南、广东等农业供给质量得分较高的省市主要集中在东中部地区，相比之下，其他西部地区的农业供给质量得分相对较低。从得分增长速度来看，上海发展速度最快，年均提高 6.36%；山西发展速度最慢，年均仅提高 2.70%，低于各省份平均水平。

2. 中国农业供给质量的地区差异分析

为进一步分析中国农业供给质量的空间分布规律，本章将选取的 31 个省区市划分为华北地区、华东地区、华中地区、华南地区、西南地区、西北地区和东北地区，如表 5 - 6 所示。

表 5 - 6 省域及其所属地区

所属地区	包含省区市
华北	北京、天津、河北、山西、内蒙古
华东	上海、江苏、浙江、安徽、福建、江西、山东
华中	河南、湖北、湖南
华南	广东、广西、海南
西南	重庆、四川、贵州、云南、西藏
西北	陕西、甘肃、青海、宁夏、新疆
东北	辽宁、吉林、黑龙江

表 5 - 7 和图 5 - 2 为 2003~2019 年中国华北、华东、华中、华南、西南、西北和东北七大区域的农业供给质量得分。从地区角度来看，各地区的农业供给质量得分呈现波动上升的趋势，区域差异显著，表现出"东北高、西南低"的特点。一方面，华东地区农业供给质量在 2019 年高于其他地区，华中地区次之；西南和西北地区发展水平较低；华北地区农业供给质量的初始水平最高，但年均增长幅度低于华东、华中和华南地区。另一方面，北京、上海、广东、江苏、福建、山东、湖南、湖北等农业供给质量较高的省市主要集中在中东部地区，相比之下，西部地区的四川、贵州、青海、宁夏、西藏、甘肃等省区农业供给质量较低。以长江为分界线，北方农业供给质量总体高于南方，尤其是云南、西藏等西南地区的农业供给质量严重滞后于其他区域。从"东北高、西南低"

的特征中可知，东西部地区相对于南北方差异更加明显。主要原因在于，西部地区农业资源禀赋较差，自然条件恶劣，经济发展相对落后，农业技术及发展相对不足，制约农业供给质量的提升。

表 5 – 7　2003 ~ 2019 年不同区域农业供给质量得分情况

年份	华北	华东	华中	华南	西南	西北	东北
2003	0.1737	0.1638	0.1696	0.1481	0.1284	0.1345	0.1608
2004	0.1716	0.1657	0.1716	0.1485	0.1159	0.1273	0.1613
2005	0.1730	0.1669	0.1691	0.1552	0.1161	0.1203	0.1636
2006	0.1817	0.1786	0.1739	0.1613	0.1253	0.1210	0.1722
2007	0.1980	0.2060	0.1890	0.1789	0.1395	0.1400	0.1853
2008	0.2150	0.2209	0.2112	0.1926	0.1545	0.1487	0.2024
2009	0.2225	0.2285	0.2214	0.1975	0.1605	0.1569	0.2104
2010	0.2479	0.2445	0.2402	0.2194	0.1738	0.1929	0.2732
2011	0.2443	0.2573	0.2548	0.2244	0.1740	0.1719	0.2413
2012	0.2566	0.2662	0.2665	0.2345	0.1775	0.1797	0.2567
2013	0.2676	0.2806	0.2811	0.2479	0.1882	0.1890	0.2713
2014	0.2750	0.2953	0.2924	0.2601	0.1910	0.1950	0.2793
2015	0.2837	0.3096	0.3057	0.2813	0.2096	0.2057	0.2911
2016	0.2877	0.3179	0.3096	0.2965	0.2227	0.2082	0.2908
2017	0.2915	0.3253	0.3157	0.2995	0.2324	0.2163	0.2884
2018	0.3014	0.3413	0.3278	0.3135	0.2346	0.2256	0.2930
2019	0.3098	0.3546	0.3465	0.3290	0.2467	0.2328	0.3051

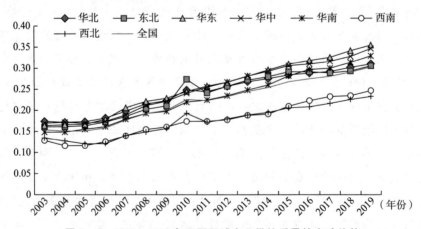

图 5 – 2　2003 ~ 2019 年不同区域农业供给质量的变动趋势

四　农业供给质量的空间相关性分析

（一）全局空间自相关分析

为进一步揭示中国农业供给质量的空间分布特征，本章基于 Stata 15.1 软件，采用省域邻近矩阵对 2003～2019 年中国省域农业供给质量进行了全局 Moran's I 检验，结果如表 5-8 所示。整体而言，2003～2019 年中国农业供给质量的全局 Moran's I 均大于 0，且绝大多数年份的 p 值小于 0.05，只有 2003 年、2009 年、2010 年和 2017 年的 p 值大于 0.05，但也小于 0.1。这表明中国农业供给质量的空间分布不是随机的，而是显著地受邻近地区的影响，呈现一定的空间集聚效应。

为更好地展示全局 Moran's I 的变化趋势，根据表 5-8 的结果绘制了全局 Moran's I 的趋势图（见图 5-3）。从图 5-3 可知，中国省域农业供给质量的全局 Moran's I 呈现明显的上下波动，但总体趋势线比较平稳。这表明中国省域农业供给质量的空间正向溢出效应虽然呈现一定的波动特征，但整体的地理空间集聚趋势明显，且以高-高（H-H）集聚和低-低（L-L）集聚的空间特征为主。

表 5-8　2003～2019 年中国农业供给质量的全局 Moran's I

年份	Moran's I	z 值	p 值
2003	0.144 *	1.716	0.086
2004	0.228 **	2.461	0.014
2005	0.265 ***	2.803	0.005
2006	0.346 ***	3.551	0.000
2007	0.237 **	2.543	0.011
2008	0.182 **	2.025	0.043
2009	0.170 *	1.917	0.055
2010	0.155 *	1.774	0.076
2011	0.226 **	2.430	0.015
2012	0.246 ***	2.610	0.009
2013	0.273 ***	2.865	0.004

续表

年份	Moran's I	z 值	p 值
2014	0.284 ***	2.983	0.003
2015	0.226 **	2.441	0.015
2016	0.228 **	2.471	0.013
2017	0.172 *	1.955	0.051
2018	0.198 **	2.210	0.027
2019	0.213 **	2.334	0.020

注：*、**、***分别表示在 10%、5%、1% 的水平下显著。

图 5-3 2003~2019 年中国农业供给质量的全局 Moran's I 走势

（二）局部空间自相关分析

在掌握中国农业供给质量的整体空间集聚情况的基础上，本章通过局部 Moran's I 指数检验中国农业供给质量的局部空间相关性，进一步深入探讨具体省份附近农业供给质量的空间变化规律。为清晰地反映出省域农业供给质量的空间分布情况，借鉴相关研究的空间分布划分思路（郭芸等，2020），本章基于局部 Moran's I 散点图，总结了中国省域农业供给质量的四种空间关联模式，具体为：扩散效应区（H-H），即观测省份与周边省份的农业供给质量均较高；过渡区（L-H），即观测省份的农业供给质量较低，但周边省份的农业供给质量较高；低速增长区（L-L），即观测省份与周边省份的农业供给质量均较低；极化效应区（H-L），即观测省份的农业供给质量较高，但周边省份的农业供给质量较低。同时，为了更直观地展现省域农业供给质量的空间演化规律，本章利用 ArcGIS 10.8 软件进行可视化处理。

从表 5-9 可看出，整体而言，中国农业供给质量的局部空间依赖性较强，各省份的农业供给质量与相邻省份呈现明显的空间集聚特征。其中，大部分省份位于扩散效应区（H-H）和低速增长区（L-L），呈空间正相关关系；小部分省份位于过渡区（L-H）和极化效应区（H-L），呈空间负相关关系。这表明各省份农业供给质量不仅受自身内部因素的影响，还在外部空间上受到相邻省份农业供给质量的影响。因此，在因地制宜发展区域农业的同时，应优先发展农业资源禀赋较好的地区，培育区域农业发展的标杆省份，充分发挥优先发展区的空间溢出效应，带动周边低水平区域的发展。

同时，还可以看出 2003~2019 年绝大多数省份的空间关联模式未发生变化，表明各省份农业供给质量的空间稳定性较强。其中，江苏、上海、黑龙江、山东、河北、河南、浙江等东部省市主要分布在"高-高"集聚的扩散效应区；天津、山西、吉林、安徽等少部分东中部省市主要分布在"低-高"集聚的过渡区；云南、贵州、重庆、陕西、甘肃、青海、西藏等西部省区市主要分布在"低-低"集聚的低速增长区；北京、内蒙古、湖南、四川等少数地区主要分布在"高-低"集聚的极化效应区。稳定的空间结构在使大部分东部地区农业供给质量保持"高-高"集聚的同时，也使绝大部分西部地区农业供给质量停留在"低-低"集聚的低速增长区，少量呈"低-高"集聚和"高-低"集聚的省份也未能充分发挥高水平农业供给区域的空间溢出效应，甚至产生虹吸效应，减缓低质供给区的农业发展。为此，在保持东部各省份农业高质供给的同时，应加大对西部农业发展的支持力度，打破广大西部地区低水平供给的空间格局，提升西部地区农业供给质量；还应广泛开展区域农业发展合作，发挥农业高质供给区的扩散效应，减弱虹吸效应，以提升过渡区和极化效应区中低水平省份的农业供给质量。

此外，中国农业供给质量呈现显著的空间差异，区域发展不平衡特征明显。主要表现为，高值省份集中分布在东部地区，低值省份主要分布在西部地区，而过渡区（L-H）和极化效应区（H-L）更是表现出局部区域中各省份间农业供给质量的明显空间差异。我国还有大量西部省份处于低速增长区，缩小区域农业供给质量发展差距、推动区域农业供给质量提升刻不容缓。

表 5-9 2003~2019 年局部 Moran's I 区域分布情况

年份	扩散效应区 (H-H)	过渡区 (L-H)	低速增长区 (L-L)	极化效应区 (H-L)
2003	北京、辽宁、天津、江苏、浙江、上海、黑龙江、山东、河北	吉林、山西、安徽、宁夏	湖北、云南、广西、重庆、贵州、甘肃、青海、西藏、江西	内蒙古、广东、福建、陕西、四川、新疆、湖南
2004	北京、辽宁、天津、江苏、浙江、上海、黑龙江、山东、河南、广东、福建	吉林、山西、安徽、宁夏、江西	湖北、云南、广西、重庆、贵州、甘肃、青海、西藏	内蒙古、陕西、湖南、四川、新疆
2005	北京、辽宁、天津、江苏、浙江、上海、黑龙江、山东、河南、广东	吉林、山西、安徽、江西	湖北、云南、广西、重庆、四川、贵州、宁夏、陕西、甘肃、青海、西藏	内蒙古、湖南、新疆
2006	北京、辽宁、浙江、江苏、上海、黑龙江、山东、河北、广东、福建	山西、安徽、江西	湖北、云南、广西、重庆、贵州、宁夏、陕西、甘肃、青海、西藏、新疆	内蒙古、湖南、四川
2007	辽宁、江苏、上海、浙江、山东、河北、广东、黑龙江、河南、福建、江西	天津、山西、安徽	湖北、云南、广西、重庆、贵州、宁夏、甘肃、青海、西藏、陕西、新疆	北京、内蒙古、湖南、四川
2008	辽宁、江苏、浙江、上海、山东、河北、广东、黑龙江、河南、福建、江西	天津、山西、安徽	云南、广西、重庆、贵州、西藏、青海、宁夏、新疆、陕西、甘肃	北京、内蒙古、湖南、四川
2009	辽宁、江苏、浙江、上海、山东、河北、广东、黑龙江、河南、福建、江西	天津、山西、安徽	湖北、云南、广西、重庆、贵州、西藏、青海、宁夏、陕西、甘肃、新疆	北京、内蒙古、湖南、四川
2010	辽宁、吉林、江苏、黑龙江、山东、河北、上海、浙江、广东	天津、山西、安徽、浙江、宁夏	湖北、江西、云南、贵州、陕西、甘肃、重庆、广西、四川、青海、宁夏	北京、内蒙古、湖南、河南、广东
2011	辽宁、江苏、上海、黑龙江、山东、河北、广东、福建、河南、浙江	天津、山西、安徽、吉林	云南、四川、甘肃、广西、宁夏、青海、重庆、西藏、贵州、陕西、新疆	北京、湖北、湖南、内蒙古

续表

年份	扩散效应区 (H-H)	过渡区 (L-H)	低速增长区 (L-L)	极化效应区 (H-L)
2012	辽宁、江苏、上海、黑龙江、山东、河北、广东、福建、河南、浙江	天津、山西、吉林、安徽、江西	云南、四川、广西、重庆、贵州、陕西、甘肃、青海、宁夏、西藏、新疆	北京、湖北、湖南、内蒙古
2013	辽宁、江苏、上海、黑龙江、山东、河北、广东、福建、河南、浙江	天津、山西、吉林、安徽、江西	云南、四川、广西、重庆、贵州、陕西、甘肃、青海、宁夏、西藏、新疆	北京、湖北、湖南、内蒙古
2014	辽宁、江苏、上海、黑龙江、山东、河北、广东、福建、河南、浙江	天津、山西、吉林、安徽、江西	云南、四川、广西、重庆、贵州、陕西、甘肃、青海、宁夏、西藏、新疆	北京、湖北、湖南、内蒙古
2015	辽宁、江苏、上海、黑龙江、山东、河北、广东、福建、河南、浙江	天津、山西、吉林、安徽、江西、广西	云南、四川、重庆、贵州、甘肃、陕西、青海、宁夏、西藏、新疆	北京、湖北、湖南、内蒙古
2016	安徽、辽宁、江苏、上海、黑龙江、山东、河北、广东、河南、浙江	天津、山西、吉林、江西、广西、重庆	云南、贵州、陕西、甘肃、青海、宁夏、西藏、新疆	北京、湖北、湖南、内蒙古、四川
2017	江苏、上海、黑龙江、山东、河北、广东、福建、湖南、河南、浙江	天津、山西、吉林、江西、安徽、广西、重庆、辽宁	云南、贵州、陕西、甘肃、青海、宁夏、西藏、新疆	北京、湖北、湖南、内蒙古、四川
2018	江苏、上海、黑龙江、山东、河北、广东、福建、湖南、河南、浙江	天津、山西、吉林、江西、安徽、广西、重庆、辽宁	云南、贵州、陕西、甘肃、青海、宁夏、西藏、新疆	北京、湖北、内蒙古、四川
2019	江苏、上海、黑龙江、山东、河北、广东、福建、湖南、河南、安徽、浙江	天津、山西、吉林、江西、广西、重庆、辽宁	云南、贵州、陕西、甘肃、青海、宁夏、西藏、新疆	北京、湖北、内蒙古、四川

注：海南为岛屿且与其他省份未接壤，故删去。

五　本章小结

本章在理论梳理的基础上，从供给要素质量、供给效率质量、供给结构质量、供给绿色质量和供给效益质量五个维度构建了农业供给质量评价指标体系，利用 2003～2019 年中国 31 个省区市的农业发展面板数据，运用全局熵权法对中国农业供给质量进行测算分析，并利用 Moran's I 指数分析了中国农业供给质量的空间相关性。

从总体得分来看，2003～2019 年中国农业供给质量呈现明显的上升趋势，但整体得分不高，农业供给质量仍较低。

从权重分析和维度得分来看，供给要素质量、供给效率质量、供给效益质量的权重与得分较高，是近年来中国农业供给质量提升的主要影响因素，供给结构质量和供给绿色质量的权重与得分较低，严重制约了中国农业供给质量的进一步提升。

从区域分析来看，中国农业供给质量区域差异明显，整体表现出"东北高、西南低"的特点。受经济、社会、自然等综合因素影响，农业供给侧结构性改革缩小了中国农业供给质量的南北差异，但加剧了东西差异。

从空间相关性分析来看，中国农业供给质量显著地受邻近地区的影响，呈现一定的空间集聚效应，且局部空间依赖性较强，各省份农业供给质量的空间稳定性较强。

第六章　共享经济赋能农业供给体系质量提升的影响因素分析

第五章利用宏观统计数据测算分析了我国农业供给体系的供给质量，并从时间和空间两个维度系统阐述了农业供给质量的演变过程。本章进一步立足共享经济视角，结合微观调研数据，尝试从微观农业经营主体的农业生产出发，剖析共享经济赋能农业供给体系质量提升的影响因素。首先，基于微观农业经营主体的农业投入产出数据，测算分析农业供给体系的供给效率，从效率视角窥探共享经济下农业供给体系的供给质量。其次，根据微观数据收集情况构建综合评价指标体系，测算分析共享经济下农业供给体系的供给质量。最后，从土地、劳动力、资金和技术等农业要素共享角度剖析共享经济赋能农业供给体系质量提升的影响因素。

一　研究假设

农业供给质量提升的本质是在有限的农业资源条件下获得最优的农业供给，而农业资源的错配则是导致农业供给质量缺乏效率和质量的根源所在。农业资源错配的主要表现是农业要素因流动受阻而长期处于闲置状态，无法投入有该要素需求的部门或地区（Hsieh and Klenow，2009）。促进农业供给效率和质量的提升就是要在有限的农业资源投入中探寻要素的合理配置方式（耿献辉等，2021），打破农业资源流动限制，盘活闲置农业资源，在有限的农业资源中追求最优的农业供给状态。共享经济的出现为农业资源要素打破时空限制、实现资源的快速流动和优化配置提供了可能。本章主要从土地、劳动力、资金和技术等主要农业要素的共享角度分析四川省农业供给质量提升的影响因素。

土地是农业生产最基本的资源投入，土地资源的合理配置利用对农业供给质量的提升具有重要意义。然而，作为西部劳动力输出大省之一，四川的农村劳动力大量向外流出，农村地区土地抛荒、长期闲置、营养退化等问题严重，土地资源遭到极大浪费（赵燕昊、侯志高，2021）。农业共享经济模式的出现为盘活农村闲置土地、提升农业供给质量创造了条件。通过农业共享平台整合农村闲置土地的供需信息，农村土地经营权拥有者可以将自己闲置的土地租借给其他土地需求者，并获得一份土地租借收益，而土地需求者也可以获得合适的闲置土地，满足自己的生产生活需求。共享经济下闲置的农业土地资源得以盘活，能最大限度地发挥土地的农业供给能力。

人口是推动乡村发展的基础性要素，农业劳动力的数量与素质是农业供给的重要保障。但在城乡转型过程中，由于农村劳动力就业渠道匮乏、增收空间有限，大量青壮年劳动力向城镇转移，造成乡村发展主体老弱化、人力资本衰减、农业用工荒等问题日益严重（陈培磊、郭沛，2020；廖柳文等，2021）。同时，农业生产季节性、地区性差异明显，农业劳动力分布也存在显著的地区差异，导致农业用工荒和农业劳动力赋闲的现象并存。共享经济下，借助现代信息技术，农业劳动力的供需情况能够及时有效对接，减少劳动力赋闲情况，提升农业劳动力的有效工作时间，有助于促进农业供给增加，提升农业供给质量。

农业生产离不开资金投入，农药、化肥、种子等农业投入品的购买，仓库、道路、水渠等农业基础设施的建设，以及扩大农业经营规模等农业活动都需要大量资金投入。但从我国农业发展实践来看，受制于农业经营的高风险、低收益以及金融机构严格的抵押担保要求等，农业经营主体融资难的问题较为普遍（陈培磊、郭沛，2020）。共享经济下，互联网等现代信息技术能够实现金融资源在农业领域供需双方之间的有效对接，既能使社会资金资源得到更有效的配置，也利于农业经营主体便捷、低成本地获得农业资金，发挥社会资本在农业供给中的促进作用。

随着中国农村互联网普及率的不断提升，数据信息逐渐成为基础性农业生产要素，数字农业成为未来农业发展的新方向，农业知识技术共享对农业供给质量的影响越来越重要。在利他、社交、声誉和物质利益回报等动机的驱动下，参与互联网世界的个体萌生出交换信息的意愿和意向（刘虹、李煜，2020；杜松平，2020）。信息技术平台的搭建为农业经营主体通过互联网分享自己的生产知识和技能提供了现实基础。同时，互联网信息平台能突破时空限制，极大地提升了用户收集利用信息的能力（Baorakis et al.，2002），农户可以随时随地获取所需的相关农业信息，学习、交流相关农业知识技能，提升农业供给能力。

基于以上理论分析，本章主要提出以下 4 个研究假设。

假设 1：土地要素共享对农业供给质量提升具有正向影响。

假设 2：劳动力要素共享对农业供给质量提升具有正向影响。

假设 3：资金要素共享对农业供给质量提升具有正向影响。

假设 4：技术要素共享对农业供给质量提升具有正向影响。

二　模型构建

（一）数据包络分析

本章首先采用数据包络分析（Data Envelopment Analysis，DEA）对共享经济下四川省农业供给效率进行测算分析。数据包络分析方法最早是由 Charnes 等于 1978 年提出的。该方法以线性规划理论为基础，将运筹学、数学、数理经济学和管理科学等多个学科融为一体，经过不断发展，成为评价同时具有多个投入产出系统的同类型组织的相对效率的普遍方法。在数据包络分析方法中，基础是要保持输入或者输出的决策单元（Decision Making Units，DMU）的不变，综合运用数学规划和数理统计等方法，判断选择出一个最小投入或最大产出的边界，这个边界也被叫作相对有效的生产前沿面。利用这个方法，可以通过输入决策单元的实际投入量，从而得到实际产出量与生产前沿面上对应的最优产出量的相对比值。只有当实际产出量与最优产出量相等时，该决策单元才相对有效。在多种 DEA 模型中，使用最为广泛的是规模报酬可变模型（VRS）和规模报酬不变模型（CRS），前者一般适用于微观层面的研究，而后者则更适用于宏观层面的研究（Coell and Rao，2005）。本章所选对象主要为新型农业经营主体和部分小农户，属于微观农业经营主体，其具有规模大小可变、以产量最大化为目标的特征，因此规模报酬可变模型（VRS）更适合本章，具体模型如下。

假设有 n 个决策单元（DMU），每个 DMU 包含 m 个投入和 s 个产出，对于第 j 个决策单元，其投入和产出向量（X_j，Y_j）可表示为：

$$X_j = (X_{1j}, X_{2j}, X_{3j}, \cdots, X_{mj})^T, Y_j = (Y_{1j}, Y_{2j}, Y_{3j}, \cdots, Y_{sj})^T, j = 1, 2, 3, \cdots, n$$

各 DMU 的效率值可由以下模型求得：

$$f_{\min} = \min[\theta - \varepsilon(e^T S^- + e^T S^-)]$$

$$s.t. \begin{cases} \sum_{j=1}^{n} X_j \lambda_j + S^- = \theta X_0 \\ \sum_{j=1}^{n} Y_j \lambda_j - S^+ = Y_0 \\ \sum_{j=1}^{n} \lambda_j = 1 \\ \lambda_j \geq 0, j = 1, 2, 3, \cdots, n \\ S^- \geq 0, S^+ \geq 0 \end{cases}$$

其中，X_0 和 Y_0 分别为 DMU_0 的投入和产出向量；λ_j 表示新构造的决策单元在组合中的权数（魏权龄，2004）；ε 表示非阿基米德无穷小量；S^-、S^+ 分别表示投入松弛变量和产出松弛变量；θ 表示 DMU_0 的有效值，即技术效率。

（二）熵权 TOPSIS 法

熵权法的基本思想是通过量化、综合各个指标的信息，考察相关指标的变异程度，从而确定指标的信息熵，利用信息熵计算出各指标客观权重。TOPSIS 法最早由 Wang 和 Yoon 于 1981 年提出，通过理想解逼近技术，测算出各评价对象与理想解的贴近程度，并以此来对各对象进行综合评价。该方法具有计算简洁、结果合理等优点，适用于多目标决策（何伟、杨春红，2010）。熵权 TOPSIS 法先利用熵权法进行客观赋权，再运用 TOPSIS 法的理想解逼近技术进行多目标评价。其融合了熵权法和 TOPSIS 法的优点，实质上是对 TOPSIS 法的改进，因此被广泛运用于效益及水平评价领域，适用于本章。该方法主要计算过程如下。

第一，原始指标数据矩阵构建。设有 m 个指标对 n 个农业供给主体进行评价，则构建原始指标数据矩阵如下：

$$(X_{ij})_{n \times m} = \begin{bmatrix} X_{11} & X_{12} & \cdots & X_{1m} \\ X_{21} & X_{22} & \cdots & X_{2m} \\ \vdots & \vdots & & \vdots \\ X_{n1} & X_{n2} & \cdots & X_{nm} \end{bmatrix} \tag{6-1}$$

第二，数据标准化。通过极值法对指标进行标准化处理，计算方式如下：

$$正向指标: Z_{ij} = \frac{X_{ij} - \min(X_i)}{\max(X_i) - \min(X_i)} \tag{6-2}$$

$$负向指标: Z_{ij} = \frac{\max(X_i) - X_{ij}}{\max(X_i) - \min(X_i)} \tag{6-3}$$

极值法标准化后的数据会产生 0 值，为方便熵值计算，将 Z_{ij} 进行坐标平移，其计算公式为：

$$Y_{ij} = Z_{ij} + Q \tag{6-4}$$

其中，Y_{ij} 为坐标平移后的数值，Q 表示平移幅度，$Q > \min(Z_{ij})$。Q 的值与 $\min(Z_{ij})$ 越接近，则评价结果越显著，故本章取 $Q = 0.0001$。

第三，计算指标权重。采用熵权法计算各项指标权重，计算方式如下。

i 城市的第 j 项指标比重测算：

$$P_{ij} = \frac{Y_{ij}}{\sum_{i=1}^{n} Y_{ij}} \tag{6-5}$$

第 j 项指标的熵值计算：

$$E_j = -T \sum_{i=1}^{n} P_{ij} \ln P_{ij}, T = 1/\ln(n), 0 \leqslant E_j \leqslant 1 \tag{6-6}$$

第 j 项指标的权重测算：

$$W_j = \frac{1 - E_j}{\sum_{j=1}^{m}(1 - E_j)}, 0 \leqslant W_j \leqslant 1 \tag{6-7}$$

第四，计算加权标准矩阵。

$$(U_{ij})_{n \times m} = \begin{bmatrix} U_{11} & U_{12} & \cdots & U_{1m} \\ U_{21} & U_{22} & \cdots & U_{2m} \\ \vdots & \vdots & & \vdots \\ U_{n1} & U_{n2} & \cdots & U_{nm} \end{bmatrix}, 其中(U_{ij})_{n \times m} = W_j \times Y_{ij} \qquad (6-8)$$

第五，确定最优解R_j^+及最劣解R_j^-。

$$R_j^+ = \max(U_{1j}, U_{2j}, U_{3j}, \cdots, U_{nj}), R_j^- = \min(U_{1j}, U_{2j}, U_{3j}, \cdots, U_{nj}) \qquad (6-9)$$

第六，计算各评价对象到最优解的距离D^+和到最劣解的距离D^-。

$$D^+ = \sqrt{\sum_{j=1}^{m} (R_j^+ - U_{ij})^2}, D^- = \sqrt{\sum_{j=1}^{m} (R_j^- - U_{ij})^2} \qquad (6-10)$$

第七，计算综合得分。

$$C_i = \frac{D^-}{D^+ + D^-}, 0 \leq C_i \leq 1 \qquad (6-11)$$

（三）Tobit 模型

本章通过回归分析探索农业供给质量的影响因素及程度，有利于更有针对性地提出四川省农业供给质量提升的对策。由于农业供给质量得分介于 0 和 1 之间，属于受限因变量，而普通最小二乘法的假设要求因变量为正态分布，因此使用最小二乘法进行回归分析会导致估计结果有偏。结合已有研究，Tobit 模型适用于归并数据的回归。因此，本章选择 Tobit 模型作为本章的回归模型，其具体模型如下：

$$Y = B_0 + B_1 Share + \sum B_n Control + u \qquad (6-12)$$

其中，Y 为农业供给质量得分；B_0 为常数项；B_1 为核心解释变量系数；$Share$ 为农业要素共享情况；B_n 为各控制变量的系数；$Control$ 为控制变量；u 为随机扰动项。

三 指标选取与数据说明

（一）指标选取

1. 农业供给效率投入产出指标选取

根据传统 DEA 理论，测算农业供给效率的基本要素包括投入指标和产出指标，投入指标通常选用土地、资金和劳动力这三个最基本、最传统的生产要素，产出指标则通常选用第一产业总产值等经济效益指标（崔海洋等，2021）。农业作为与生态、经济、社会密切联系的产业，其供给具有多功能性，不仅为国民经济提供原料和动力基础，还能保护人类生存环境、增加农村居民就业机会（傅新红，2016）。因此，农业供给不仅具有基本的经济效益，还有重要的生态和社会效益。我国居民生活水平的提升为人们带来了更高的农业供给需求，除了要满足人们的经济需求外，还要满足人们的生态和社会需求。基于以上分析，本章的产出指标不仅包含传统的经济绩效指标，还包含生态绩效和社会绩效指标，以期更加全面地测度农业供给绩效。具体指标选取如下。

产出指标：为测度农业供给的经济、社会、生态绩效，本章分别选取农业总产值、带动农业从业人数、土壤改良面积作为产出指标进行测算。

投入指标：投入指标的选取原则是投入指标对 DMU 有直接的影响，即对农业供给的经济、社会和生态绩效产生直接影响。土地、资金、劳动力是最基本的投入要素，本章选取土地投入量、资金投入量和劳动力投入量作为投入指标，其中资金投入包括种子、农药、化肥、农机使用等费用。

2. 农业供给质量评价指标选取

根据第五章梳理的农业供给质量的相关内涵特征可知，农业供给质量是一个复杂的理论构念，不能单纯地把农业供给质量理解为农业供给品的质量（姜长云，2017）。其广义内涵应涉及农业供给前端的农业要素质量，供给中端的农业供给效率质量、供给结构质量和供给绿色质量，以及供给后端的农业供给效益质量。基于这一概念，第五章运用 2003～2019 年中国宏观农业统计数据对中国农业供给质量进行了宏观全面的分析，从整体上较好地把握当前中国农业供给质量的发展趋势。但单纯的宏观层面分析不能体现微观主体的农业供给质量，难以发现微观主体在农业供给中存在的问题，特别是当前共享经济在农业领域不断发展，各微观农业主体的农业供给质量如何、存在哪些问题、未来发展方向是什么等一系列问题亟待回答。为此，本部分基于调研获取的微观农业供给数据，遵循科学合理性、系统全面性和数据可获得性原则，从微观视角构建农业供给质量评价指标体系，对微观农业供给主体的农业供给质量进行测度分析，以期从微观视角对共享经济下农业供给质量的现状进行整体把握，为分析共享经济下四川省农业供给质量的影响因素奠定基础。具体评价维度和指标选取情况如下。

广义的农业供给质量内涵包含农业供给要素质量、效率质量、结构质量、绿色质量和效益质量，但农业供给结构是一个较为宏观的概念，在微观主体农业供给质量的研究中难以衡量，故本部分仅从农业供给要素质量、效率质量、绿色质量和效益质量四个方面构建评价指标体系，涵盖农业供给主体质量、供给效率质量、供给效益质量和供给绿色质量四个维度（见表 6 – 1）。

供给主体质量：农业供给主体是农业供给的基本要素之一，农业科技创新与进步的关键在于农业人才的培养与利用（张占仓，2017）。共享经济下农业供给主体质量直接关系到参与农业共享的能力和程度，其他农业要素的共享取决于农业供给主体素质。结合调研数据，本部分以农业供给主体质量作为农业供给要素层面的主要分析内容，并选取户主、农场主与合作社社长的受教育水平、拥有农业证书数量、年龄、从事农业经营年限、接受技术培训次数等具体指标衡量农业供给主体的质量情况。

供给效率质量：农业供给效率是农业供给能力的重要体现，农业供给效率质量是农业供给质量的重要表征之一，通常可用土地、劳动力、机械等各类农业要素的边际收益来衡量（张社梅、李冬梅，2017）。结合调研数据和本部分研究测算的农业供给效率情况，选取农业供给效率、土地产出效率、劳动生产效率三个具体指标衡量农业供给效率质量。

供给效益质量：提升农业供给质量的核心是增加供给效益，效益是农业供给可持续发展的动力来源（陈文胜，2019）。农业作为基础性产业，具有多功能性，其供给不仅能产生经济效益，还能产生一定的社会和生态效益。因此，本部分基于微观数据收集情况，从经济、社会和生态角度选取农业总产值、带动就业人数、带动产业规模、土壤改良面积、测土施肥规模等具体指标综合反映农业供给效益质量。

供给绿色质量：绿色是新时代人民对农业供给提出的新要求，是实现农业高质量与可持续发展的路径选择。结合微观调研数据，本部分主要选取化肥减少比例、有机肥施用比例、生物农药使用比例等具体指标衡量农业供给绿色质量。

表 6 - 1　共享经济下农业供给质量评价指标体系

目标层	维度层	指标层	指标说明	指标权重
农业供给质量	供给主体质量 （0.2886）	受教育水平	经营主体的受教育年限	0.0640
		拥有农业证书数量	拥有职业农民等相关农业证书的数量	0.0572
		年龄	年龄	0.0418
		从事农业经营年限	从事农业的年限	0.0612
		接受技术培训次数	接受过多少次农业技术培训	0.0644
	供给效率质量 （0.2093）	农业供给效率	由 DEA 测算获得	0.0425
		土地产出效率	农业产值/土地经营面积	0.0731
		劳动生产效率	农业产值/劳动力数量	0.0938
	供给效益质量 （0.3710）	农业总产值	农业总产值	0.0924
		带动就业人数	带动多少周边农户就业	0.0624
		带动产业规模	带动相关产业规模有多少	0.0757
		土壤改良面积	进行土壤改良的面积有多大	0.0712
		测土施肥规模	测土施肥规模有多大	0.0694
	供给绿色质量 （0.1311）	化肥减少比例	相比前一年化肥减少的比例	0.0420
		有机肥施用比例	有机肥施用占比	0.0443
		生物农药使用比例	生物农药使用比例	0.0447

3. 共享经济赋能农业供给体系质量提升的影响因素指标选取

被解释变量：农业供给质量是指本章根据实地调研的微观数据，利用熵权 TOPSIS 法测算出的四川省农业供给质量。此外，不同农业供给主体间农业共享程度与农业供给质量存在较大差异，因此，本章区分了小农户、家庭农场和合作社等主体进行分析。

核心解释变量：技术共享以农业经营者与他人的技术交流情况衡量，该变量数据通过直接询问"您是否与他人进行农业技术交流"获取（0 ＝ 否；1 ＝ 是）；土地共享由各农业供给主体通过租赁、承包、借用等方式获取的农业土地数量衡量；劳动力共享由雇用、互助等方式获取的农业劳动力数量衡量；资金共享由免费借用、众筹、贷款等方式取得的农业资金数量衡量。

控制变量：农业经营主体参与农业共享的行为影响因素是多方面的，为保证模型估计的合理性，必须设置一系列的控制变量。本章控制变量的选择基于相关文献，主要包含个人特征、地区特征和政策特征三类。计划行为理论认为，个体的个性特征能通过影响行为意向最终对实际行为产生影响。个人特征变量包括户主或合作社社长的性别、年龄、受教育程度、是不是党员、是不是村干部、农业经营年限、非农就业经历、接受农技培训次数等（杨志海，2018；石志恒、崔民，2020；龚继红等，2019）。与县城的距离不同，农业经营主体距离要素和产品市场的远近也不同，信息与交通通达度也存在差异，这对农业供给质量的提升具有一定的影响，因而本章在模型中加入了地区特征变量，以农业经营主体所在地与最近县城的距离衡量。此外，不同地区、不同主体获得的相关农业补贴有所区别，对农业经营主体的共享行为会产生一定的影响，本章将政策特征纳入模型，以农业经营主体获得的农业补贴金额衡量。

以上各变量的说明和描述性统计如表 6 - 2 所示。绝大多数变量在不同区域、不同主体间存在显著差异。由微观主体数据测算出的四川省农业供给质量平均值为 0.236，表明四川省农业供给质量水平总体不高。进行农业技术交流的均值为 0.574，表明当前四川省超过一半的农业供给主体已有农业技术共享行为。调研数据显示，在 1001 个农业供给主体中，有 575 个农业供给主体表示其有参加农业技术交流、培训等活动的经历，而另外 426 个农业供给主体则表示从未参与过农业技术交流、培训等活动。土地共享、劳动力共享和资金共享的均值较大，为减小异方差，对其进行了取对数处理。绝大多数农业供给主体具有参与土地共享的行为，特别是新型农业经营主体对土地共享的依赖较大，而小农户参与土地共享的程度则较低。调研数据显示，小农户、家庭农场、合作社的土地共享最大规模分别为 50 亩、1700 亩、4000 亩。从劳动力和资金共享来看，小农户和家庭农场的农业供给对劳动力与资金共享的依赖较小，合作社的农业供给对劳动力与资金共享的依赖较大。调研数据显示，小农户、家庭农场和合作社的全年劳动力需求均值分别约为 823 人、2389 人、3762 人（按劳动天数折算），农业资金需求均值分别约为 9668 元、45205 元、412756 元，可以看出小农户和家庭农场的劳动力和资金需求相对较低，其参与劳动力和资金共享的程度也较低，而合作社对劳动力与资金的需求大，其对劳动力和资金共享的依赖程度也较高。总的来看，农业技术、土地、劳动力和资金共享在不同农业供给主体间已有不同程度的发展，对农业供给质量提升可能存在一定的影响。

表 6 - 2　变量的描述性统计

变量类型	变量名称	变量说明	平均值	标准差
被解释变量	供给质量	由熵权 TOPSIS 法测算得出	0.236	0.036
解释变量	土地共享	共享土地的数量，取对数	4.738	1.589
	劳动力共享	共享劳动力的数量，取对数	7.311	1.023
	资金共享	共享资金的数量，取对数	11.619	1.643
	技术共享	您是否与他人进行农业技术交流（0 = 否；1 = 是）	0.574	0.495
控制变量	性别	性别（0 = 女；1 = 男）	0.850	0.357
	年龄	年龄	48.408	10.241
	受教育程度	1 = 小学及以下；2 = 初中；3 = 高中或职业中学；4 = 专科；5 = 本科及以上	2.429	1.027
	党员	是不是党员（0 = 否；1 = 是）	0.282	0.450
	村干部	是不是村干部（0 = 否；1 = 是）	0.179	0.383
	农业经营年限	经营农业的年限	16.348	12.542
	非农就业经历	是否有非农就业经历（0 = 否；1 = 是）	0.605	0.489
	农技培训	接受农技培训的次数	1.953	3.250
	与县城距离	与最近县城的距离	20.025	13.858
	农业补贴	2019 年获得农业补贴金额	7.822	48.351

（二）数据说明

本章所用数据主要来源于 2020 年 7 ~ 9 月课题组对成都、达州、德阳、广安、泸州、眉山、绵阳、南充、内江、遂宁、资阳 11 个地级市的实地调研。经整理，本次调研共发放问卷 1213 份，其中有效问卷 1166 份，问卷有效回收率达 96.13%。最终，根据研究需求，剔除了 165 份生猪养殖户数据，保留了 1001 份种植业相关主体的农业发展数据用于本部分研究，即本章研究的实际样本量为 1001 份。样本具体抽样方式和过程详见第一章。

四　研究结果与分析

（一）共享经济下农业供给体系供给效率测度结果

将调研所得的四川省农业供给投入产出原始数据导入 DEA 运算的 DEAP 2.1 软件中，以 BCC 评价模型评价在规模收益可变情况下四川省农业供给效率，结果如表 6-3 所示。从样本整体情况来看，四川省农业供给的综合效率与纯技术效率均值都不高，其均值分别为 0.628、0.650，但规模效率均值较高，为 0.963，这说明技术效率是造成四川省农业供给效率低下的主要原因。四川省位于我国西南腹地，是我国的传统农业发展区，在产业结构调整方面反应较慢，且由于耕作条件和种植习惯，农业科技在生产过程中没有得到充分应用，导致农业供给效率低下。从各经营主体的农业供给效率情况来看，各主体间的各项供给效率水平差距不大，供给综合效率和纯技术效率均值也普遍不高，规模效率均值较高。其中，小农户农业供给的综合效率、纯技术效率和规模效率均值分别为 0.657、0.695、0.942；家庭农场农业供给的综合效率、纯技术效率和规模效率均值分别为 0.625、0.644、0.968；合作社农业供给的综合效率、纯技术效率和规模效率均值分别为 0.630、0.655、0.955。这再次表明，不管是新型农业经营主体还是小农户，其农业技术运用推广都还不够，农业供给技术效率较低，拉低了整体农业供给综合效率。因此，未来四川省应更加注重农业科技的推广，推动农业产学研相结合，提高农业经营的技术含量，从提高农业供给的技术效率入手，提升四川省的整体农业供给效率。

表 6-3　2019 年四川省农业供给效率情况

主体	综合效率			纯技术效率			规模效率		
	均值	最小值	最大值	均值	最小值	最大值	均值	最小值	最大值
小农户	0.657	0.043	1	0.695	0.073	1	0.942	0.549	1
家庭农场	0.625	0.029	1	0.644	0.038	1	0.968	0.208	1
合作社	0.630	0.025	1	0.655	0.033	1	0.955	0.185	1
全体样本	0.628	0.025	1	0.650	0.033	1	0.963	0.185	1

农业供给效率测算结果表明，第一，四川省整体农业供给的综合效率与纯技术效率均值都不高，但规模效率均值较高；第二，不同农业供给主体间的各项供给效率没有显著差异，新型农业经营主体的农业供给优势没有得到充分发挥；第三，四川省农业供给的规模效率较高，纯技术效率低下是导致四川省农业供给效率低下的症结所在。根据上述结果可知，由于四川省属于我国西部传统农业区，农业发展的自然与社会条件都相对落后，农业经营主体整体素质不高，农业技术在农业生产供给过程中未得到充分的推广运用，导致整体农业供给的纯技术效率低下。同时，四川省是我国西部人口迁出大省，农村人才和劳动力不再参与农业经营，留下来的农业劳动力整体知识技能水平较低，虽然能经营更大规模的土地，取得一定的规模效益，但由于知识技术的缺乏，其农业供给的技术效率较低，严重影响了四川省农业供给效率的提升。此外，部分家庭农场与合作社的农业发展方式依然比较传统，参与共享经济的能力和水平都不高，未能充分调动其农业资源要素的潜能，未充分发挥其在农业供给上的优势。因此，加大对农业供给主体的知识技能培训、整体提升农业供给的效率水平是当前四川省农业供给质量提升的关键。

（二）共享经济下四川省农业供给质量测度结果

为对四川省农业供给质量进行较为客观的评价，本章利用熵权法为各指标赋权，结果如表 6-1 所示。从维度层权重来看，供给主体质量和供给效益质量权重较高，分别为 0.2886、0.3710，是四川省农业供给质量的主要影响因素；供给效率质量和供给绿色质量权重较低，分别为 0.2093、0.1311，是四川省农业供给质量提升中的短板因素。从具体指标权重来看，劳动生产效率、农业总产值、土地产出效率、带动产业规模和土壤改良面积的指标权重较高，都大于 0.07，其中劳动生产效率和农业总产值权重最高，分别为 0.0938 和 0.0924，表明四川省农业供给质量提升仍较依赖劳动力的投入和经济效益的提高，发展方式仍相对传统。转变农业供给方式，提高农业供给效率质量和绿色质量仍将是未来四川省提升农业供给质量的重要发展方向。

从四川省农业供给质量的整体情况来看，四川省整体农业供给质量得分不高，不同农业供给主体间农业供给质量存在明显差异（见表6－4）。整体样本农业供给质量得分均值为0.2361，最高得分为0.3934。总的来说，整体农业供给质量得分不高。从各供给主体得分情况来看，合作社农业供给质量得分最高，得分均值为0.2471；家庭农场次之，得分均值为0.2324；小农户农业供给质量得分最低，得分均值仅为0.2263。合作社和家庭农场是四川省主要的新型农业经营主体，政府支持力度较大，其经营者的素质一般较高，经营规模较大，经营技术与经验较先进，农业供给成本较低，供给收益较高，因此其供给质量较高。而小农户作为四川省传统的农业供给主体，具有先天的脆弱性、落后性，农业经营管理技术落后，供给成本较高、效益较低，因而其供给质量相对低下。因此，继续加大对四川省新型农业经营主体的培育和扶持，是进一步提升四川省农业供给质量的重要路径。

表6－4　2019年四川省农业供给质量整体情况

主体	均值	最大值	最小值	标准差
小农户	0.2263	0.3623	0.1669	0.0302
家庭农场	0.2324	0.3661	0.1399	0.0332
合作社	0.2471	0.3934	0.1488	0.0410
全体样本	0.2361	0.3934	0.1399	0.0362

从不同地区农业供给质量来看，四川省农业供给质量区域差异较为明显，区域农业发展不均衡（见表6－5）。成都、眉山、德阳和绵阳等成都平原经济区的农业供给质量较高，其质量得分均值都大于整体样本得分均值0.2361，高于全省平均水平；泸州、内江等川南经济区次之；川东北经济区农业供给质量得分较低。这主要是由于成都平原经济区地势平坦，经济发达，农业发展的自然和社会经济条件较好，农业供给水平较高。而川东北经济区多山地丘陵，经济落后，农业发展的自然和社会经济条件较差，农业供给质量较低。因此，四川省应在重点提升成都平原经济区农业质量的同时，兼顾川东北等农业供给质量较差地区，强弱项、补短板，推进四川省农业供给质量的整体提升。

表 6 – 5　2019 年不同地区农业供给质量情况

地区	均值	最大值	最小值	标准差
成都	0.2561	0.3791	0.1622	0.0374
德阳	0.2418	0.3196	0.1399	0.0327
眉山	0.2443	0.3071	0.1756	0.0296
绵阳	0.2391	0.3661	0.1558	0.0388
遂宁	0.2231	0.3615	0.1619	0.0347
资阳	0.2368	0.2932	0.1958	0.0259
达州	0.2346	0.3118	0.1488	0.0311
广安	0.2266	0.3934	0.1493	0.0349
南充	0.2317	0.3537	0.1738	0.0310
泸州	0.2546	0.3267	0.1951	0.0327
内江	0.2265	0.2808	0.1517	0.0324

　　从微观主体视角对四川省农业供给质量的测算结果表明，第一，供给主体质量和供给效益质量是四川省农业供给质量的主要影响因素，供给效率质量和供给绿色质量是四川省农业供给质量提升中的短板因素；第二，四川省整体农业供给质量得分不高，不同农业供给主体间农业供给质量存在明显差异；第三，四川省农业供给质量区域差异较为明显，区域农业发展不均衡。根据上述结果可知，四川省农业供给方式依然较为传统，农业供给质量的提升对农业要素投入和供给效益增长较为依赖，农业供给的效率和效益质量滞后，制约了四川省农业供给质量的进一步提升。总体来说，家庭农场、合作社等新型农业经营主体的农业供给能力较强，农业供给质量较高；小农户由于自身缺陷，进行农业供给的能力较差，农业供给质量较低。此外，农业供给会受到地区因素影响，不同地区进行农业供给的禀赋不同，农业供给质量水平也各异。因此，四川省必须加快转变农业发展方式，提升农业供给效率和生态治理水平，加大对新型农业经营主体的培育力度，根据不同地区资源禀赋制定农业政策。

（三）农业要素共享对农业供给质量提升的影响

1. 基础回归结果

运用 Stata 15.1 软件对四川省农业供给质量提升的影响因素进行 Tobit

回归分析，结果如表 6-6 所示。其中，第（1）列、第（3）列、第（5）列、第（7）列分别为土地共享、劳动力共享、资金共享和技术共享对农业供给质量提升的影响结果，第（2）列、第（4）列、第（6）列、第（8）列为加入控制变量后的估计结果。整体来看，技术、土地、劳动力和资金等要素共享对农业供给质量的提升均具有显著影响，其具体影响效应如下。

土地共享对农业供给质量提升具有显著的正向影响。从第（1）列和第（2）列的回归结果来看，土地共享对农业供给质量提升的影响在1%的水平下显著为正，表明土地要素共享对农业供给体系质量提升具有显著的促进作用，假设1得到验证。可能的原因是土地要素共享有助于合理配置土地资源，提高土地利用效率和农产品产出效率，从而助力农业供给体系的供给质量提升。

劳动力共享对农业供给质量提升具有显著的正向影响。第（3）列和第（4）列的回归结果显示，劳动力共享与农业供给质量在1%的水平下呈现显著的正相关关系，说明劳动力共享对农业供给质量提升具有显著的促进作用，假设2得到验证。可能的原因是劳动力共享有助于破解农业劳动力分布的时空不均衡问题，提高农业劳动力的配置效率，不仅可以帮助农户就业增收，还能为农业生产提供更多优质劳动力，从而促进农业供给体系供给质量的提升。

资金共享对农业供给质量提升具有显著的正向影响。从第（5）列和第（6）列的回归结果可以看出，资金共享对农业供给质量提升的影响在1%的水平下显著为正，表明资金共享可以显著促进农业供给质量的提升，假设3得到验证。可能的原因是农业生产需要大量前期资金投入，资金共享可以有效缓解农业经营主体的资金困难，帮助其更好地进行农业生产，进而有助于促进农业供给体系供给质量的提升。

技术共享对农业供给质量提升具有显著的正向影响。第（7）列和第（8）列的回归结果显示，技术共享对农业供给质量提升的影响在1%的水平下显著为正，说明技术共享对农业供给质量提升具有显著的促进作用，假设4得到验证。先进的农业技术投入是实现农业快速发展的关键。农业技术共享有利于农业技术在不同地区、不同农业经营主体间的推广和运用，促进农业生产提质增效，从而实现农业供给体系供给质量的提升。

表6-6 农业要素共享对农业供给质量提升的影响

变量	(1)	(2)	(3)	(4)	(5)	(6)	(7)	(8)
土地共享	0.009*** (11.590)	0.009*** (12.313)						
劳动力共享			0.011*** (8.469)	0.010*** (8.830)				
资金共享					0.007*** (9.097)	0.006*** (8.732)		
技术共享							0.039*** (20.265)	0.032*** (18.075)
性别		-0.008*** (-3.059)		-0.007*** (-2.803)		-0.008*** (-2.872)		-0.005** (-2.031)
年龄		0.001*** (5.550)		0.001*** (5.801)		0.001*** (5.743)		0.000*** (4.393)
受教育程度		0.013*** (11.402)		0.014*** (11.844)		0.014*** (12.278)		0.011*** (10.328)
是否是党员		0.003 (1.344)		0.003 (0.996)		0.002 (0.698)		-0.001 (-0.280)
是不是村干部		-0.000 (-0.155)		-0.000 (-0.010)		-0.000 (-0.018)		-0.003 (-0.941)
农业经营年限		0.001*** (9.440)		0.001*** (8.708)		0.001*** (8.088)		0.001*** (6.919)

续表

变量	(1)	(2)	(3)	(4)	(5)	(6)	(7)	(8)
非农就业经历		-0.004* (-1.895)		-0.003 (-1.320)		-0.003 (-1.353)		-0.001 (-0.754)
与县城距离		-0.000 (-1.608)		-0.000*** (-3.218)		-0.000* (-1.836)		-0.000*** (-3.911)
农业补贴		0.000** (2.551)		0.000* (1.806)		0.000* (1.840)		0.000 (1.585)
农技培训		0.001** (2.556)		0.001*** (3.537)		0.001*** (3.762)		0.001** (2.549)
常数项	0.195*** (55.069)	0.128*** (17.855)	0.157*** (16.931)	0.091*** (8.701)	0.159*** (18.999)	0.095*** (8.981)	0.214*** (164.248)	0.166*** (25.679)
样本量	1001	1001	1001	1001	1001	1001	1001	1001
LR	1977.24	2110.15	1950.21	2080.22	1948.15	2071.27	2064.09	2151.88
F	134.32***	46.90***	71.73***	40.12***	82.75***	36.08***	410.68***	59.78***

注：*、**、*** 分别表示在10%、5%、1% 的水平下显著，括号内为稳健标准误。

2. 异质性分析

尽管前文验证了要素共享对农业供给质量提升的积极促进作用，但这是将不同农业经营主体作为一个整体纳入模型中进行研究的，并没有区分小农户、家庭农场、合作社等主体间的差异。然而，本章研究对象既包含从事小规模经营的小农户，也涉及进行较大规模生产的家庭农场和合作社，农业经营主体间的特征差异明显，可能会影响要素共享对农业供给质量提升的促进作用。因此，为更加深入地探究要素共享对农业供给质量提升的影响，本章进一步根据主体特征将样本细分为小农户、家庭农场和合作社，对比分析在不同农业经营主体中要素共享对农业供给质量提升的异质性影响。

由表6－7可知，土地共享、劳动力共享、资金共享和技术共享对农业供给质量的影响均呈现显著的异质性特征。具体而言，土地共享对农业供给质量的提升具有显著的正向影响，但该影响在不同农业经营主体间存在明显差异。土地共享对小农户、家庭农场、合作社农业供给质量提升的影响系数分别为0.006、0.010、0.007，至少在5%的水平下显著。可以看出，土地共享对小农户农业供给质量提升的影响程度和显著性水平略低于家庭农场和合作社，表明土地共享对农业供给质量提升的影响具有主体差异。可能的原因是小农户的农业经营能力相对较弱，其通过土地共享来扩大农业经营规模的需求较小，而家庭农场和合作社的经营规模较大，对土地共享的依赖程度较高。劳动力共享对合作社农业供给质量提升的影响在1%的水平下显著为正，对小农户和家庭农场农业供给质量提升的影响不显著。主要原因是小农户和家庭农场更多的是依靠家庭劳动力进行农业生产，对劳动力共享的需求较低，而合作社经营规模较大，需要进行大量的劳动力共享来进行农业生产。资金共享对小农户和合作社农业供给质量提升的影响均在1%的水平下显著为正，对家庭农场的影响不显著。可能的原因是小农户的获利能力较弱，而农业的投资回收周期较长，在农资购买等方面往往需要进行短期的资金共享。农业合作社的经营规模较大，资金需求量大，资金共享需求较大。家庭农场的经营规模适中，往往在家庭所能承受的范围内，家庭的资金基本就能满足农业生产需求，对资金共享的依赖较低。技术共享对农业供给质量的提升具有显著的正向影响，但该影响存在明显的主体差异。相对于小农户

表 6 - 7　异质性分析结果

变量	(1) 小农户	(2) 家庭农场	(3) 合作社	(4) 小农户	(5) 家庭农场	(6) 合作社	(7) 小农户	(8) 家庭农场	(9) 合作社	(10) 小农户	(11) 家庭农场	(12) 合作社
土地共享	0.006** (2.466)	0.010*** (4.550)	0.007*** (4.320)									
劳动力共享				-0.000 (-0.015)	0.003 (1.107)	0.007*** (4.059)						
资金共享							0.004*** (3.625)	0.002 (1.028)	0.004*** (3.208)			
技术共享										0.023*** (5.197)	0.022*** (6.185)	0.029*** (10.446)
性别	0.002 (0.468)	-0.009 (-1.126)	-0.005 (-1.136)	0.003 (0.704)	-0.010 (-1.318)	-0.006 (-1.383)	-0.001 (-0.250)	-0.010 (-1.254)	-0.007 (-1.506)	0.001 (0.236)	-0.012 (-1.480)	-0.002 (-0.613)
年龄	0.000** (2.004)	0.001*** (4.053)	0.000* (1.668)	0.000** (2.125)	0.001*** (3.949)	0.000 (1.568)	0.000** (2.332)	0.001*** (3.929)	0.000* (1.777)	0.000* (1.773)	0.001** (2.567)	0.000 (1.639)
受教育程度	0.013*** (4.935)	0.009*** (3.403)	0.013*** (6.419)	0.014*** (5.337)	0.010*** (3.451)	0.012*** (5.835)	0.012*** (5.074)	0.010*** (3.351)	0.013*** (6.516)	0.011*** (4.836)	0.008*** (3.142)	0.010*** (5.670)
是不是党员	0.003 (0.479)	-0.006 (-1.325)	0.003 (0.771)	0.002 (0.268)	-0.005 (-0.953)	0.002 (0.463)	0.003 (0.485)	-0.005 (-1.062)	0.001 (0.270)	-0.000 (-0.016)	-0.008 (-1.634)	0.000 (0.042)
是不是村干部	0.002 (0.240)	0.024*** (4.851)	-0.005 (-0.849)	0.003 (0.397)	0.022*** (4.372)	-0.003 (-0.561)	0.001 (0.108)	0.023*** (4.446)	-0.004 (-0.655)	0.004 (0.672)	0.019*** (3.656)	-0.007 (-1.359)
农业经营年限	0.001*** (5.119)	0.001*** (4.685)	0.001*** (4.052)	0.001*** (5.001)	0.001*** (4.423)	0.001*** (4.256)	0.001*** (5.928)	0.001*** (4.092)	0.001*** (3.935)	0.001*** (5.274)	0.001*** (4.851)	0.000*** (2.880)

续表

变量	(1)小农户	(2)家庭农场	(3)合作社	(4)小农户	(5)家庭农场	(6)合作社	(7)小农户	(8)家庭农场	(9)合作社	(10)小农户	(11)家庭农场	(12)合作社
非农就业经历	0.007* (1.790)	-0.008* (-1.970)	-0.010*** (-2.939)	0.007 (1.607)	-0.007 (-1.591)	-0.008** (-2.479)	0.007* (1.772)	-0.007* (-1.744)	-0.008** (-2.414)	0.007* (1.874)	-0.006 (-1.567)	-0.007*** (-2.419)
与县城距离	0.000 (0.237)	-0.000 (-1.057)	-0.000 (-0.178)	0.000 (0.422)	-0.000** (-2.029)	-0.000 (-1.352)	-0.000 (-0.014)	-0.000* (-1.703)	-0.000 (-0.692)	0.000 (0.436)	-0.000** (-2.583)	-0.000** (-2.365)
农业补贴	-0.000 (-0.970)	0.000 (1.273)	0.000*** (4.076)	-0.000 (-0.994)	0.000** (2.297)	0.000*** (4.680)	-0.000 (-1.049)	0.000** (2.096)	0.000*** (4.466)	-0.000 (-1.515)	0.000* (1.885)	0.000*** (3.724)
农技培训	0.001 (1.595)	0.002*** (8.009)	0.001 (1.647)	0.001* (1.691)	0.002*** (10.449)	0.001** (2.485)	0.002** (2.336)	0.002*** (9.584)	0.001* (1.833)	-0.000 (-0.366)	0.002*** (5.798)	0.001* (1.872)
常数项	0.134*** (9.593)	0.097*** (4.440)	0.149*** (9.772)	0.145*** (6.218)	0.129*** (5.679)	0.140*** (8.316)	0.105*** (6.332)	0.127*** (4.318)	0.137*** (7.039)	0.151*** (12.836)	0.166*** (10.736)	0.181*** (15.047)
样本量	149	177	360	149	177	360	149	177	360	149	177	360
LR	340.14	409.42	770.47	337.55	400.45	768.70	344.05	400.65	768.80	350.99	414.91	804.71
F	11.97***	15.40***	14.01***	10.58***	18.64***	13.09***	11.29***	17.19***	12.04***	11.77***	17.51***	22.72***

注：*、**、*** 分别表示在10%、5%、1%的水平下显著，括号内为稳健标准误。

和家庭农场，技术共享对合作社农业供给质量提升的影响更为明显。可能的原因是合作社经营规模大、范围广，对现代先进农业技术的需求更大，更需要通过技术共享来提升农业供给质量。

3. 稳健性检验

为检验估计结果的稳健性，本章通过变更估计方法，采用普通最小二乘法对基准模型进行回归分析，结果如表 6-8 所示。第（1）列至第（4）列分别为土地共享、劳动力共享、资金共享和技术共享对农业供给质量提升的影响结果。从中可以看出，各农业要素共享对农业供给质量提升的影响均在 1% 的水平下显著为正，与 Tobit 回归检验结果保持一致，这表明基准回归结果稳健可靠。

表 6-8　OLS 稳健性检验结果

变量	（1）	（2）	（3）	（4）
土地共享	0.009 *** (12.246)			
劳动力共享		0.010 *** (8.781)		
资金共享			0.006 *** (8.684)	
技术共享				0.032 *** (17.975)
性别	-0.008 *** (-3.042)	-0.007 *** (-2.788)	-0.008 *** (-2.856)	-0.005 ** (-2.020)
年龄	0.001 *** (5.519)	0.001 *** (5.769)	0.001 *** (5.712)	0.000 *** (4.369)
受教育程度	0.013 *** (11.339)	0.014 *** (11.779)	0.014 *** (12.211)	0.011 *** (10.271)
是不是党员	0.003 (1.336)	0.003 (0.990)	0.002 (0.694)	-0.001 (-0.279)
是不是村干部	-0.000 (-0.154)	-0.000 (-0.010)	-0.000 (-0.018)	-0.003 (-0.936)
农业经营年限	0.001 *** (9.388)	0.001 *** (8.660)	0.001 *** (8.043)	0.001 *** (6.881)
非农就业经历	-0.004 * (-1.884)	-0.003 (-1.312)	-0.003 (-1.346)	-0.001 (-0.750)

续表

变量	（1）	（2）	（3）	（4）
与县城距离	− 0.000 （− 1.599）	− 0.000 *** （− 3.200）	− 0.000 * （− 1.826）	− 0.000 *** （− 3.890）
农业补贴	0.000 ** （2.536）	0.000 * （1.796）	0.000 * （1.830）	0.000 （1.576）
农技培训	0.001 ** （2.541）	0.001 *** （3.518）	0.001 *** （3.741）	0.001 ** （2.535）
常数项	0.128 *** （17.757）	0.091 *** （8.653）	0.095 *** （8.932）	0.166 *** （25.538）
样本量	1001	1001	1001	1001
F	46.38 ***	39.68 ***	35.69 ***	59.13 ***
R^2	0.3416	0.3010	0.2884	0.3943

注：*、**、*** 分别表示在 10%、5%、1% 的水平下显著，括号内为稳健标准误。

五　本章小结

本章基于微观调研数据，首先，通过测度共享经济下农业供给体系的供给效率初步探讨农业供给体系的供给质量；其次，通过构建综合评价指标体系，从微观农业主体视角测度分析共享经济下农业供给质量；最后，从农业生产要素共享视角实证分析了农业供给质量提升的影响因素。主要研究结论如下。

四川省整体农业供给的综合效率与纯技术效率均值都不高，但规模效率均值较高。不同农业供给主体间的各项供给效率没有显著差异，新型农业经营主体的农业供给优势没有得到充分发挥。四川省农业供给的规模效率较高、纯技术效率低下是导致四川省农业供给效率低下的症结所在。

供给主体质量和供给效益质量是四川省农业供给质量的主要影响因素，供给效率质量和供给绿色质量是四川省农业供给质量提升中的短板因素。四川省整体农业供给质量得分不高，不同农业供给主体间农业供给质量存在明显差异。四川省农业供给质量区域差异较为明显，区域农业发展不均衡。

技术、土地、劳动力和资金等要素共享对农业供给质量的提升均具有显著影响，但该影响在不同农业经营主体间具有显著的异质性。

案例分析篇

　　共享经济与农业产业的深度融合催生了形态各异、模式多样、特色鲜明的共享农业。本篇旨在通过对实践中共享农业发展的典型案例的梳理和剖析，总结实践中共享农业发展的主要做法和成功经验，展示共享经济如何导入农业产业发展、不同发展模式的运行机理，以及进一步揭示共享经济如何影响农业供给体系质量的提升。

第七章　共享经济与现代农业
融合发展的典型模式

　　案例研究是对一些新生社会现象的解释和纵深描述，通过选择一个或者几个场景作为研究对象，进行深入地观察，系统地收集资料和数据，然后通过理论提炼和剖析，回答"如何改变""为什么变成这样""结果如何"等研究问题。共享农业是我国农业信息化和农业现代化交互融合的经济形态，其发展时间短、发展速度快，发展模式与当地产业、要素禀赋相关。由于共享经济在农业领域的发展还处于探索萌芽阶段，共享的理念还尚未深入普及到农业生产中，农业共享的方式还在不断探索。共享经济和农业结合产生了不同的共享形态，如土地、房屋等要素的共享，覆盖全产业链的服务共享，也有通过互联网平台实现的共享。这使得总体样本呈现边界较难确定、内部差异较大等问题，通过大样本定量研究比较困难，而案例研究可以对有限个体样本进行更加有效而深入的分析。基于此，本章通过典型案例的研究方法，以崇州市杨柳土地股份合作社等 6 个典型案例深度剖析实践中要素共享、全产业链共享和平台型共享等不同模式下共享农业的运行机制及其供给体系产生的变化。

一　共享经济与农业的融合发展：共享农业

（一）农业发展中的共享思想

　　共享经济的迅速发展，为农业带来新型发展模式和经济增长点。"共享经济＋农业"打破了农业原有的商业模式，催生了土地共享、劳务共享、农业机械共享等新业态，显著提高了农业资源的利用效率。本节通过梳理农业共享经济的发展历程和阶段特征，了解中国农业共享经济的时代内涵，把据共享经济在农业领域的具体表征形式，为后续的案例研究奠定理论基础。

农业领域的共享行为最早可以追溯到原始社会的集体狩猎劳作、共同分享生活物资。农业共享萌芽于农业生产中的相互帮工、农具借用、经验传授等共享行为。新中国成立初期形成的农业生产互助组、初级农业生产合作社、高级农业生产合作社和人民公社，其共同劳作、共用生产物资、共享劳动成果的特征同共享经济的内涵一致，因此可以看作一种特殊的农业共享经济（韩晶、裴文，2017）。20 世纪初，欧美发达国家开始出现农机租赁业务，通过租赁实现农机共享使用。1978 年之后，我国各地兴起的农机跨区作业也或多或少存在共享经济的身影（黄季焜，2017）。美国从 1980年起便开始利用信息技术搭建农业信息平台。2004 年，我国建立了全国基层农技推广的云平台，将原有的农技体系完全信息化，实现农业技术的互联共通（王文生，2017）。随着互联网技术的应用，共享从线下拓展到线上。按照不同的方式可以将共享分为不同类型：一类是纯粹的线上分享，主要包括线上农业信息共享、知识共享；另一类是线上支持线下的共享，农户将自己的闲置资源（农机、房屋、土地等）放在网上，实现闲置资源的合理利用。学术界关于农业共享经济生产和发展的研究还处于起步阶段。本章参考共享经济的划分依据，结合互联网技术在农业共享中的应用，将中国农业共享经济分为传统的农业共享经济（1998 年以前）、互联网时代的共享经济（1998～2007 年）、数字经济时代的共享经济（2008 年至今）三个阶段。同时将传统的农业共享经济分为农业共享经济的孕育（1949 年以前）、农业共享经济的形成（1949～1978 年）和农业共享经济的发展（1979～1997 年）三个时期，具体见表 7-1。

表 7-1　农业共享经济的阶段特征

	传统的农业共享经济			互联网时代的共享经济（1998～2007 年）	数字经济时代的共享经济（2008 年至今）
	农业共享经济的孕育（1949 年以前）	农业共享经济的形成（1949～1978 年）	农业共享经济的发展（1979～1997 年）		
共享范围	小范围、熟人社会	村社	邻近的省市县	不受限于空间	不受限于空间
共享内容	人力、农具、耕畜、经验	农具、耕畜等农业生产资料	农业机械、农机服务	农业知识、农业信息、农业技术	全要素、全产业链的共享

续表

	传统的农业共享经济			互联网时代的共享经济（1998～2007年）	数字经济时代的共享经济（2008年至今）
	农业共享经济的孕育（1949年以前）	农业共享经济的形成（1949～1978年）	农业共享经济的发展（1979～1997年）		
共享方式	交换、合作	共用	购买服务、租赁	论坛、网站等线上实现共享	共享平台实现线上线下结合
参与主体	农户	村民	农业生产主体、资源要素所有者、服务主体	农业生产主体、政府、资源要素所有者、服务主体	农业生产主体、政府、资源要素所有者、服务主体、消费主体
权属关系	所有权不变	归集体所有	所有权不变	所有权不变	所有权不变、使用权转移
利益关系	免费	免费	有偿服务	信息、知识基本免费	较为完善的商业模式
组织	无	村集体经济组织	出现专门提供服务的组织和机构	政府建立起农技等相关的公共平台和体系	形成虚拟组织

（二）共享农业生成的理论逻辑

共享农业的兴起和发展是数字经济、技术进步等多方协同作用的结果。共享农业的发展基于数据共享驱动，涉及数据资源到数据价值再到数据资产的转换，是一个从低级到高级、从简单到复杂、从无界到有序演进的驱动过程（邓悦，2018）。本章从交易成本理论、协同消费理论、多边平台理论的视角出发，从交易成本驱动、协同消费驱动和平台驱动三方面揭示共享农业生成的理论逻辑（见图7-1）。

1. 交易成本驱动

农业生产交易活动发生的频率很高，涉及人与人之间的交换关系，由此带来交易成本。交易成本是农业生产者作为理性经济人追求效益最大化所必须考虑的因素，尤其在农业生产方面，信息成本和管理成本居高不下，缺乏有效降低成本的途径。从交易成本理论的角度出发，共享经济所倡导的所有权不变而暂时转让使用权的共享行为有助于降低交易成本。共享经济的本质在于通过闲置资源的再利用提高资源使用效率，从而降低生产成本（卢现祥，2016），具体表现为：共享农业能够通过共享平台集聚生产交易所需的相关信息，减少生产者信息搜寻、分析和决策成本。共享农业所倡导的共享理念，使农业生产者的发展理念由购买向租赁转变，通过租赁的方式以更小的代价满足特定的需求，从而减少定价、磋商生产成本。共享农业的发展促进了"生产者—中间商—消费者"的传统商业模式到"生产者—共享平台—消费者"的新型共享模式的转变，催生出订单农业、认养农业、共享农庄、共享农机等新业态，能够实现产需精准对接，创造了新的盈利模式。

2. 协同消费驱动

协作消费也称为协同消费（Collaborative Consumption），是互联网时代一种新的消费理念和消费方式，也是消费方式从所有权消费向使用权消费的转移。共享农业所倡导的资源共享最早来源于协同消费理论中多人共同参与消费、分享产品和服务的理念。捐助、转售、交易、借贷、租赁、赠予和交换等行为都是协同消费的基本内容，建立在人与人的关系上而非市场主体，所有权不发生改变，通过协同消费能获取经济报酬和精神需求。基于协同消费理论，共享农业平台能够将闲置资源进行整合分配，并实现产权分置。共享农业所催生出的共创、共包、共享、共筹等农业发展新模式进一步集中整合了各项资源，实现了优化配置，创造了新的供给，驱动了农业高质量发展。具体表现为：第一，农业生产者通过共享农业平台的搭建，可以方便、快捷、高效地识别并匹配各类所需的农业生产资源，以更低的价格获取更多的资源，既降低了资源获取的难度，又促进了各类要素的流动；第二，共享农业模式的发展，促进了产权结构由资源所有权私有化到资源所有权公有化的转变，这种新的产权结构能够将原来的土地、劳动力、信息等各类农业生产发展所需的资源重新整合，从而实现更大范围内农业资源的有效组合和配置；第三，共享农业所带来的"以租代购"理念，能够进一步促进农村资源的社会化开发和使用，社会资本将在更大范围内流动，农业生产者可以按照需求进行资金筹措使用和生产安排等，从而实现各类资源的高效利用，产生新的价值。

3. 平台驱动

多边平台理论也称为共享经济双边平台理论，主要通过共享平台匹配产品或服务的供需，将传统的所有权经济模式转变为使用权经济模式。从多边平台理论的角度出发，共享农业中供给方（新型农业经营主体、农资供应商、社会化服务组织）、需求方（消费者）、网络平台（平台企业、电商）、其他参与方（第三方支付、评估机构）构成了多边平台结构。该平台是一个不同主体相互连接的"神经网络中枢"，具备信息搜寻、匹配、分析功能，通过使用权暂时转移实现资源要素的流动，释放闲置资源价值创造潜力。共享农业借助多边平台，将供给方闲置资源（闲置农房、土地、果树、农机仓储设施等）的使用权暂时转移给需求方，可实现土地规模化经营；对农村闲置房屋进行改造，发展乡村民宿和康养农业；通过专业合作社组织发展共享果园，实现果树的统一生产管理共享，发展认养农业、体验农业等新业态。这种平台结构的搭建一方面依赖信息技术的创新，云计算、大数据、区块链、互联网技术的发展，为多边共享平台的建设和发展奠定了技术基础；另一方面还得益于信用体系的建设，良好的信用机制使平台的驱动效应更加显著，农业生产者能够高效利用闲置资源，增强其竞争力。具体表现为：第一，将线下的闲置资源汇聚到线上的农业共享平台，闲置资源拥有者能够借助平台将资源的所有权和使用权进行分割，再在平台上将闲置资源的使用权让渡出去以获取额外收益；第二，农业共享平台能对线下闲置资源进行系统的整合，通过大数据运算重新分配，最大限度地利用社会资源；第三，平台既可以将过去难以获取的宏观层面的各类农业生产信息向公众公开，也可以将因个人能力有限等原因而无法利用和开发的闲置资源向公众开放。借助平台的资源开放功能，从事农业的人员既可以是资源的供给方，也可以是资源的需求方，实现真正意义上的各取所需，进而驱动农业发展。

（三）共享农业的运行特征

破除要素流动的藩篱，提高资源要素的配置效率一直是弥补农业现代化发展短板的关键。由于共享经济具有不改变要素所有权、促进要素使用权流动、有效降低交易成本、实现规模经济与范围经济等特点，将共享经济的优势移植到农业产业中，去突破现代农业发展存在的瓶颈，为农业供给体系的改革寻求新动能。有学者从共享农业的内涵解读出发，认为共享农业具有模式多样性、跨界融合性、规模集聚性、高效流转性、

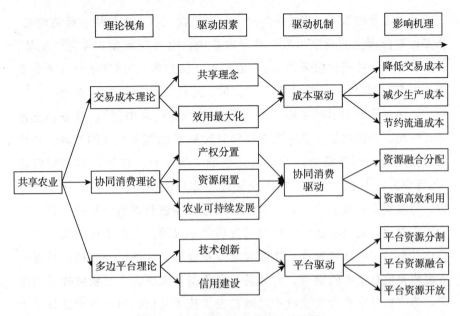

图 7 - 1　共享农业生成的理论逻辑

私人定制性、技术支撑性六大特征（刘华南、熊俊潇，2017）。本章基于共享农业实践先行的探索，重点从平台搭建、产权变革和资源要素的优化组合三方面分析共享农业的运行特征（见图 7 - 2）。

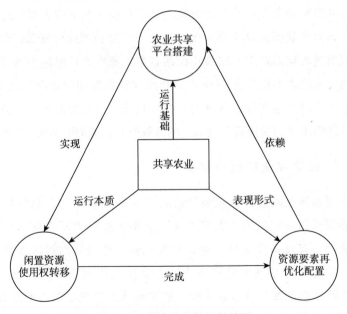

图 7 - 2　共享农业的运行特征

1. 基于技术创新和信任建设搭建的平台是共享农业运行的基础

信息是农业生产最重要的要素之一。在传统的农业生产模式下，农业生产者只能通过合作社以及农业产业协会等组织机构小范围地整合零散的资源，再将产品通过中介组织提供给消费者。这种信息传递是一种线性单向反馈，信息量有限。生产者与市场消费者、供应商之间信息不对称，导致生产与需求不匹配，出现供给结构性过剩。在共享农业模式下，平台组织通过农业大数据、区块链、物联网、互联网等数字经济技术，将农业生产全产业链各个节点的信息聚合到平台，将生产者、消费者、政府、技术专家、行业协会等主体和市场消费者无缝连接。生产者可以零距离接触消费者，了解需求痛点，及时知晓政府的政策支持。消费者可以通过区块链、可追溯体系扫码了解整个农业生产环节，增强对农产品的体验感和信任感。整个信息的传递是网络立体病毒式传递，极大提升了信息的共享效率。利用共享平台的去中介化，促使供需双方直接匹配，减少中间环节。

2. （闲置）资源使用权的暂时转移是共享农业运行的本质

共享经济之所以广受社会欢迎，原因之一就是及时地把闲置的资源通过平台的功能集聚在一起，充分释放闲置资源的价值红利。由于信息闭塞、基础设施不完善等原因，我国农村有大量的闲置资源得不到有效利用，比如，偏远山区撂荒的土地、农村闲置的农房、专用的农机设备（插秧机、旋耕机、收割机）、冷链物流设施（晒场、冷链仓储设施）、社会化服务等。农村闲置资源的存在是共享农业得以发展的基础。共享农业的发展，使农村传统产权观念发生转变。"以租代买"理念的推广，以及对线下闲置物品及劳动力的系统整合，成功使闲置资源的所有权和使用权暂时分离，并将分离的使用权通过线上交易实现陌生人间的暂时转移，实现闲置资源再利用，创造出新的价值。共享农业可以将因社会生产力提高而积累的大量闲置资源通过使用权暂时转移的方式，发挥其效用，释放其潜力，带来农业生产、资源分配及交换领域的新变化，为现有的农业发展模式注入新活力，成为农业高质量发展的新动力。

3. 资源要素的再优化配置是共享农业运行的表现形式

改革开放以来，随着我国农业生产力的快速提高，农民所拥有的资源积累不断增多。这些资源因个人能力、政策限制等原因无法被充分利用，还为资源所有者带来额外的沉没成本。共享农业发展所衍生出的共建、共创、共享、共筹模式对于解决当前农业资源紧缺问题是一种新的探索和试验。比如，四川德阳农村产权交易所在实践中形成的"三书一院"模式为土地要素产权交易提供了有效实现路径，提高了闲置土地、农房等资源优化配置效率。四川润地农业有限公司自建的"吉时雨"数字农业服务平台服务农田面积约 30.1 万亩，水稻种植小农户 1200 余户，规模化水稻家庭农场达到 472 个，各种农业服务企业达到 55 家，提供种子、农药、化肥、田间管理、植保服务，培训农民 2 万余人，年营业额在 3.5 亿元以上。共享农业发展的最大优势就是突破了时间和空间的限制，对闲置资源要素进行整合，再通过完整的配套体系，通过资源要素使用权的多次交易，优化配置资源，从而盘活农村剩余的闲置资源和有限资源，达到资源要素利用效率的最大化。

（四）共享农业的典型模式

1. 要素共享模式

要素共享模式是指主体围绕农业生产经营过程中的资源要素共享而形成的一种模式（见图 7 - 3）。农业生产需要土地、农机、农资等多种要素的投入，而由于土地产权、农机购置成本高、生产季节性和区域差异等因素，土地、农机资源出现闲置。目前，随着智能手机的广泛应用，农机全国流动服务、土地托管等新的农业生产模式逐渐形成，这些都是典型的要素共享模式。

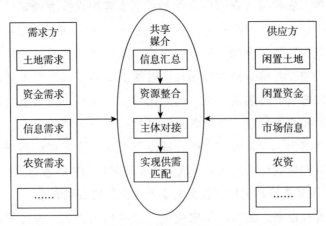

图 7 - 3 要素共享模式

要素共享模式的典型特点为：要素的所有权不变，通过租赁、购买服务等方式实现使用权的暂时转移；共享的渠道和媒介是主体间的微信群、网站或者微信公众号，由供需双方自行对接，协商要素共享形式；主体身份的多重性，存在主体既是资源的需求者，也是限制资源的供给主体。要素共享模式在四川共享农业发展的实践中是应用最广的模式，但也是共享程度最低、共享方式最简单、共享范围最小、主体连接度最低的一种发展模式。

2. 全产业链共享模式

全产业链共享模式是产业链上的主体围绕农业生产的全环节建立起动态的生态圈，推动产业链各主体之间要素、服务及产品的共享（见图7-4）。当前，农业生产经营主体实力较为弱小，缺乏资金、机械设备及相应的技术能力，通过"共享"构建起全产业链协同共享的模式，共同购买和使用土地、农资、农机、农业服务等，实现订单供销、协调生产，从而降低产业链各主体的生产成本，提高农业生产效益。

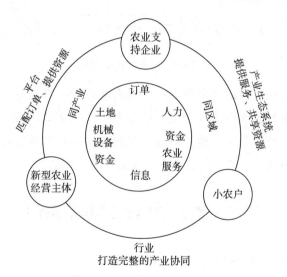

图 7-4　全产业链共享模式

全产业链共享模式主要特点为：具有区域集中性和行业集中性，参与的主体多为同一区域、同一产业类型的上下游主体；可以实现区域内细分产业的完整产业链协同。主要的不足表现为：局限于区域内同一产业的协同供销，不利于跨地区、大范围的共享。

3. 平台型共享模式

平台型共享模式是主体以共享平台为媒介，聚合企业（互联网公司、农业咨询公司等）、第三方资源主体（农资公司、农机企业等）、行业组织（农业协会、农技推广中心等）、科研院所、农业生产经营主体（合作社、家庭农场、农企、小农户等）和消费者，整合要素资源、信息等，通过提供资源要素信息、在线农业服务、个性化生产经营方案、数字化改造和农业生产综合方案等实现共享（见图 7 - 5）。

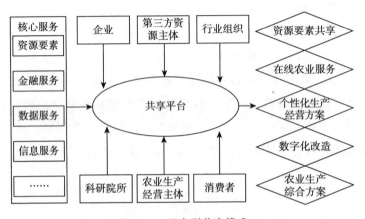

图 7 - 5　平台型共享模式

平台型共享模式主要特点为：由实力强劲的主体搭建，依托自身的优势资源，为各主体提供较为完整的服务；共享方式多样，平台汇聚了技术、资金、行业信息、生产资源、销售渠道、订单等资源，通过远程指导、在线商城、线下多级服务点实现线上线下的结合。

二　要素共享模式的典型案例

（一）崇州市杨柳土地股份合作社

1. 崇州市杨柳土地股份合作社简介

崇州市杨柳土地股份合作社是成都市探索土地"三权"改革的成功典范，也是全国首个完全以土地承包经营权入股并在工商注册的国家农民合作社示范社。杨柳土地股份合作社位于崇州市 10 万亩国家现代农业示范区，主要从事粮食生产和农业社会化服务。成都市 2010 年开始进行土地制度的改革，实施土地承包经营权确权登记颁证。2010 年 5 月，崇州市隆兴镇黎坝村 30 户农户本着自愿公平的原则，以 101.27 亩土地承包经营权作为股份登记，注册成本 9.4 万元，杨柳土地股份合作社联合成立。① 通过政府补贴和土地经营权作抵押贷款等方式投入资金 600 万元购买 10 余台农业机械，不断拓展机械服务范围，基本实现从育秧到销售全过程的机械服务，服务范围覆盖崇州、大邑、邛崃地区。2020 年，杨柳土地股份合作社现有成员 1000 余人，入社田地面积达 1193 亩，实现年经营收入 342 万元，实现入社社员每亩分红 750 元。

2. 主要做法和特点

（1）土地入股共营，激发要素活力，推动农业规模发展

合作社的原则是入社自愿、退社自由、利益共享、风险共担。农户自愿以 0.01 亩/股将农户的土地折算入股，并按 900 元/亩折价作为成员出资，成立专业合作社。农户以股东的身份通过社员代表大会参与合作社经营、管理和决策，共同制定合作社发展的规章制度，参与理事会、监事会，选举理事长和监事长等。同时根据股份合作社的收益分红。股份合作经营推动社内土地进行有效的连片整合，统一进行改造，统一完善水渠等配套系统建设，实现小农生产向规模经营转变。同时合作社积极推动三产融合，挖掘稻田旅游资源，开展乡村度假、亲子教育等多项休闲农业项目，推动土地等要素的优化配置和效益的提高。

（2）生产专业化、管理制度化，助力农业高质量发展

杨柳土地股份合作社通过公开招聘，组建起以农业技术员为主的农业职业经理队伍，通过签订劳动合同与农业职业经理人建立雇佣关系，经理人向理事会提交生产计划、执行理事会通过的生产计划，并在监事会的监督下开展农业生产。农业职业经理人掌握农业技术和管理知识，善经营、懂管理，能够起到衔接小农户、对接农业现代化的桥梁作用。构建以农业职业经理人为生产管理核心的"理事会 + 农业职业经理人 + 监事会"运行机制。由职业经理人负责合作社的日常生产和经营，围绕品牌农产品生产和质量提升，形成了种子、肥料、农药"三统购"和机耕、机防、机收、管理"四统一"制度，有效降低了生产成本，提高了农产品质量。

---

① 注：本章各案例数据均来自调研数据整理。

（3）多主体打造"超市"型服务平台，推动农业服务供需高效匹配

杨柳土地股份合作社联合农商银行、农业部门和社会化服务组织，首创农业服务超市，搭建起包含技术培训、机械化服务、农资配送、病虫害防治、产品运输、粮食代烘代贮、粮食银行等在内的农业生产全程服务平台。农业服务超市所有的项目、内容、标准、价格均实现公开公示、明码标价，推动小农生产与规模经营对耕、种、管、收、卖等环节多样化服务需求与供给的对接。杨柳土地股份合作社运行模式如图7-6所示。

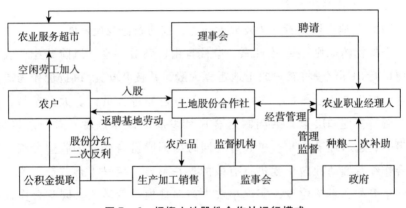

图7-6　杨柳土地股份合作社运行模式

3. 主要成效

杨柳土地股份合作社采取土地入股、现代生产要素集聚及能者经营模式，形成了农业的规模经济、合作剩余。

一是有效整合周边土地资源。我国农业生产仍然是家庭承包经营制度，农业生产的小农化、分散化十分显著。受制于家庭承包土地规模和家庭劳动力状况，小农无力采用最新的农业生产技术和大型农业机械进行生产，因此，小农生产的生产方式十分落后、生产效率十分低下，且农业机械化生产需要对地块面积有所要求。杨柳土地股份合作社通过土地入股将周边农户的1000多亩土地集中起来，统一进行改造，集中经营，土地整理、农机使用和新技术的应用成本得以分摊，也大规模满足了机械作业所需的最低土地规模要求，土地的规模效应得以充分发挥。

二是充分发挥人力资源优势。创新性地引入农业职业经理人，整合农业农村人力资源，"谁来种田"的问题得到有效解决。农业职业经理人

利用丰富的农业生产技术、知识和经验，实行统一的标准化生产管理，按标生产，确保农产品的高质量。同时，农业职业经理人还可以通过自己的社会网络，外接其他合作社、银行等社会资源，拓展合作渠道和服务范围，带来服务规模化和范围经济。这不仅能增加职业经理人收入，而且能激发他们的工作积极性，形成崇州典型的"农业共营制"。

三是打造农业供给体系全产业链生态网络，实现共享效益的良性循环。杨柳土地股份合作社不仅完成合作社自身的粮食生产活动，还通过购买新农机（比如无人机）形成从种到收全过程的一体化服务，细化服务内容；同时，积极利用线上线下结合方式拓展服务空间半径，由本地向成都平原周边推进。

（二）崇州市耘丰农机专业合作社

1. 崇州市耘丰农机专业合作社简介

崇州市耘丰农机专业合作社位于崇州市桤泉镇，为国家级示范社。2011 年以前，一方面，崇州城镇化带来农村劳动力流失，农业兼业化和生产力弱质化特征明显，需推进农业生产经营升级；另一方面，崇州及周边地区规模经营户逐年增多，其对农业生产性服务的需求逐渐明显。在此背景下，耘丰农机专业合作社于 2011 年正式成立，主要为水稻收割提供机械服务。2015 年，合作社开始立足于水稻生产的全过程，建立了育秧中心，开展精确的作业订单和高品质秧苗，将育秧环节纳入整个服务过程，以育秧为核心，配套后续农机服务，从而建立自身核心竞争力，推动全国范围内的机插、机耕、机收大协作。此外，合作社通过对种苗服务的控制，带动农业机械化服务的延伸，构建起省内外以农机作业服务为主体的"机械化协作中心"，搭建机械化服务市场的沟通平台。2015 年 7 月 24 日，耘丰成为全国农业"转方式"现场会参观点。2016 年 10 月，合作社被农业部授予"全国农机合作社示范社"称号。

截至 2020 年，合作社拥有各种农机 40 余台，经营土地 1300 余亩，固定资产规模达到 685 万元，资产总值达 900 余万元，基本实现从粮食种植到收割烘干的全程机械化服务，服务规模达到 3 万余亩，农业机械化服务收益为 100 万元左右，纯利润能达 40 多万元。

2. 主要做法和特点

（1）整合资源，搭建农机服务共享平台，实现农机服务全国协作

农机具使用季节性强、时间短，机手人员专职化成本高。除了收割机跨区作业，拖拉机的拥有量也不断增加，发展大型农机作业服务组织，风险极大。耘丰农机专业合作社积极搭建农机协作平台，联合本地农机合作社、四川眉山、江苏农垦、山东同行，在全国范围内开展机插、机耕、机收大协作，构建起省内外以农机作业服务为主体的"机械化协作中心"，搭建机械化服务市场的共享平台。

（2）以技术创新为驱动，多元主体协作，共建农业服务生态圈

耘丰农机专业合作社以农机服务为核心，将服务不断向产业链前端和后端拓展，逐步构建起农业服务生态圈。一是依托平台开展精准服务，提高育秧技术水平，依托育秧中心精确的作业订单和高品质秧苗，开展育、耕、栽、管、收等定制化的农机服务。二是细化服务环节，提供"管家式"服务。合作社利用自身机械协助优势，将服务细化为机械化生产作业、育秧、播种、收割、植保机防、病虫害防治、机械化插秧、大田平整、秸秆还田、农资、烘干等产前、产中和产后服务。根据不同的主体推出"快餐式"的单环节服务、半托管服务和全托管服务。三是多元主体共建农业服务生态圈。合作社联合崇州市政府根据规模农作、病虫害防治和机插育秧方面的大量实践编写成《农作物病虫害专业化防治》和《水稻机插（育）秧介绍》，并联合开展技术培训，每年为全市提供课堂讲解和操作实训 30 余期，不断扩充农业服务的人才储备。联合武汉普瑞丰生物科技有限公司等农资公司，针对水稻生产倒伏问题，开发"耘丰收"专用抗倒伏功能肥。耘丰农机专业合作社运行模式如图 7 - 7 所示。

3. 主要成效

耘丰农机专业合作社通过技术创新、主体协作等方式，构建起农业服务共享生态圈，提高了农业生产效率，降低了农机使用成本，推动实现了经济、社会和生态效益的统一。

一是通过生产服务共享，有效降低农民生产投入成本，提高农业生产的经济效益。依托育秧进行订单化的农技服务，平均供秧价格从每亩 180 元降至 145 元，大大降低了土地股份合作社和家庭农场等规模种粮主

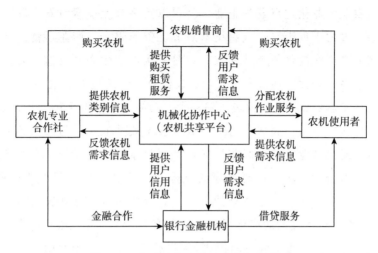

图 7 - 7　耘丰农机专业合作社运行模式

体的用秧成本，年生产增收节支价值超过 300 万元。开展的土地托管服务
可以为服务对象降低 10% 的生产成本，为托管区农民群众增加 10% 的土
地收益。

　　二是通过技术信息共享，提高农业生产的社会效益。合作社通过组
织农机操作技能培训、采取灵活的利益联结方式、鼓励机手外出开拓业
务、丰富农机种类及开展多主体联合跨区作业等方式解决了合作社留不
住人的难题。同时农机协作模式为成都的 6 个区市县提供服务，商品化
秧苗年订单达 75 万片，栽插面积达 3.7 万亩，极大提高了成都区域水稻
秧苗生产统一服务水平。

　　三是通过生产资料的共享，保障农业生产的生态效益。统一农机作
业、农作物秸秆、菌渣、畜禽粪肥的基料化利用等，协助政府治理环境，
变污染为宝，促进机插秧苗产业的可持续发展。

三　全产业链共享模式的典型案例

（一）四川润地农业有限公司

1. 四川润地农业有限公司简介

四川润地农业有限公司（以下简称"润地公司"）成立于 2012 年，

是省级农业产业化重点龙头企业。公司以数字农业技术研发、运营服务为核心，着力于现代农业产业技术集成、资源整合、产业运营，专注于粮食产业全产业链价值提升和农业农村三次产业生态圈打造。大邑县是国家数字乡村和大田种植数字农业建设试点县，耕地面积达 44.73 万亩，其中永久基本农田 39.62 万亩，粮食生产功能区 18.19 万亩，重要农产品生产保护区 6 万亩。润地公司运用数字技术改造农业，与大邑县政府合作，依托现代农业（粮食产业）园区，通过基础设施建设、产业链条完善、产业融合发展、生产要素集约化配置，建成大邑智慧农业产业园。公司开发"吉时雨"数字农业服务平台，成为服务大邑县农民的"新农具"。目前平台入驻的规模化家庭农场主有 256 个、农业服务商有 55 家、农民达 2.1 万人，覆盖农田面积达 20.1 万亩。依托"吉时雨"平台，大邑县政府推动农业产业园区粮食生产、经营、服务数字化转型，推动园区农业生产效益增加 15% 以上，带动农户人均增收 9.8%。公司从农业生产资料、农业生产环节、农业配套服务等方面入手，通过数字技术赋能，不断推动农业生产智能化、管理数字化、服务在线化。

2. 主要做法和特点

（1）数据要素驱动，提高农业要素利用效率，赋能农业高质量发展

农业要素的数量和质量是现代农业生产投入的基础前提。土地、资本、技术、劳动力等农业要素的投入能确保农业产出数量的稳定增长；农业要素投入质量和配置方式决定农业产出的质量。农业供给体系质量提升需要不断提高全要素生产率。要素投入具有报酬递减规律，克服要素报酬递减，需要实现要素的流动，提高要素配置效率。以数据要素为创新驱动，推动土地、资金、劳动力和技术等要素的优化配置，使要素报酬递增，提升全要素生产率。润地公司将农业产业生产、经营和管理体系与大数据、物联网、云计算等现代技术相互融合，实现农业经营管理的数字化。利用大田农情监测系统、农业生产精准管理决策系统和农业高效生产公共服务系统等，推动生产决策的信息化、精准化、智能化。同时为实现覆盖生产全链条的信息化监测与管理，搭建了农产品质量溯源系统、滴滴农服及智慧农资管理系统，做到生产环节全程可视化管理，确保生产环节投入安全健康的粮食产品，实现"数字技术赋能粮食生产托管"。

（2）平台赋能小农户与大市场有效衔接，土地规模化与服务规模化同步，规模经济和范围经济拓展

针对小农户"小""散""弱""粗""贫"的实际，润地公司研发出"吉时雨"App，做到"农户＋平台＋市场＋生产"无缝对接，实现全产业链的共享。公司为小农户免费提供"五管"服务。一是"管农场"，对于土壤墒情、作物苗情、病虫害情、自然灾情等信息，农户通过手机 App 即可精准掌握，使管理成本降低 20%～30%，管理效率提高 40%～50%。二是"管农资"，通过"吉时雨"App，农户可以订购种子、化肥、农药等农资产品，物流直接到田间地头。三是"管作业"，"吉时雨"App 构建了农业服务的供需主体线上交易、线下服务的运行模式，为小农户提供"耕、种、防、收、运、烘干"等作业服务。四是"管金融"，平台承担用户借贷的监管和担保责任，用户获取的贷款额度可通过平台直接对接到货物提供方，为农民贷款提供了便利，但贷款的顺畅度有待提升。"吉时雨"App 为小农户提供贴息或免息的生产经营信用贷款，额度最高为 100 万元，不需要资产抵押和第三方担保，节约了 80% 的融资成本。五是"管销售"，"吉时雨"App 以高于市场价格回购粮食，直供米厂和其他粮食终端商。相对于传统粮食销售，农户每亩土地可以增加 40～60 元的收入。"五管"服务实现了农业从生产、加工到销售全产业链的共享。"吉时雨"App 可以为农民提供涉农项目行政许可的网上办理，无须去办事大厅办理手续，线上即可完成粮食规模化种粮等补贴申报、审批，促进了农田生产数据资源与粮食规模化补贴的网络资源互通，在方便农户的同时有效提高了政府行政管理效率与服务水平。"吉时雨"平台使用大数据、物联网等技术手段，全程监测农业生产过程，将农业投入品、农产品质量纳入追溯监管体系，有效推进了农药化肥减量使用、农机高效利用，提高了产业链条的监管水平。

（3）数字农服助力农业管理效率提升，有效控制生产成本

润地公司通过建立"平台＋中心＋农场"的运营模式，将政府、涉农企业、金融企业、家庭农场、合作社等多元主体纳入"润地数字农业立体网络生态圈"，将数字经济理论与现代农业产业实体经济深度融合，实现了以"政企农社"多方共建、共产、共赢和共享为核心的社会化服务体系，着力推进社会化大服务。通过大规模数字技术应用，实现了农

业生产、加工、销售环节的数字全覆盖，提升了农业生产调度、决策、管理、服务水平，以数字赋能走出了现代农业发展的新路径。数字农业平台通过引入京东商城、平安科技（深圳）有限公司等社会资本，配套"两主体、四中心"，培育种植大户，移植酒类产品"1919直销模式"，推进粮油产前、产中、产后服务需求线上监测、线下直配，实现了生产资料、绿色技术、农机服务、加工销售、金融保险"五个统一"。在生产成本上，推动厂家农资直销，节本增效。在绿色技术上，推动专家农民面对面，增产增收。在生产服务上，推动信息监测、精准配套，便捷高效。在产品加工营销上，推动统一就近加工、线上销售，产业链条延伸增效。在金融保险上，推动统一担保、按需跟进，减少流程，涉农金融服务全域覆盖。以粮为本，立足粮食生产，通过数字赋能走出了一条粮油产业经济高效发展的路子。润地公司数字农业全产业链共享运行模式如图7-8所示。

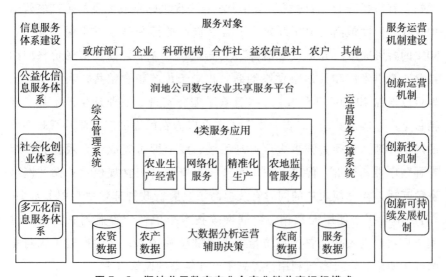

图7-8　润地公司数字农业全产业链共享运行模式

3. 润地公司的成效

经济效益。2021年"吉时雨"数字农业平台的服务面积覆盖大邑县30.1万亩农田，注册使用用户1267户，规模化（200亩以上）农场主472人，各类农业服务商55家，农民2.1万人，全年的社会化服务业务收入达1.3亿元，形成了以粮食生产为本、以小农户为中心、应用数字技术创新建设现代农业集约发展的数字化经营体系和发展模式。平台通过赋能农户、降低生产成本、提高经营效率、稳定粮食产量，实现农户种粮每亩平均增收 150~200 元，为农业发展转型升级、小农户持续发展和粮食的绿色生产提供了数字动力和科技支撑。

社会效益。一是很好地确保粮食生产稳定，避免"非农化和非粮化"趋势，深入贯彻落实国家"藏粮于地、藏粮于技"战略；二是深入贯彻落实成都市公园城市建设战略，按照大邑"雪山下的公园城市"建设目标，实现"农田变景观、产业变公园"，与特色小镇、川西林盘交错相应，展现出一幅"茂林修竹、科技赋能、天府良田"的成都小农户与乡村振兴有效衔接的美丽画卷；三是润地公司根据"平台 + 中心 + 小农户"的服务模式，累计投资超过 1.07 亿元，建设若干数字农业功能中心，承载平台运行、推广应用、终端对接的产业社会化服务等功能。现已建成润地数字农业中心、润地社会化服务联合中心、润地粮食分拣中心。其中，润地数字农业中心运营总面积达 11500 平方米，设有数据运行、金融服务、新农人培训、产品检测、农创孵化、产品销售 6 个功能模块，已成为区域性农业新技术、新模式、新农民、新农业、新农村创新发展的驱动中心、引领中心。将数字技术与农业服务全过程深度融合，精准匹配农业服务需求，使得农药化肥污染程度降低 10%，科技贡献率提高到 58% 以上，有力推动大邑县农业服务数字化转型，大幅提高大邑农业社会化服务水平。

（二）泸县云锦镇供销合作社

1. 泸县云锦镇供销合作社简介

云锦镇是泸县传统的农业大镇，土地资源十分丰富，农业生产自然条件良好，适宜多种农作物生长。为恢复乡村面貌、发展农村经济，2001 年，云锦镇实施了土地成片开发，开展种植水果、蔬菜等农业工程，取得较好成效。同时，大力扶持生猪产业，以市场为导向开展规模养殖，促进种养循环，实现农业产业协调和全面发展。为了全县农业产业的进一步发展，泸县从 2014 年 12 月开展供销合作社综合改革试点工作，取得了一定的发展成果，云锦镇供销合作社就是其中的代表。云锦镇供销合作社成立于 2016 年 12 月，是泸县首家挂牌运行的新型镇级供销合作社，通过强化机制建设、搭建服务平台、拓展新型业务，创新开拓出一条服务"三农"、富民兴社的共享农业发展新路径。云锦镇供销合作社构建起镇级农资连锁配送中心、农资超市、庄稼医院、电子商务服务店、生态食材冷链物流配送中心和村级农资供应点、村级农业配套服务机构，实现了云锦镇农业在土地、资金、物流、信息、技术、农产品等方面的共享，在更好地服务"三农"的同时，也大大提升了供销合作社的经营收入水平。

2. 主要做法和特点

云锦镇供销合作社运行模式如图 7-9 所示。

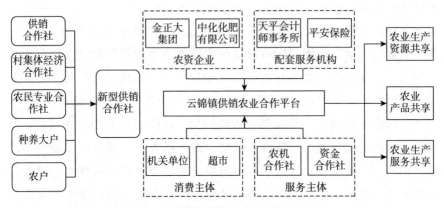

图 7-9　云锦镇供销合作社运行模式

（1）搭建农业共享平台，畅通资源要素流动渠道

资源要素流动渠道少、流动不畅是导致大量农业资源要素闲置的主要原因。云锦镇供销合作社通过搭建全产业链农业共享平台，实现农村资源要素的快速流动，提升了农业资源要素使用效率，降低了生产成本，增强了合作社服务"三农"的能力。一是农业生产资源共享平台。云锦镇供销合作社主动对接金正大集团、中化化肥有限公司等农资企业，争当片区总代理，以获得优质、廉价的农药化肥等农资，并开展"两放心、三到户"活动，即放心化肥、放心农药和化肥配送到户、技术服务到户、质量承诺到户的活动，使更多农户能够共享优质农资。同时，依托农业资金互助合作社，集中农户的闲置资金，为暂时缺少农资的农户提供支持，实现农户间的资金共享互助。此外，云锦镇供销合作社还利用平台优势以租赁形式为农户提供农机共享，并为农户提供免费的农业生产技

术培训。二是农业生产服务共享平台。通过与会计师事务所合作，打造农村社会组织会计服务中心，为新型农业经营主体提供会计代账、税务咨询、融资贷款、项目申报等系列化金融服务；与平安保险公司合作，免费为合作农户购买农业保险，极大调动了农户参与新型供销合作社的积极性；领办土地托管专业合作社，创新性地形成了以菜单式半托管为主、以保姆式全托管为补充的土地托管服务体系；利用供销社在信息技术、机械设备、农业人才等方面的优势，为农户提供植保、农机作业、电子商务、农业信息与科技指导咨询、职业技能教育培训等服务共享。三是农业产品共享平台。以惠农家种养殖专业合作社为主体，合作构建生态食材冷链物流配送服务体系，按照"农产品配送中心＋种养殖专合社＋农户"发展模式，为单位食堂、超市共享生态农产品，发展订单农业，为消费者提供优质、个性化农产品。同时，利用农业的生态自然景观，发展乡村旅游业，为消费者提供旅游观光、餐饮、文体娱乐及养老幼教等服务产品。

（2）以供销社为引领，按照"1＋N"模式共建共享农业发展红利

按照"1＋N"模式，以供销合作社为主体，携手新型农业经营主体，共吸纳周边 50 名种养殖大户、农村经纪人、农村经济能人、村"两委"负责人，18 个村集体资产经营管理有限责任公司，2 个农业龙头企业，4 个农民专业合作社，1 个家庭农场，共 76 个社员共同出资组建云锦镇新型供销合作社。通过多主体参与共建，云锦镇新型供销合作社实现了成员之间资金、人才、知识、技术、信息、服务等方面的共享，构建了共同治社、风险共担、利益共享的运行机制，极大地提升了供销合作社的建设水平和发展能力。

（3）建立"三会"制度，创新供销合作社共同治理机制

在泸县党委和政府的领导下，云锦镇供销合作社设立"三会"制度，即社员代表大会、理事会、监事会，推动供销合作社运营、决策的科学民主。其中，社员代表大会是该社最高权力机构，原则上每年召开一次，2/3 以上的会员参加才能召开，投票实行比例票制，按社员的参股份额或与供销社的交易量来决定投票权的比重，全体社员代表过半数投票，理事会的决议案才能通过生效。理事会和监事会成员由社员代表大会选举产生，任期 3 年，可连任。理事会是合作社日常的管理机构，在社员代

表大会闭会期间代为执行其权力，接受社员代表大会的领导，对其负责。监事会是监督机构，对社员代表大会负责并报告工作。同时，根据生产经营管理需要，云锦镇供销合作社下设办公室、生产服务部、流通服务部、财会统计部等相关工作部门开展日常工作。公开、公平、公正的治理制度为云锦镇供销合作社的正常运作提供了体制机制保障。

3. 云锦镇供销合作社产业链共享的成效

一是良好的经济效益推动供销社可持续发展。云锦镇供销合作社通过壮大集体经济，促进产业融合发展，提升农户收入水平。云锦镇供销合作社与村集体资产组织共同出资购买三级资质建筑公司，承建镇内 200 万元以下建筑、公路、桥梁等项目，每年按照入股比例分红，增加村集体经济收入。同时，云锦镇供销合作社通过建立农资连锁配送中心、农资超市、庄稼医院、电子商务服务店、生态食材冷链物流配送中心等服务机构，年经营服务总额达 300 余万元，在服务"三农"的同时提升供销社的盈利水平，实现了供销社的可持续发展。此外，云锦镇供销合作社通过雇用本地农户，帮助农户发展农业产业，带动当地农户每年户均增收 4000 元，大大提升了农户的收入水平。

二是良好的社会效益成为产业发展的重要平台。云锦镇新型供销合作社的带动实现了市场经营主体和合作经济组织的融合发展，构建起了一体化的经营性、公益性服务相结合的新型农业农村服务平台。通过联结数以万计的小农户，推动农业生产规模化，有机衔接了小农户生产与现代农业发展，实现了村集体和农民"双增收"。

四 平台型共享模式的典型案例

（一）新津集趣·农博园共享农庄

1. 农博园共享农庄简介

新津县张河村果园子社区坐落着"集趣·农博园共享农庄"，在 2017 年以前，这里是著名的"空心村"，2018 年中国天府农业博览园在这里应运而生。张河村果园子社区位于农博园核心地区，在"永不落幕的田园农博盛宴、永续发展的乡村振兴典范"这一理念引导下，农博园以"共享农庄"为载体,以"互联网+"为抓手,以"互联网+共享农庄"的发展路子,在天府农博园核心区张河村进行试点。张河村果园子社区通过集体经济组织带动群众盘活乡村闲置农房和土地,积极发展"非标民宿+体验农场+特色餐饮+自然教育+社区营造"等业态,引入"三途一斯"对接市场,利用互联网平台延长农业产业链价值链,成功激活了"空心村"发展活力。

张河村果园子社区成立集体经济组织,通过土地流转入股的方式与新津文旅集团合作成立张河果园子文旅公司,负责共享农庄建设。张河果园子文旅公司引入斯维登集团、途远、途礼、途家等公司共同负责共享农庄的建设及运营。2018年7月,通过途远装配式建筑开始建设以非标民宿为主体的农庄一期项目,依托途家的线上导流和推广、斯维登集团的线下运营,共享农庄在国庆节向公众首次开放。到2019年国庆,共享农庄共接待游客参观入住1万余人次。在农庄的项目示范带动下,社区群众主动改造房屋,发展民居民宿和特色餐饮,初步形成以农庄为主体的商业生态链。2019年,以集趣2.0、集趣3.0和满庭芳等为主的二期共享农庄开始建设,并以农庄民宿为核心,通过互联网、物联网技术对全产业链进行升级改造,优化运营服务。并迎合市场需求,向田园生活、度假养生、文化创意等方面改造农村闲置资源。共同促进发展农村生产生活生态"三生互动"、三次产业"三产融合"、农业文化旅游"三位一体"的乡村共享经济,辐射带动产业集聚发展。张河果园子"集趣·农博园共享农庄"年接待游客参观入住2.5万余人次,通过让农民变成资产持有者、让农房变成旅游宜居房、让田园变成生态美丽公园,实现农民收入增加、农业生产增效、农村环境增美的目的,使乡村旅游迭代升级、提质增效。

2. 主要做法和特点

(1)"三权"改革推动要素流动,共享平台驱动要素升值

农村土地、房屋等"三权"改革的推进,有助于推动农村资源要素的合理利用和配置。集趣·农博园共享农庄以共享的理念,实现土地、房屋和农产品等要素的集聚和共享。一是土地变股份,实现土地要素共享。村民(以闲置土地入股)和村集体(以集体建设用地入股)建立张河集体经济合作社,采用土地"流转+入股"方式(占比20%)与新津

文旅集团（占比80%）成立张河果园子文旅公司，参与打造"集趣·农博园共享农庄"，以"保底＋分红"的形式共享收益（见图7－10）。二是农房变客房，实现闲置空房的共享。村民通过途家集团的指导将闲置房屋改造成民居民宿，由斯维登集团统一践行运营和管理培训，途家负责导流和线上推广。目前已有16家达成意向，7家已完成改造并开始运营，实现闲置农房的再利用。三是农产品变礼品，实现地方优质品牌产品共享。在农庄建设运营过程中引入专门从事旅游特产分享的电商平台——途礼，依托合作社发展地方特色产业和收集农户剩余的农产品，通过途礼线上平台和民宿线下售卖使农产品和手工艺品实现价值转化，推动本地农特产品商品化、旅游化。

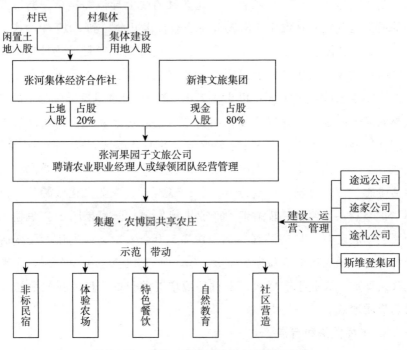

图7－10　集趣·农博园共享农庄建设模式

（2）多主体协作，打造乡村旅游全产业链体系，实现共建共享

集趣·农博园共享农庄是"企业＋政府＋村民"多方协作发展模式。其运行模式如图7－11所示。公司是主体，张河集体经济合作社、新津文旅集团和斯维登集团成都公司入股成立的张河果园子文旅公司作为主体，

负责农庄的建设、运行和管理。公司以非标民宿为中心，通过途远的民宿设计建造、途家的线上营销及推广、斯维登的线下管理和服务、途礼的旅游特产分享平台，打造田园生活、度假养生、文化创意等乡村旅游的业态场景。政府是主导，为乡村旅游全产业链发展提供制度和政策保障，引导村集体实现土地等要素的集聚，科学编制产业规划和建设激励政策制度等，为乡村旅游全产业链发展营造良好的发展环境。村民是要素的提供者，同时也是产业链的有机组成。村民通过入股集体经济组织，将闲置的土地实现集聚，以"保底 + 分红"的方式获得收益，也在农庄的示范带动下，将房屋等闲置要素改造，发展特色餐饮、提供旅游服务或发展特色产业等，补充完善乡村旅游全产业发展链条。

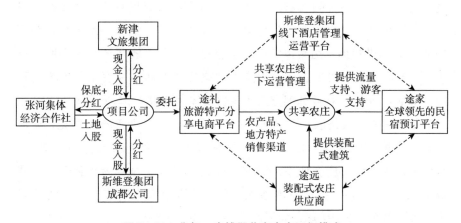

图 7 – 11　集趣·农博园共享农庄运行模式

（3）以党组织为核心，构建多元组织体系，实现共治共管

张河村以共建共治共享为导向，构建起"多方参与 + 良性互动"的社区治理模式。一是用技术激发基层组织活力，推动治理数字化。以互联网技术为依托，统筹推进社区雪亮工程、网格化管理，构建网上村务平台，形成"线上 + 线下"的治理体系，建设和谐平安社区。二是引进社会组织，开展协调治理。通过引进方塘社会服务中心、春晖社会服务中心、耕心协会、江雪春衍纸工作室等开展志愿服务活动、文化活动等，塑造乡村新面貌。三是共建经济组织，实现共同富裕。成立集体经济合作社，与新津文旅集团组建张河果园子文旅公司，再引入途家、途远、途礼、斯维登等公司，运营管理共享农庄，实现集体资产的增值和村民

个人收入的增加。通过党组织的带领，农博园、社会组织和企业等多方合力实现张河村的产业兴旺、乡风文明、治理有效和村民富裕。

3. 新津集趣·农博园共享农庄的成效

张河果园子社区引入共享理念发展乡村，以非标民宿为切入点，通过将闲置资源整合利用，打造田园生活体验、休闲旅游和乡村民宿文化体验等乡村新业态场景，实现了经济、社会、生态和文化效益的统一。

经济效益。一是居民收入来源多样化，张河村村民通过将土地流转到村集体合作社，统一经营，村民获得"保底＋分红"收入，每年可获得流转收益2100元/亩；改造闲置房屋发展民宿和餐饮，民宿收益可达700元/天，餐饮营业额达到1500～2000元，净利润达600～800元；通过途礼平台可以售卖剩余农产品和手工制品从而获得收入，通过在农庄务工也可获得工资收入。二是村集体资源变资产。张河果园子社区利用40亩集体建设用地，由集体资产股份合作社采用土地"流转＋入股"方式，与新津文旅集团组建张河果园子文旅公司发展共享农庄，2018年按照"保底＋分红"利益分配方式实现村集体保底收入31.5万元，2019年之后每年村集体经济收入达到50万元以上。三是产业形态多样化，张河村以打造共享农庄为核心，带动发展体验农场、特色餐饮、自然教育、社区营造等农商文旅新业态，目前已建成乡村旅游全产业链体系。已建成26栋共享民宿，接待游客参观入住2.5万余人次。带动发展民居16家，发展特色餐饮10家，依托途礼平台，建设200亩韭菜产业基地，实现年销售1000万元。同时开设衍纸体验工作坊、农事体验教育区等。

社会效益。一是多渠道解决就业问题，提高村民收入。目前已有16户开展民居民宿经营，10户发展乡村特色餐饮；依托产业发展解决就业问题，韭菜种植基地解决了100余位50～60岁群众的就业问题，村民在本地实现就业。二是通过数字化治理，打造平安和谐社区。社区通过开展雪亮工程和社区智慧服务站，统筹社治、综治、政务、便民等事项，集中相关人员和资源，打通联系服务群众的"最后一公里"，实现基础公共服务一体化，建设好平安和谐社区。三是因地制宜、创新发展，塑造乡村振兴发展的样板。集趣·农博园共享农庄通过村民和村集体入股，获得"保底＋分红"收益，具有风险小、带动效应强的特点。目前，四川在全省17个脱贫地区和少数民族地区，结合旅游资源进行复制推广，成功为乡村振兴和地方经济发展提供了新的原动力。例如，在南充，结合阆中特色文旅资源，建设"星宿共享农庄"29栋；在眉山洪雅瓦屋山，建设"山居共享农庄"24栋；在雅安荥经林业管护站，依托森林生态资源，建设"林下共享农庄"14栋；在甘孜州，利用317、318国道沿线服务区现有土地资源，建设"营地共享农庄"49栋；在宜宾，盘活蜀南竹海生态资源，建设"竹间共享农庄"30栋。其中，小金县沃日镇木栏村建立"津金同心·农博园·苹果共享农庄"，投资1800余万元，占地4000余亩，重点建设了可以带动616户2220名农民就地就近增收的共享农博、民宿、美食、田园等。

生态效益。坚持生态优先、绿色发展理念，推进全域景观化、景区化。共享农庄在建设中突出"自然肌理＋景观视角"，注重生态资源的价值转化和利用，积极推进"生态宜居的公园社区"建设，筑牢共享旅游社区生态本底。农庄通过装配式建筑融入生态环境，优化社区景观，实现社区变景区；发展农业产业时注重塑造大地景观，实现田园变公园；开展绿道建设，完善慢跑系统，实现河堤变绿道；开展社区"微更新"和最美阳台评比，实现荒地变游园、阳台变花园。

文化效益。一是有序传承乡村文化遗产。农庄通过结合地方特色设计建造不同的民宿样式，传承地区建筑文化，如青山系列和满庭芳系列；通过开展手艺工作坊，传承绳编、衍纸等传统手艺；通过开展农事体验和特色餐馆，传承农耕文化和餐饮文化。二是传承乡村发展历史。通过修建张河记忆长廊，集成展示了张河本地的传说故事、农耕物件、怀旧照片，保护乡村发展的历史，延续乡村文明。

（二）德阳农村产权交易所

1. 德阳农村产权交易所建设背景

为明确成都市集体经济组织产权关系，规范集体经济组织的产权管理，保护相关权利人的合法权益，实现农村产权交易市场有序流转，成都市政府从2009年开始发布相关文件规范农村产权交易市场。2015年，四川省人民政府在《四川省人民政府办公厅关于全省农村产权流转交易市场体系建设的指导意见》中提出了自贡、德阳、广元三个统筹城乡综合配套改革试点市要建立市级交易平台的规划。2017年12月12日，德阳农村产权交易所（以下简称"德阳农交所"）正式挂牌运营，致力于德阳市域范围内的农村集体经济组织产权管理和股权质押等增值服务，着力将农交所打造成德阳地区城乡改革平台、农村金融平台、"三农"招商引资平台，助力农村集体经济组织发展和农民收入增加。

德阳农交所是由德阳市农业农村局推动设立，由成都农村产权交易所有限责任公司和德阳市产业投资发展集团有限公司共同出资设立，是一个农业农村产权综合交易平台。其主要功能是为产权交易提供交易场所、发布交易信息、提供交易服务、制定交易管理制度和交易规则，肩负着规范产权流转交易行为、促进生产要素在城乡之间流动的作用。截至 2018 年末，德阳农交所协调地方政府完成农村各项产权（土地、宅基地、集体林、农村小型水利设施）的确权颁证工作。同时，在德阳市的 468 个行政村开展集体资产股份合作制改革试点工作。2019 年，德阳农交所创新实施闲置农房使用权流转"三书模式"，登记闲置农房、安置房 2000 余宗，流转 300 余宗，流转金额达 7087 万元，得到省委领导高度重视，并将"三书模式"推广至全省。挂牌运营至今，德阳农交所总成交项目为 4303 宗，流转面积为 55.81 万亩，成交金额为 61.37 亿元，已发展成为集产权信息发布、法律咨询、资产评估、抵押融资等于一体的农村服务综合平台。其取得了农交系统的 12 项全国第一和 3 项西南地区第一的好成绩，为四川农村产权流转交易市场健康发展做出了突出贡献。

2. 德阳农交所农村产权共享模式简介

德阳农交所利用互联网技术、区块链技术等搭建农村产权流转的服务平台，并与成都农交所、德阳"三农"服务平台实现数据实时共享。农户可通过产权交易平台实现农村资源产权的共享。农户在通过对土地等产权的确权登记后，将信息录入德阳"三农"服务平台，再通过"三农"平台链接进入农交所，提出经营权转让申请，并提供转让材料，农交所针对材料进行审核；农交所审核通过后，出具受理通知书，并在平台发布相关信息；信息发布后，项目开始挂牌接受意向交易报名。当无人报名时，在报名期满之后修改报价等相关信息或申请延期，否则项目会终止。当有人报名参加时，报名者需要在平台上提交交易的申请材料，农交所会审核交易者的材料，通过之后会向其发放交易资格确认通知书，在缴纳相应的保证金之后，农交所开始组织交易、签约和资金结算。交易成功后，农交所会出具农村产权交易凭证，标志转让完成，整个流程实现全网络、全流程的信息化覆盖（见图7-12）。

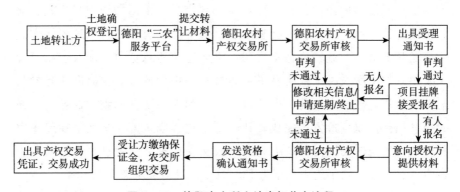

图7-12 德阳农交所土地产权共享流程

3. 德阳农交所农村产权共享模式的主要特点

（1）技术激活资源，"三书"推动交易

一是利用互联网、区块链等技术，释放农村资源潜能。德阳农交所打造了集数据登记、产权交易、市场分析和电子证书等于一体的数字化产权交易平台，将农村资产数字化，实现农村产权流转的透明公开、不可篡改、智能合约和开放互信，增强和拓展农村产权的流动性和流动边界，以此达到目的。二是积极推动制度创新，保障产权交易。为促进农村闲置资源的规范流转，实现资源优化配置和规范利用，德阳农交所采用"律师审查意见书+公证书+交易鉴证书"的方式规避矛盾纠纷，规范闲置农房使用权流转程序，保障双方合法权益，并将这样的模式总结为"三书模式"。德阳农交所首创的"三书模式"作用明显、制度规范，于2020年被录入法治蓝皮书《四川依法治省年度报告（2020）》的基层治理板块。

（2）政府主导，市场运行，实现产权要素的市场化运作

一是政府不断完善农交所平台支持体系，出台政策文件，实现德阳市"三农"服务平台与农交所平台系统的对接，以及集体资产承包、租赁买卖等数据共享，明确德阳农交所作为全市统一的农村产权交易平台正式运行，为农村产权的交易管理提供服务。同时，以农交所为核心，

设立县级农村产权服务中心、镇级农村产权服务站、村级服务点，构建起市、县、乡、村四级农村产权交易体系，规定各级农村产权交易机构的工作职责，明确交易人员的工作规范，完善农交所的运行体系。二是农交所按照市场原则运行，进行农村产权交易。采用拍卖交易方式，通过市场竞价、动态报价实现交易透明、公平。传统的农村土地流转方式主要是私下交易，流转价格不透明，难以避免恶意竞争、以权谋私等现象发生。农交所农村产权交易平台通过动态报价的方式，面向所有参与者公开竞价。产权交易前，由产权所有者和农交所共同敲定起拍价，通过公开招标，以竞价方式完成转让，整个过程既规范又透明，在保障农村土地健康流转的同时，还提高了产权交易的价格。通过平台公开竞价的方式，市场价格平均溢价率为138.91%，最高溢价率为1150%。

（3）服务支撑，推动产权交易的可持续发展

一是创新"政＋企＋银＋交＋担＋保"六位一体的金融服务模式，推动交易市场健康发展。2020年6月9日，在德阳农交所的协调下，德阳市渔业协会与中国人寿财产保险股份有限公司德阳市中心支公司成功签署了西南地区首个渔业养殖天气指数保险协议。同时，德阳农交所与政府、企业、银行、担保公司开展合作，按照"优势互补、资源共享、风险共担、共谋发展"的原则，为全市农业产业经营主体提供信贷服务。通过与保险机构建立合作关系，为全市农业产业链经营主体提供各类保险服务，降低损失。根据德阳市统计局统计，农交所联合省农担公司、市信用联社、邮储银行、珠江村镇银行等金融机构，累计发放超过8亿元农业信贷资金，惠及全市700余家农业实体。二是联合各类主体，推动服务多样化。农交所联合多家主体提供综合服务，与涉农主管部门定期开展培训，对乡、镇、村干部和新型农业经营主体成员，针对农村产权交易业务知识、种养殖技术交流推广、"三农"政策宣传等内容，通过集中讲授、头脑风暴、夜话沙龙等形式开展培训。2018年运营至今，农交所已开展培训149次，培训9783人，让农民更好地了解农村产权交易的程序和规范，进一步推广农村产权交易模式，促进农村产权业务的开展。与高校、科研机构形成战略合作机制，进一步探索农村产权交易市场的规范化发展。企业也可以通过农交所平台进行公开招投标的方式，方便快捷地获取想要的资源。与银行、保险公司合作，为交易主体提供零息

贷款、保险补助等金融服务，保障产权交易市场的健康发展。

4. 德阳农交所平台建设取得的成效

一是高效盘活农村资源，农民增收得到保障。德阳农交所通过建立市、县、乡、村四级产权交易市场体系，同时推动线上和线下市场拓展，实现市、县、乡、村联网对接，推动农村产权登记数据、交易数据的统一录入、统一发布。推动实现各类农村产权资源面向全国招商，利用市场竞价的方式，充分释放农村资源要素价值，大幅提升农村产权流转交易市场价格。据农交所统计，从 2017 年 12 月至 2020 年 12 月，德阳市、县、乡、村四级农村产权流转服务体系基本形成，累计完成交易项目3658 宗，累计交易金额达到 54.96 亿元，集体资产平均增长 20% 以上，带动农民人均增收 500 元以上，切实保障了农民收入增加。同时通过农交所平台，来自省内、国内的投资经营主体已在德阳投入各类农业项目 84个，总投资额达 287 亿元，广大农民实现由传统的农耕畜禽向服务农旅的现代农民转变。

二是农村产权流转日益规范。首先，农交所广泛链接农业服务机构、农民合作社、农资公司，共同探索农业全产业链服务的发展模式。积极对接旌阳、中江、广汉、绵竹等市区县，制定和发布农村产权交易体系建设方案和配套政策文件，建立起覆盖交易前、中、后的全链条、标准化服务机制，同时严格把关项目资料审查、标准合同、交易鉴证、公告发布等环节，引入保险、担保等风险分担机制，创新运用"三书模式"，切实保障交易双方权益，确保社会投资者风险可控，进一步规范农村产权流转的流程。其次，各类农村资源、集体资产等农村产权通过公开平台以竞争方式实现交易，杜绝了以权谋私、恶性竞争现象的发生，有效地防止腐败滋生，有利于农村产权流转市场的健康发展。

三是形成了较为完善的支撑体系。首先，德阳农交所强化与市政府、股东单位和服务机构的合作，获取资金、技术、政策等支持，为平台建设奠定基础。德阳市成立农村产权流转交易监督管理委员会，总体协调与农业局、发改委等各政府部门的对接和协商工作，明确各业务主管单位的责任。其次，德阳农交所与市县级部门开展合作，为平台发展提供动力。通过协调市自然资源局、农业农村局、水利局、科技局等业务主管部门，出台相关地方性规范，规范各类农村产权在德阳农交所的流转交易。同时推进农村产权交易体系建设，通过协调对接区县政府，主动推进。部分区县对农村产权交易平台的建设高度重视，积极在人、财、物等多方面提供支持和保障。农交所通过推进信息联网工作，为平台运营提供保障。德阳农交所积极对接成都农交所，开通农村产权交易信息平台的市、县、乡三级管理权限，优化德阳农村产权交易门户网站，实现与全省交易平台的联网运行。

五　本章小结

　　本章立足于共享农业发展的实践，分析共享农业生成的理论逻辑，综合运用案例研究剖析实践中要素共享、全产业链共享、平台型共享三种典型模式的主要做法和成效。要素共享模式、全产业链共享模式和平台型共享模式是实践中典型的三种发展模式。通过共享经济的植入，农业各主体围绕农业生产的全过程构建起共享的平台和机制，实现要素资源的合理配置、农业产业的转型升级、供需关系的精准对接，推动农业高质量发展。

第八章 共享经济赋能农业供给体系质量
提升的机理分析

——以润地公司为例

一 研究方法与案例选择

（一）扎根理论

共享经济与农业结合形成了多种新的发展模式。本章的目的在于探索共享经济赋能农业发展所形成的不同模式的深层影响机理，揭示共享农业发展的"为什么"和"怎么做"的问题，多案例的研究方法适合研究此类问题。共享经济与农业的结合还处于发展的初期，需要在实践中不断探索、总结，现有研究还未涉及，因此适合使用探索性案例分析的方法。同时，需要从实践中寻找大量案例和材料验证前面的理论分析，而扎根理论是一种常用的质性研究方法，可以在对案例材料进行挖掘的基础上构建起自下而上的系统化理论。因此本章采用扎根理论作为分析工具来探讨共享经济赋能农业供给体系质量提升的作用机理。扎根理论的操作流程如图 8 – 1 所示。

（二）案例选择和数据获取

扎根理论研究方法是基于对案例材料的挖掘，因此，案例的选取和材料的丰富程度对研究成果具有重要的影响作用。本章基于案例的典型性、覆盖性和质量的可得性三大原则设定选取的标准。案例资料的主要来源包括：知名媒体对共享主体的专题报道，或对主要管理者的专题访谈；主体公开发表的演说、内部总结报告以及公开的其他资料；中国知

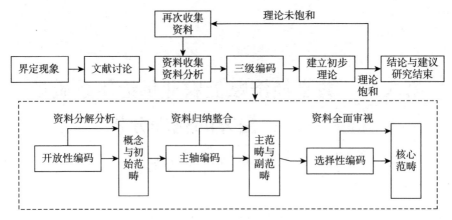

图 8 - 1　扎根理论操作流程

网、维普等学术数据库的论文。根据研究方法需要进行两次案例选取，最终选取在农业领域的信息资源共享、业态创新和产品服务共享等方面30 个典型的案例作为研究对象，如表 8 - 1 所示。

表 8 - 1　共享农业案例

序号	案例名称	序号	案例名称
1	三亚南田共享农庄	16	德阳农交所
2	澄迈洪安蜜柚共享农庄	17	四川科技扶贫在线
3	海口冯塘绿园共享农庄	18	北京农信通
4	海南白沙阿罗多甘共享农庄	19	极飞科技
5	海南省三亚市小鱼温泉共享农庄	20	中国农业网
6	海南文昌大庙共享农庄	21	福建"农业云 131"
7	桐心院子共享农庄	22	益农信息社运营服务总平台
8	万宁兴隆咖啡谷共享农庄	23	庄家共享农庄平台
9	文昌好圣航天共享农庄	24	江苏"农业科技 110"平台
10	无锡田园东方	25	滴滴农机
11	高原之宝牦牛乳业股份有限公司	26	农之助农机专业合作社
12	"猴集"平台	27	京山绿丰农机专业合作社
13	假日菜园	28	德州农机
14	中开农业公司	29	帮农忙平台
15	京东特产馆	30	顺源农牧机械制造有限公司

二　共享农业的运行机理分析

（一）共享农业运行机理的理论模型建构

首先通过开放性编码对材料进行标签化、概念化、范畴化处理，得到 1283 个原始标签、58 个概念。然后对得到的初始范畴进行聚类分析，从而划分出主范畴与副范畴，最终找到不同范畴之间存在的内部关联。本章经过主轴编码，发现初始范畴可以进一步总结归纳为 5 个类型、5 个主范畴与 19 个副范畴（见表 8 - 2）。

表 8 - 2　主轴编码

类型	主范畴	副范畴	关系内涵
内部动因	共享意愿	共享认知	对共享理念、方式等的认知水平/态度会影响主体的共享意愿
		收益预期	对参与共享的收益预期会影响主体的共享意愿
		战略规划	主体对未来发展的战略规划会影响共享意愿
		主体能力	主体对新技术、新理念和新变化的适应能力会影响共享意愿
外部动因	共享方向	用户需求	用户对产品、服务等的需求会影响主体共享的方向
		技术追随	对现有技术的追随、技术创新发展会影响农户共享的方向
		政策和环境	政策导向、社会环境、农业发展的趋势等会影响共享的方向
		消费变革	用户消费方式、消费行为的改变会影响主体共享的方向
约束因素	共享行为约束	主体特征	主体的属性、主营业务等会对其共享行为造成约束
		权属关系	权属关系会对其共享行为造成约束
		业务特征	要素和服务的类型、价值和使用价值等会对共享行为造成约束
		信任基础	信用制度、环境会对共享行为造成约束
内部中介	建立共享机制	业务再造	通过转变业务发展模式、拓展业务范围等方式实现共享
		技术创新	通过运用物联网、数字技术和通信技术等实现生产经营管理的数字化改造，推动实现共享

续表

类型	主范畴	副范畴	关系内涵
内部中介	建立共享机制	商业模式	通过特定的商业模式变革实现共享
		组织变革	通过组织变革实现共享
外部中介	构建共享生态系统	配套支持体系	通过社会资源和主体的介入，提供平台、资本等配套服务，构建共享生态系统
		产业链	通过产业融合等构建共享生态系统
		价值共创	通过与其他主体价值共创来构建共享生态系统

经过开放性编码和主轴编码，与"共享农业发展模式创新的动因与机理"这个核心范畴相关的性质与面向基本呈现出来。并通过对增加的案例材料进行编码，发现出现的新概念均可纳入已经提出的范畴，因此认为本研究通过了理论饱和检验。结合案例文本材料，形成研究主题的基本"故事线"：农业主体创新发展共享农业存在两方面驱动因素，即由创新意愿构成的内部驱动因素和由创新方向构成的外部驱动因素。两方面的驱动因素在约束因素的影响下，均经由内部中介条件（建立共享机制）和外部中介条件（构建共享生态系统）形成不同的发展模式，由此得出共享农业发展模式运行机理的理论模型（见图 8-2）。

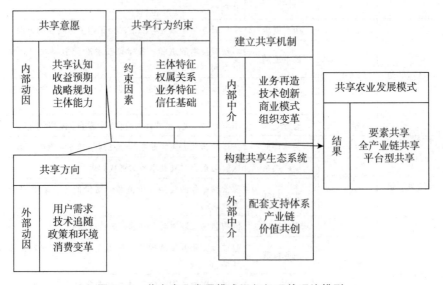

图 8-2　共享农业发展模式运行机理的理论模型

（二）共享农业发展模式运行机理阐述

1. 共享意愿

共享认知包括对共享理念的认知度、对共享方式/类型的了解程度、对企业价值观和现状的认识等，是对共享经济了解的深度和广度。近年来，随着共享经济的快速发展，共享的意识和理念不断被大众接受，也不断渗透到各行各业中。在农业领域中主体认识到当前生产方式落后、资源过度消耗、生产成本不断攀升制约着农业的发展，而借助平台、组织和载体等实现信息交流、农机共享，开展电子商务，集中购买社会服务和农资等生产资料能够降低生产成本和增加农业效益，形成共享农庄、众筹农业、认养农业、定制农业、平台农业等新业态。此外，部分农业公司将共享作为企业的价值观，驱动着企业发展变革。

收益预期主要包括未来的经济、社会和生态效益。追逐经济效益是主体参与共享经济的主要动机，发展共享农业能够降低生产成本、丰富收入结构、提升盈利水平。如购买农机服务可以节约农机购置成本，而对于农机所有者而言可以分摊使用和维护成本，减少农机的闲置时间；发展共享农庄、认养农业等可以丰富产业结构，增加收入来源；而入驻或搭建电商平台则可以减少销售环节、扩大销售面，实现收入增加和盈利水平的提高。同时，共享农业还具有解决就业问题、盘活农村资源、实现农药化肥的减量使用、促进农业生产标准化等社会和生态效益。

战略规划包括业务战略、职能战略、产品战略等，是主体发展共享农业的指引。实践中的主体大多为新型农业经营主体，经营规模较小，缺乏对未来发展战略的明确规划，但针对未来发展目标、业务和产品或多或少存在一些构想，如结合共享农业的理念，发展采摘农业、体验农业、共享农庄等，积极丰富产业结构。另外，一些实力强大的合作社和龙头企业为了适应农业现代化发展，积极推进生产数字化、管理数字化、销售数字化，将整套的数字化解决方案纳入农业应用。如崇州耘丰农机专业合作社搭建全国农机协作平台、润地公司以"吉时雨"数字农业服务平台实现粮食种植的全程数字化。

主体能力包括创新能力、技术能力和管理能力等范畴。主体具有的创新能力能够帮助把握内外部发展动态，快速适应变化及整合资源。技术能力能够帮助企业快速地将新技术、新生产方式转化为生产能力。管理能力则能够帮助主体提高生产效率和服务水平。结合案例来看，开展认养活动、定制生产、农业众筹等不同的共享农业形态都体现了主体具有的创新能力，同时越来越多的培训和更多年轻人的加入，不断提高着创新能力；更加重视与高校科研院所的合作则是提高技术能力的重要途径；逐渐制度化、机构化的管理方式则改善着主体的管理水平。

2. 共享方向

用户需求主要包括多样性需求、情感性需求和关联性需求等。随着消费者基本生存性消费需求的满足，消费者开始追求农产品的品质、特色以及文化内涵，希望通过农产品消费获得多元精神体验、感官享受、生活态度共鸣、个性魅力和情感需求等。消费者多样性、个性化的需求不断增多，带动了定制农业、认养农业、体验农业、创意农业的发展。通过消费场景的打造和文化的植入，促进需求产品的衍生，带来精神的愉悦，如休闲农业、康养农业、乡村旅游等。

技术追随包含对领先技术的探索追随和对市场主流技术的模仿追随。根据消费需求和市场变化在生产中采用绿色有机肥，减少农药化肥使用，采用种养循环生产方式。采用数字化技术，搭建数字农业平台，推动农业生产智能化、管理数据化、服务在线化，实现农业产业链的共享。通过视频直播带货，线上线下结合销售农产品。

政策和环境包括政策支持、国家战略、社会环境等内容。近年来，共享经济的快速发展离不开国家政策的扶持。共享经济自 2016 年开始被连续写入《政府工作报告》。国家也先后出台了《关于促进绿色消费的指导意见》《国家信息化发展战略纲要》《关于促进分享经济发展的指导性意见》等政策，大力鼓励发展共享经济，为共享经济进一步发展带来了明显的政策红利。地方各级政府也发布政策推进共享经济的发展，四川在《四川省国民经济和社会发展第十四个五年规划和二〇三五年远景目标纲要》中提出积极培育流量经济、无人经济、共享经济、微经济等新业态新模式。同时，乡村振兴、数字中国、数字乡村等国家发展战略的提出，乡村信息化水平、互联网水平的提高，更是为共享农业的发展提供了良好的发展环境和机遇。

消费变革主要包括消费理念、消费行为和消费方式的改变。消费理念更理性、绿色，消费看重的不只是产品价格，更是品质所带来的更高水平的消费体验，农产品消费从"低价"向"求质"升级。消费行为发生改变，从追求家庭日常所需到更加注重生活体验型消费，对高质量农产品、休闲体验农业的消费不断增加。消费方式随着互联网技术的应用和大数据云技术的推广发生改变，网上消费变得更加便捷，形成了线上、线下及其结合的消费方式。消费理念、行为和方式必然倒逼生产的变革。

3. 共享行为约束

主体特征包括主体的类型、人员构成和社会认可等方面。不同类型的主体拥有不同的要素资源、不同的发展模式、不同的实力，其发展农业共享经济的能力和水平不一样。同时，内部人员构成情况和外部获得的社会认可也反映了主体拥有资源、获取资源的能力，因此，主体特征会限制其参与共享的程度。结合调查来看，当前，共享主体仍以小农户为主，其参与共享农业的方式主要是要素的共享（土地出租、劳动力雇用和信息交流）和简单共享方式的应用，如通过第三方平台实现要素的流动和产品的销售；而高人才聚集、高资本、高社会认可度的主体和农业企业则通过对数字技术和通信技术的综合运用，通过业态创新和搭建农业共享平台，创新农业商业模式，形成新的共享业态。

权属关系包括产权关系和产权规则等。共享经济强调的是在资源所有权不变的情况下使用权的共享。共享经济的实现首先要明确权属关系，只有明确地区分所有权和使用权，才能够推进使用权的共享。随着新一轮农村产权制度改革的深入，一系列文件和政策对土地、宅基地等的流转、入市规定，明确了农村产权关系，保障了农村产权的流转，为农业共享经济发展提供了发展的基石。另外，在对使用权的共享中形成了不同的产权交易方式，包括借用、租赁、物物交换、入股等会形成不同的权属关系，而不同紧密程度的权属关系会影响共享经济发挥的作用。

业务特征主要涉及主体从事的业务范围、业务模式以及产品的特征或属性。共享经济是通过供需整合实现物尽其用和按需分配。结合实践来看，大多主体从事具体的蔬菜以及粮食的种植生产，产品主要通过批发市场和企业收购完成一次销售，少部分通过电商、朋友圈销售。水果或者一些高经济价值的品种则通过电商平台、订单生产等模式实现销售。同时，大多数农产品是生鲜产品，其易腐特性等会影响主体选择不同的方式来实现共享。除此之外，农产品的区域性、季节性等特征也会影响共享的范围和模式。

信任基础包括信任关系、信用环境等。共享经济发展的基础是陌生人之间的信任，坚持互帮互助的理念。它的实现需要参与者的彼此信任，因此良好的信任关系和信任环境是必需的。而在实践中，不同的信任基础也会形成不同的共享模式、产生不同的效果。实践中的主体大多以熟人关系为信任基础实现共享，这种共享是小范围的、单一的共享；而建立在网络平台信用评价体系基础上的共享，其覆盖的范围更广、共享的内容更多。

4. 建立共享机制

在内部因素的驱动和外部因素的牵引以及约束因素的作用下，主体内部将做出适应性调整以适应农业共享的发展现状。一方面，主体从自身"软件"配置入手，对共享行为价值实现的载体，即商业模式进行变革；另一方面，主体从"硬件"配置入手，进行组织变革、技术创新和业务再造，以适应共享农业的发展。

业务再造主要包括拓展业务范围和转变发展模式。从案例来看，主体通过拓展业务范围来满足多样化、个性化的需求，如农机合作社从机耕、机播、机收逐渐向农业生产的前后端拓展业务范围，提供育苗、农资服务、销售服务以及托管业务。集趣·农博园共享农庄在民宿的基础上结合乡村旅游，开拓餐饮、特产销售、农事体验等系列服务。同时，不断转变发展模式以适应共享农业的发展需求，如润地公司通过数字技术构建数字农业服务平台实现农业生产的全程数字化；德阳农交所引进共享经济的理念，通过产权交易平台，构建起产权交易的新模式。

技术创新主要包括农业生产技术的推广应用、数字技术的集成应用、平台的建设和入驻等。物联网、移动支付、大数据等新兴技术在农业生产生活中的广泛应用，解决了由信息不对称、交易成本高、信任约束限制等带来的农村闲置资源利用率低等问题，为农业共享奠定了技术基础。同时，农业生产大数据、农产品质量追溯系统以及水肥一体化技术等农业生产技术的革新和应用，实现了生产的可视化、标准化。从实践来看，大多数农业生产主体技术创新的实力不足，多以技术应用为主，如采用电商销售、建立公众号或微信群等方式实现产品、资源和要素的共享；

少部分农户或涉农企业依靠自身的技术积累和资源，通过技术的集成创新、技术改造等，搭建共享平台，提供"一站式"解决方案，推动农业共享经济的发展。

商业模式是主体进行价值创造的路径和逻辑。作为互联网时代新型经济形态之一，共享农业的发展与主体的商业模式紧密相关。在实践中，大多数主体通过网络媒介（公众号、朋友圈、微信群、小程序）构建产品、服务和信息等共享的商业模式；也有主体基于淘宝、京东、微店等平台以及专业的第三方平台构建共享的商业模式；还有主体（德阳农交所、润地公司、极飞科技）整合自身业务，通过数字技术构建数字化的商业模式。

组织变革范畴包括组织结构改进、组织管理制度变革、组织人员调整等。农户、家庭农场主、种植大户通过加入各种互联网平台组织，跨越传统组织边界，形成虚拟组织，帮助自身获取外部资源支持。平台型组织聚集供应商、技术专家、企业，打通农业全产业链各环节，实现资源的更大范围、更广空间的优化配置。

5. 构建共享生态系统

农业共享的实现离不开外部的配套服务、产业链各主体的协作、多产业之间的融合发展以及消费者的协同创新，共同构建共享农业发展生态系统。

配套支持体系贯穿农业生产经营全过程，为农业共享提供基础设施、信息与服务支撑。完善的农业配套服务，既为农业生产经营过程的共享提供重要动力机制，同时也是实现农业共享的重要组成部分。从实践来看，基本的农田设施、网络设施、交通设施是发展共享农业的基础"硬件"。银行、科研院所等提供共享农业发展所需的资金支持、技术指导等服务，成为共享经济发展所需的"软实力"。

产业链主要包括由供给端到需求端的产前、产中和产后的要素投入，农业生产与农产品加工，农产品流通与消费三个环节。共享农业的实现需要产业链主体的相互协作、资源整合和抱团发展，共同建立产业链联盟。比如，耘丰农机专业合作社与政府合作开展农机培训，与农资生产公司合作开发"耘丰收"专用抗倒伏功能肥，与各地区农机所有者抱团发展，建立农机协作平台，整合农机需求和供给信息，实现农机全国协作发展。集趣·农博园共享农庄则整合民宿服务产业链上的各个主体，形成独特的"三途一斯"模式，并围绕民宿产业，将乡村产业、文化传承、旅游等融合发展，建立起发展共同体，实现乡村经济的繁荣。

价值共创是不同产业主体主动嵌入其他企业构建的价值链、共享系统中，共同获取价值。在共享农业发展的实践中，一是通过产业融合的方式实现价值共创，将农业与精深加工业、旅游产业、文化产业和养老产业融合，形成景观农业、休闲农业、特种食品医药等，提高了农业产业的附加值，丰富了共享农业的形态。二是基于联盟、协会等组织实现价值共创。通过组织联合等方式，加强了主体间信息、技术等的交流，有利于形成产业共同体，共同做大共享市场、增强共享能力、提高共享收益；三是基于平台的价值共创。随着共享经济的流行，部分企业通过分化，专门为农业共享提供平台支持和服务方案，帮助农业共享主体通过平台支持和获取服务。共享经济的实现，需要外部生态系统的支持，包括由金融机构、政府部门等主体构成的配套支持体系，由产前、产中和产后相关主体构成的产业体系，以及不同产业主体间融合发展的价值共创体系。

三　共享经济赋能农业价值共创的机理分析

（一）共享经济赋能农业价值共创的理论建构

由前面分析可知，共享农业通过要素所有者、生产者、消费者、政府等多元主体的互动和合作，共同参与到创造和提供价值的过程中，实现共同获益。为进一步揭示共享经济如何赋能农业价值共创，实现整个农业供给体系质量的提升，本节进一步对润地公司进行分析，提炼出51个核心概念。为了更好地组织和分类这些概念，我们对这些概念进行了归纳，并得到了13个范畴，分别为数字基础设施建设（aa1）、数字技术追随创新（aa2）、数字技术推广转化（aa3）、生产数字化（aa4）、服务在线化（aa5）、流通网络化（aa6）、生产节本增效（aa7）、管理提质增速（aa8）、产业转型升级（aa9）、政策支持（aa10）、政府服务（aa11）、产业带动（aa12）、产学联动（aa13），并形成润地公司价值共创理论模型（见图8-3）。

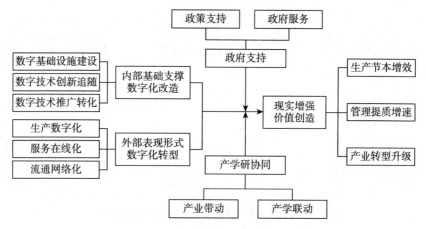

图 8 – 3　润地公司价值共创理论模型

（二）共享经济赋能农业价值共创的模式路径解析

本章利用 NVivo 软件对案例材料进行了系统的编码分析，以"润地公司数字赋能农业价值共创的模式和过程"为核心问题，构建了理论模型。根据理论模型和演化过程，采用"条件—方式—过程"的分析思路，以润地公司的发展实践为例，将共享经济赋能农业价值共创的模式路径解析为：以数字化改造为价值共创提供基础条件，通过数字化转型创新价值共创交互反馈方式，引导生产者、农业企业、政府部门、科研机构等多元主体基于企业服务平台开展价值交互，形成资源整合和服务交换的共享生态系统反馈价值体验，在系统中完成价值共创。

1. 数字化改造是共享经济赋能农业价值共创的内在条件

随着共享经济被纳入国家发展战略，信息和网络技术的快速发展增加了农业产业价值来源，数据作为新的生产要素成为农业产品和服务价值创造的新基础。润地公司以数字基础设施建设、数字技术追随创新、数字技术推广转化为核心的数字化改造，是其价值共创模式的底层架构，是农业生产现实物理空间与管理经营虚拟网络空间链接的纽带，是数据交互、运行、存储与流通的现实载体，为其价值共创奠定交互基础、提供技术支持、构建应用场景。其在价值共创过程中的数字化改造如图 8 – 4 所示。

（1）数字基础设施建设

进行数字基础设施建设是实现共享农业发展的必要条件，也是润地

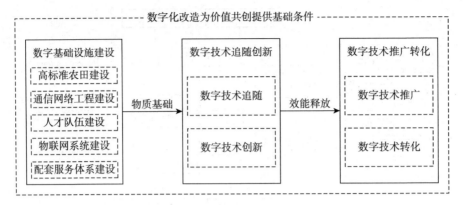

图 8 - 4　润地公司价值共创过程中数字化改造示意

公司数字化赋能农业实现价值共创的必然要求。润地公司围绕数字基础设施展开了五大建设。

一是高标准农田建设。高标准农田具有许多优点，如集中连片、设施配套、生态环境良好、抗灾能力强等。这些优点为农业生产提供了更加优越的条件，与现代生产和经营方式相适应。润地公司和政府合作，按照"能排能灌、旱涝保收、宜机作业、高产稳产、生态友好"的标准，坚持新建和改造提升并重，通过建设田间道路、灌排沟渠以及平整土地等措施，集中加强园区内田型调整、渠系配套、道路改造、地力提升，实现了园区高标准农田全覆盖，为后续数字化生产经营、实现价值共创提供了条件。

二是通信网络工程建设。信息是价值共创过程中交互实现的载体，信息传播有利于提高农业生产力及可持续性，而信息传播方式的优劣、效率的高低取决于当地的通信网络设施水平，尤其是以 5G 为代表的新型通信技术的崛起，象征着地区数字化、网络化、智能化发展程度与其通信网络设施水平息息相关。润地公司联合大邑政府、电信公司在园区内建成 151 个 4G 基站和 103 个 5G 基站，从而实现了 4G 网络的全域覆盖。此外，在主要的集镇、产业功能区等重要场景中，5G 网络覆盖质量也得到了很大的提高。为了满足人们对网络速度和稳定性的需求，电信公司还致力于千兆光网升级，并实现了行政村全域的千兆光网 100% 覆盖，为共享农业场景的构建和应用、完成价值交互夯实了基础。

三是人才队伍建设。人是价值的创造者。共享农业的发展、价值共创的实现，人才是根本。润地公司人才团队涉及 IT、金融、农技、企业管理等领域的人才近 50 人，其中博士 3 人，硕士 12 人，四川省专家、农技专家 5 人，通过科教联动、产学融合、乡企协作等方式，形成了完备的人才培育体系，培养了上千名职业经理人和职业农民。当地农业开发企业及专业生产合作社基本由这些职业农民掌舵，进行专业化和规模化生产。同时，政府还牵头创建了农业职业经理人协会，下设粮油分会、蔬果分会、养殖分会等，由专业的职业经理人担任分会长。以人才质量的提升带动当地农民更快速地适应共享农业生产模式，以专业的分工引领区域农业发展形成引导效应，以知识和想法共享形成联合互惠及迭代的依赖关系促进价值网络融合。

四是物联网系统建设。物联网是数字技术和农业农村发展的结合点，也是创造更高价值的起点。润地公司在高标准农田建设的基础上，通过温湿度传感器、pH 值传感器、光传感器、CO_2 传感器等监测设备安装，农作物健康监控摄像机安装，农业小型气象站、虫情测报站、土壤养分检测站建设，建成"田网、渠网、路网、观光网、服务网、信息化网、设施用地网"七网配套的物联网系统，数据从此被纳为润地公司农业生产和价值共创过程中的关键要素。

五是配套服务体系建设。要想充分发挥共享农业的驱动效应，快速实现价值共创主体间的对接，还需要相应配套服务体系的支撑。润地公司与中国农业银行大邑支行等银行合作，依托农业园区厂房按揭、流动资金贷款等信贷产品，补足上下游农资农药、粮食种植、粮食储存烘干等信贷需求，获得信贷支持 1000 余万元，建立"数字乡村金融示范区"，以村为单位，因地制宜，推动各项金融政策落地。同时建立了以"平台 + 中心 + 农场"为核心的社会化大服务体系，为共享农业发展的全过程提供了完善的服务保障，助力提高共享农业发展质量，促进了当地农业服务的专业化分工和农业生产与农业服务的个性化发展，为价值共创提供了新的价值来源。

（2）数字技术追随创新

数据规模爆发式增长带来传统生产方式变革。关键技术创新突破成为集中数据资源、促进数据要素合规高效流通的关键点和评估数据价值、助力价值增长的发力点。润地公司通过技术追随和技术创新，打破了技术壁垒，畅通了交互渠道，为价值共创的实现提供了技术支撑。

一是瞄准国内的先进技术开展技术追随。与中化集团签约合作，引入中化 MAP（Modern Agriculture Platform）系统，签订北斗高精度定位服务协议，购买农业 ERP 软件管理系统，将技术应用到实际生产服务中。

二是因地制宜实施技术创新。技术追随促进了润地公司的知识积累和技术能力递进，使其逐步具备自主开发和技术创新能力。润地公司结合对周边天府现代种业园、天府农博园、智慧牧场示范基地的现实考察和吸取"农贷通融资综合服务平台""成都市益农信息服务平台"的成功经验，依据大邑农业生产实际，自主研发耕地识别、作物识别、环境监测、适种分析、灾害预警、产量预测、精准生产和价格预测八大智能模型，集成遥感、物联网、GIS 等技术，自主开发了润地"吉时雨"共享农业服务平台，有力助推了农户生产方式的数字化转型，创造了平台化的交互环境，为主体实现价值共创提供了整合相关资源的机会。

（3）数字技术推广转化

数字技术追随创新所蕴含的放大、叠加、赋能的经济效能，需要通过推广转化来进行释放。数字技术的普及和推广为先进农业科技成果的传播和创新提供了有力的支持，加速了农业现代化进程。润地公司利用数字技术推广传播先进的生产理念，通过数字装备应用为数字技术转化提供载体，同时两者相互参验，推动了数字技术在更广范围的发展扩散，也为价值共创构建了更宽领域的应用场景。

一是数字技术推广。润地公司增设推广服务部门，成立专门的运营团队，针对农户进行免费的技术培训和教学，定期举办共享农业大讲堂，培训数字农民 1200 人次。与国家农业信息化工程技术研究中心、中国农科院、四川农业大学等 12 家科研院校合作，建成数字农业培训中心，培训农业职业经理人 2 万余人次。利用短视频、微信公众号等新媒体进行矩阵推广，构建线上虚拟展厅，建设智慧导览平台，实现 VR 全景漫游，打破推广的时间和地域限制，提高推广效率，加强农民对各类数字技术的深入认知，促使其更多地应用数字技术提高农业生产水平。

二是数字技术转化。润地公司进行大规模的数字农机装备应用，在园区内配备大疆植保无人机、无人驾驶拖拉机、插秧机、收割机等大型数字农机装备 100 余台，实现了收割、耕种、播种、施肥的全程机械化操作。在实现机械化生产的基础上，为大数据、人工智能等新兴技术在农业生产领域的融合转化创造了条件。构建数字化应用场景，依托园区建设 150 余个数字农场，运用物联网设施、无人机设备、智能化机械与 AI 决策系统，建成四川首个"无人农场"，通过构建广泛的数字化应用场景为数字技术转化提供了真实的试验环境和大规模的验证数据，帮助润地公司明确技术转化落地方向，加速资源集聚，推动农业生产的数字化转型，继续丰富数字技术在农业领域的实践，发挥模式和示范基地的引领作用。润地公司价值共创内部条件支撑构建逻辑如图 8 - 5 所示。

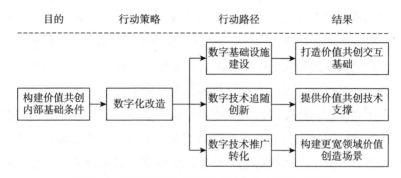

图 8 - 5　润地公司价值共创内部条件支撑构建逻辑

2. 数字化转型是共享经济赋能农业价值共创的创新方式

数字化转型指的是利用创新的数字技术改变传统应用场景实现数据价值的过程，强调数据要素的获取、流动和应用，从而提升赋能对象能力或为其实现价值创造提供可能。润地公司通过数字化转型改变了传统农业的生产方式、经营方式、管理方式，细化了劳动分工，延伸了农业产业链和价值链，运用数字化实现了更广泛层面生态系统的价值创新，革新了交互反馈方式，促进了主体间价值识别，使得价值共创系统具备更佳的交互反馈功能和更优的价值创造环境，其具体表现在生产数字化、服务在线化、流通网络化三个方面（见图 8 - 6）。

（1）生产数字化

一是生产数据化。润地公司利用物联网、田地监控系统、图像识别系统组建数据采集模块，对生产过程中温度、湿度、气压、降雨量、光照等农业生产信息，以及生产资料投入、农作物长势、病虫害面积等生产情况进行大规模的数据采集。依据生产计划，以自主研发耕地识别、

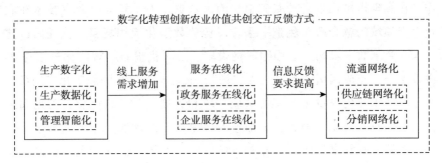

图8－6 润地公司数字化转型创新农业价值共创交互反馈方式

作物识别智能模型为支撑，构建数据处理模块，对收集到的数据进行清洗梳理和抽取整合。引入NoSQL（Not only SQL）数据库作为数据储存模块，实现结构储存和数据缓存。建立润地数字运营中心，用LED电子大屏幕作为数据可视化模块，进行数据陈列和图表展示。将数据链接"吉时雨"手机App，打造数据共享模块，农户、政府、企业在上面根据自身需求随时随地完成数据上传和数据下载。润地公司通过数据可视化系统的打造，打破了主体间的数据壁垒，实现了数据互联互通。各方获取数据的需求都可以通过平台快速传递，使主体间的连接更加紧密，进一步整合了数据资源，提升了交互效率。

二是管理智能化。依托数据可视化系统，以计算机测控技术为核心，采用MGPC（Multivariable Generalized Predictive Contrl，多变量广义预测控制）算法构建环境监测模型，建成"天空地"一体化大田农情监测系统，实时准确地监控农田生产的各种环境参数。依据灾害预警、产量预测和市场预测，搭建农业生产精准管理决策系统。根据监测系统提供的数据，结合环境测量值以及预设理想值的对比得到误差，自动控制给养设施，为作物的生长随时补给，使环境数据回归预设水平，保证作物生长环境的稳定性。智能化管理改变了传统农民"面朝黄土、背朝天"的耕作模式，农民足不出户就能在家远程获取生产信息，精准施策，数字系统作为载体能够与生产者高度连接，传统价值共创的人际交互成为协作式的人机交互，价值创造的效率大大提高。

（2）服务在线化

润地公司以数据驱动构建线上服务场景，保障了服务供需双方实时、流畅的线上沟通，双方交互不再受时空的限制，在满足农户需求的同时，也提高了服务的效率和质量。

一是政务服务在线化。润地公司通过"吉时雨"平台链接政府系统，为农户提供在线认证、在线授权、数据交换、服务事项目录、地图服务、信息服务和"一站式"服务等功能。农户在线上平台即可办理涉农项目行政许可，申领种植项目政府补贴，实现了政府政策服务资源与农田生产数据资源的互联互通，也帮助政府实现政务公开、优化服务供给、加强政民互动，提高了政府行政管理服务的效率与精度。与传统的线下政府服务（如实体大厅的办事窗口）相比，"吉时雨"在线政务服务平台具备数字化、移动化、低门槛、交互性等特点，营造了无时不在、无处不在的政务服务环境。

二是企业服务在线化。润地公司联合专家团队成立服务团队，在"吉时雨"平台持续为农户解决农业生产过程中的各项难题。在"吉时雨"手机终端，农户可实时联系服务团队，咨询栽培管理、施肥、病虫害防治等方面的问题，团队根据图像资料诊断并予以及时反馈。服务团队还能依据农户生产数据，在线向农户提供针对性的生产服务，在发现数据异常时，向农户发送预警信息。金融贷款也无须线下抵押，服务团队通过线上信誉审查，对接银行完成在线借贷。所有的企业服务都在线上进行，既为农户提供了便利实惠、优质安全的服务，也提升了企业服务水平，为企业平台积累了良好的口碑，吸引更多主体参与反馈。

（3）流通网络化

线下交互向线上交互的转变，需要市场信息反馈速度的提高，这是提升价值共创效率的关键因素。润地公司采用合作方式建立供应链网络，集成农产品信息资源，以物流中心为依托、以共享平台为桥梁，建立分销网络，以降低交易成本，并以市场需求为导向，建立数字化、信息化、现代化、智能化的现代农产品物流体系，提高信息衔接和资源整合效率，畅通主体间价值共创的反馈渠道。

一是组建供应链网络。润地公司牵头当地农村经济合作组织、农资供应企业、物流运输企业、精深加工企业等供应链上下游主体，通过协议、契约等方式将他们链接起来，组建优势互补、资源共享、责任共担的供应链网络。组织内部实现高效分工和专业化，避免因不擅长的环节而产生短板，实现信息和基础设施的集成和共享，降低市场风险的不确定性。

二是组建分销网络。润地公司链接当地粮站、菜市场、农产品专卖店、农产品超市等销售渠道资源，构建起直接对接产地批发市场和销地批发市场的分销网络，与京东、淘宝等电子商城展开合作，利用先进的电子商务进行市场交易，农户能直接在"吉时雨"App上进行资料购买和产品销售，改变了传统的"一对一"交易方式，实现了规模化、高频次的交易，提高了市场透明度和价格反映供求关系的准确性。润地公司数字化转型创新价值共创交互反馈方式逻辑如图8-7所示。

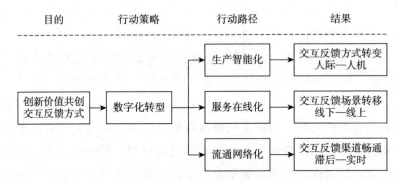

图8-7 润地公司数字化转型创新价值共创交互反馈方式逻辑

3. 构建共享生态系统是共享经济赋能农业价值共创的关键

结合编码分析的模型以及阐述，从利益相关者理论及系统理论角度出发，润地公司通过数字化改造构建起价值共创的内部支撑体系，数字化创新价值共创的交互反馈方式，最终围绕润地数字农业综合服务平台构建了三层级的润地公司共享农业价值共创生态系统（见图8-8）。该系统包括多个主体，它们之间通过协同互动来实现价值共创。实现价值共创的过程发生在系统最内层，中间层则是服务交换中资源要素的流动和整合，最外层和中心的润地数字农业综合服务平台则是各参与主体共同实现价值共创的关键。在整个生态系统中，润地数字农业综合服务平台的搭建是基础，多方主体的协作互动是关键，服务交换和价值共创是实现形式，系统的创新升级是目的。

（1）润地数字农业综合服务平台

润地公司通过数字基础设施建设、数字技术创新应用，以"科技赋

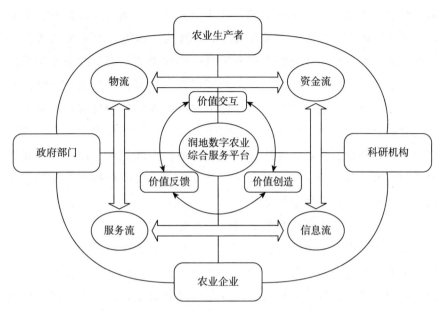

图8-8 润地公司共享农业价值共创生态系统

能农业产业，创新驱动乡村振兴"为理念，依托智慧农业产业园区，打造了"吉时雨"数字农业综合服务平台，为农户提供生产服务，为政府提供数据、监管服务，为服务商家提供线上交易、金融服务。润地数字农业综合服务平台为整个生态系统提供了服务交换和创新的空间，兼顾各参与方利益诉求和生态系统价值诉求，实现了资源整合、服务交换。它的功能主要表现为：一是利用数字技术对农业从生产到销售的产业数据进行提炼和再加工，解决农业的供需信息不对称问题；二是以网络化为手段，联合当地政府、新型农业经营主体、农业企业构建虚拟产业集群，实现资源互补、协同合作，形成规模经济；三是发挥生态系统"数字大脑"的作用，运用物联网、云计算、大数据等数字技术，科学调配自然资源、劳动力、资本、科学技术等生产要素，实现产业链物流、信息流、资金流、服务流"四流合一"，从而壮大产业规模，促进共享生态系统高效运行。

（2）共享生态系统中价值共创的参与主体

共享生态系统中价值共创的参与主体包括农业生产者、企业、政府部门和科研机构。截至2022年，润地数字农业综合服务平台的服务对象涵盖规模化农场主 250 多个，农民 2.1 万余人。润地公司以龙头企业身份，带动当地企业，引入京东商城、平安科技（深圳）有限公司等社会资本，链接润地数字农业综合服务平台一体化发展。润地共享生态系统的构建离不开大邑政府的支持，政府部门出台政策，为润地数字赋能农业价值共创模式的建设保驾护航，提供政府服务促进当地共享农业的发展。润地公司联合中国农业大学、电子科技大学、四川农业大学、四川省农科院、成都农科院，通过成立示范基地、实践基地，建立了以知识共享、技术转移为特征的产学研协同合作体系，科研机构作为知识创新的主体进入润地共享生态系统。

（3）共享生态系统中价值共创的实现过程

润地共享生态系统价值共创的实现过程可以分为价值交互、价值反馈、价值创造三个活动环节。价值交互是价值共创的起点，价值反馈是价值共创的关键，价值创造是价值共创的独特价值，也是更高起点价值共创的开始。

一是价值交互。生态系统内参与主体间持续有效的交流互动，是实现价值共创的必要前提。在润地共享生态系统中，价值交互发生在微观、中观和宏观三个层面。微观层面涉及双方互动，例如农民和企业、企业和政府以及政府和农民之间的交互。这一层面关注价值创造的全过程，缓解信息不对称，丰富和增强服务的内涵和体验。中观层面以数字农业综合服务平台为媒介，多个主体参与多元互动，数字平台鉴别和处理供需双方提供的数据信息，确保数据的真实性和价值，打破"信息孤岛"，降低交易成本，提高农业产业效率。宏观层面参与主体之间形成广泛互动网络，使得价值交互贯穿整个农业产业的发展过程中。

二是价值反馈。在共享生态系统中，由于互动数据的实时反馈，各参与主体能够高效适应环境和需求的变化，由此价值创造的过程表现为不断迭代的反馈过程。价值反馈是将共享生态系统内各参与主体创造的价值要素，基于平台统计分析，分配与之相匹配的其他价值要素，以此激发各主体参与价值共创的积极性。价值反馈是整个共享生态系统中实现资源整合的手段，通过对农业全产业链的物流、信息流、资金流、服务流四个价值要素的有机转换和有效整合，扩大和提高农业产业的整体规模和运行效率。

三是价值创造。各主体在共享生态系统完成价值交互和价值反馈后，实现价值创造。润地共享生态系统的价值创造包括三方面。首先是农业生产节本增效，润地共享生态系统利用平台链接整合生产资源、利用数字计算分配生产要素，农户能利用数字系统搭建出虚实结合空间场景，在其中完成生产信息交流、服务交换、知识共享，降低了农业生产成本，提高了农业生产效率。其次是政府、企业管理提质增速，政府、企业利用共享生态系统的数据库，能够查询到全面、客观的历史数据，以数据为支撑展开管理工作，提高管理质量和效能。企业通过对历史数据的整理分析，匹配用户群体，挖掘潜在价值，实现精准管理和质量管理。最后是农业产业转型升级。润地共享生态系统以数据为媒介，识别生产、加工、服务、销售等不同场景间的关联，促进产业链条的融合。通过梳理复杂数据间的关系，挖掘潜在机会，引导生产模式、服务逻辑的变革，实现产业的转型升级。

（三）共享经济赋能农业价值共创的作用机制分析

润地公司通过数字化改造和数字化转型，构建共享生态系统，联合多方主体，在系统内部完成了"价值交互—价值反馈—价值创造"的非线性价值共创过程，实现了价值创造。结合理论分析框架，在这个过程中，共享经济所具备的数字化和信息化、跨界融合等特点，赋能了传统的价值共创过程，促进了农业价值共创的创新和高效发展，具体作用机制如图 8-9 所示。

1. 数字化和信息化赋能农业价值交互和反馈过程

（1）数字化和信息化赋能价值交互

一是信息共享。价值交互阶段需要参与者之间进行信息共享，数字化和信息化技术可以帮助信息共享的实现。例如，润地公司运用农业物联网技术，可以实现对农作物生长、土地利用等信息的实时监测和共享，实现生产者、政府、服务商之间的信息共享。与传统农业价值共创相比，共享经济赋能下价值交互阶段的农业生产和经营中各类信息更加丰富，渠道更加便捷，相关主体能够通过如"润地数字农业综合服务平台"等互联网平台、"吉时雨"等移动应用程序、区块链技术等获取信息。而传统农业价值共创中，信息共享的渠道相对有限，主要依赖于人际关系和

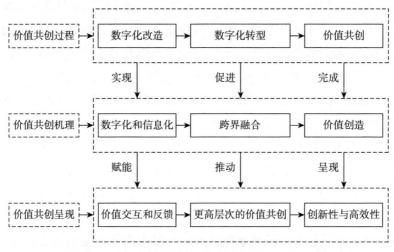

图 8-9　共享经济赋能农业价值共创的作用机制

政府信息、会议展览等传统渠道。

二是信息整合。在农业价值共创过程中，需要整合各方信息，以实现决策的制定和执行。润地共享农业价值共创系统可以通过互联网、物联网、云计算等技术手段实现更加精准的信息整合和分析，而在传统农业价值共创中，信息整合相对困难，依赖于人工汇总和整合。

三是信息透明。信息透明是农业价值共创的基础。共享经济的数字化和信息化特点，能够将农业生产链各环节的信息数字化，实现整个产业链条的信息透明。润地公司利用区块链技术，实现农作物种植、管理、收割等环节全过程的信息透明，提高消费者对农产品的信任度。在传统农业价值共创中，信息透明度相对较低，信息公开和监督的渠道也相对较少。数字化和信息化赋能价值交互对比如表 8-3 所示。

表 8-3　数字化和信息化赋能价值交互对比

数字化和信息化	传统的农业价值交互	共享经济赋能下的价值交互	润地公司的具体实践
信息共享	共享的渠道相对有限，主要依赖于人际关系和政府信息、会议展览等传统渠道	信息更加丰富，渠道更加便捷	相关主体能够通过如"润地数字农业综合服务平台"等互联网平台、"吉时雨"等移动应用程序、区块链技术等获取信息

续表

数字化和信息化	传统的农业价值交互	共享经济赋能下的价值交互	润地公司的具体实践
信息整合	信息整合相对困难，依赖于人工汇总和整合	在更高层次和更大范围内整合信息。信息整合更加系统化和精细化	润地数字农业综合服务平台通过农业大数据技术，可以将各方信息进行整合和分析，实现决策的制定和执行；润地数字农业综合服务平台可以通过互联网、物联网、云计算等技术手段实现更加精准的信息整合和分析
信息透明	信息透明度相对较低，信息公开和监督的渠道也相对较少	各种信息更加透明，可以通过互联网等渠道公开透明地展示出来，从而实现信息的公开和监督	润地公司利用区块链技术，实现农业生产全过程的信息透明，包括农作物种植、管理、收割等环节的信息透明，提高消费者对农产品的信任度

（2）数字化和信息化赋能价值反馈

通过数字化反馈、实时反馈、精准反馈等方式，农业生产主体和消费者可以更加直观、全面地了解农产品的生产过程和品质情况，以便在此基础上持续地优化和改进农业生产。

一是数字化反馈。数字化反馈是指通过数字化和信息化的手段，对农产品的生产销售情况、市场需求、价格波动等数据进行采集和分析，为农民提供决策支持。润地公司开展数字化改造，在生产区域布置传感装置和监控探头以收集生产数据，为农户提供科学精准的决策。而在传统农业价值共创主要依赖于农民或合作社自身的记录和调查，以及政府的官方统计数据，不够全面和准确。

二是实时反馈。润地公司联合各主体实现服务在线化，通过移动应用程序与各主体进行交互反馈，及时响应各主体的问题和需求；同时能够将数据分析结果及时反馈给农民，帮助农民快速调整生产和销售策略，提高产品的附加值和市场竞争力，增加农民的收益。而在传统农业价值共创过程中，农业生产主体通常通过面对面交流或电话沟通等方式进行信息的交流和反馈，信息传递不及时且效率低下。

三是精准反馈。润地公司利用无人机、遥感和传感器等技术实现对农作物的智能监测和管理，对土壤进行分析和预测，为农民提供精准的农事建议和管理方案。而在传统农业价值共创过程中，价值反馈更多地依赖经验和直觉，反馈结果往往比较主观和片面，容易造成误判和损失。综上，数字化和信息化赋能价值反馈对比如表 8 - 4 所示。

表 8 - 4　数字化和信息化赋能价值反馈对比

数字化和信息化	传统的农业价值反馈	共享经济赋能下的价值反馈	润地公司的具体实践
数字化反馈	主要依赖于农民或合作社自身的记录和调查，以及政府的官方统计数据，不够全面和准确	价值反馈更加直观，可以使生产信息转化成数据，通过收集分析呈现	润地公司开展数字化改造，在生产区域布置传感装置和监控探头以收集生产数据。通过这些数据的收集和分析，农业生产主体可以了解自己的生产效率和质量，进而采取更加科学的决策
实时反馈	农业生产主体通常通过面对面交流或电话沟通等方式进行信息的交流和反馈，信息传递不及时且效率低下	价值反馈更加及时，可以实时沟通和实时监测	润地公司联合各主体实现服务在线化，通过移动应用程序与各主体进行交互反馈，及时响应各主体的问题和需求；同时能够将数据分析结果及时反馈给农民，帮助农民快速调整生产和销售策略
精准反馈	更多地依赖经验和直觉，反馈结果往往比较主观和片面，容易造成误判和损失	价值反馈更加精准，可以根据需求精准服务	润地公司利用无人机、遥感和传感器等技术实现对农作物的智能监测和管理，对土壤进行分析和预测，为农民提供精准的农事建议和管理方案

2. 跨界融合推动农业实现更高层次的价值共创

共享经济的跨界融合是指不同产业之间、不同技术之间、不同地区之间，通过数字技术的运用，共同创造新的价值和新的商业模式的过程。其中，产业融合使不同产业内先进的技术相互转化，促进了技术融会；技术融会使交互反馈突破地域的限制，推动了区域融通；区域融通使产业的协同不再受地区的限制，深化了产业融合（见图 8 - 10）。在农业价值共创领域，共享经济的跨界融合特点可以帮助农业实现从传统农业向现代农业的转型，提高农业生产效率，实现更高层次的价值创造。

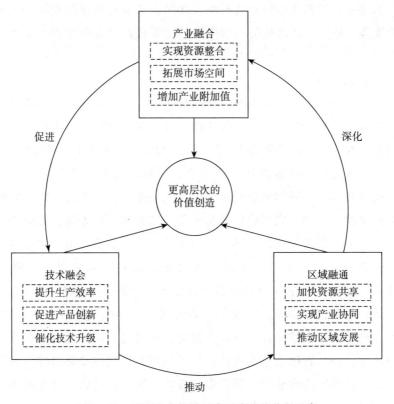

图 8 – 10　跨界融合推动更高层次价值共创示意

（1）产业融合

产业融合是指不同产业之间的紧密合作和协同创新，以实现资源整合和价值共创。

一是通过产业融合实现资源整合。产业融合可以将农业与其他相关产业紧密连接起来，实现资源的整合和价值交互。通过跨界合作，农业生产者可以与物流、信息、金融等行业交互，共同建立起完整的产业链，实现资源优化配置和价值共享。例如，润地公司促进流通网络化，与物流公司合作，使农业生产者可以实现农产品的快速、安全运输，从而提高产品的保鲜度和品质。二是通过产业融合拓展市场空间。产业融合可以将农产品连接到不同的市场和渠道中，拓展销售空间。润地公司促进服务在线化，与社会化服务主体合作，可以实现农耕服务的在线预约和销售，拓宽市场渠道。三是通过产业融合增加产业附加值。润地"吉时雨"数字平台因其典型性和便利性，升级为"成都智慧粮油服务系统"，形成优势互补、互利共赢的共创格局，能够提高产业的生产效率和产能水平。

（2）技术融会

技术融会是指将不同领域、不同行业的技术进行整合，形成新的技术或应用。与传统农业价值共创过程相比，共享经济赋能下的农业价值共创为技术融会提供了更便捷的条件，为价值共创带来了更多的变革。

一是通过技术融会提升生产效率。润地公司将生物技术、信息技术、机械技术等不同领域的技术应用于农业领域，实现更高效、更智能的生产过程，实现了农田的智能化管理。二是通过技术融会促进产品创新。润地公司采用先进的传感器、物联网、云计算等技术，实现农业生产全程数字化和自动化，进而推动农业产品的创新和升级。将中化MAP技术引入高标准农田建设和管理之中，同时基于MAP技术进行技术创新，自研预测模型，实现了产品的创新，形成了独特的竞争优势。三是通过技术融会催化技术升级。润地公司通过与高校、研究所等科研机构合作，将其科研成果落地转化，再以实践结果推动科研技术的进步和升级，从而解决农业产业所面临的现实问题，推动农业行业技术的进一步升级。

（3）区域融通

区域融通指的是不同地域之间的文化、技术、产业等方面的融合与交流。随着信息技术的不断发展，不同地域之间的交流变得更加容易和快捷，可以加快价值共创过程中的资源共享，实现产业协同，为不同地区的企业和个人提供更多的价值创造机会和资源，推动区域经济的发展。

一是通过区域融通加快资源共享。不同地区的农业资源可以进行优化配置，从而提高农业生产效益。润地公司将集中连片地区的土地统一进行高标准农田建设，实现了土地资源的集约利用。通过在各地布局产业中心，培育当地特色品种，打造特色品牌，提升自身产业的多样性和差异性。二是通过区域融通实现产业协同。润地公司通过数据分析和计算，布局建设粮食烘干中心、数字农业服务中心，完善产业布局；引入沿海一带的社会化服务主体，将先进的生产服务技术同本地规模生产相衔接，实现产业协同。三是通过区域融通推动区域发展。润地公司将崇州模式积累的建设经验与大邑县的实际情况相结合，发展特色粮油产业，推动当地农业产业的升级。在大邑县，润地公司数字赋能农业的发展，带动了相关科技服务、设备制造等产业的发展，从而推动了当地经济的发展。

3. 共享经济赋能下农业价值共创呈现创新性和高效性

共享经济的信息化和数字化为农业价值共创的交互和反馈带来了变革。共享经济的跨界融合使价值创造向更高层次迈进，两者相结合赋予了共享经济背景下农业价值共创新的特征，表现为价值共创的创新性和高效性。

（1）共享经济赋能下农业价值共创的创新性

一是合作模式创新。润地共享生态系统中包括农民、政府、科研机构、农业企业等多元利益主体，从而促进更加全面和高效的农业价值共创。在基于数字平台链接多元主体形成的共享生态系统中，形成了开放式合作和众包式合作两种模式。开放式合作模式是指不同的参与方可以基于数字技术平台进行开放式的合作创新，共同打造数字农业生态系统。这种合作模式具有创新性、高效性和资源优化的特点，可以有效促进农业技术的创新和产业链的协同发展。众包式合作模式是指利用数字技术平台，将任务和问题公开发布，吸引更多的参与者来完成任务和解决问题。在共享农业生态系统中，众包式合作模式可以集聚更多的资源和智慧，促进农业技术的创新和发展。同时，众包式合作模式也可以帮助解决一些农业生产中的难题，提高农业生产的效率和质量。

二是产品和服务创新。在共享经济赋能下，产品和服务的发展得到了更多的机会和更大的空间，同时数字技术也为产品和服务创新提供了更加便利和高效的手段。润地公司基于多方合作链接的生态系统，推出更为个性化、智能化的农业产品，更好地满足消费者需求。通过数字经济平台的支持，拓展农业产品的销售渠道和市场规模，提升农业产品的竞争力和附加值。利用数字技术对农业生产进行优化和升级，提高农业产品的质量和效益。农业服务逐渐由传统的生产性服务向包括生产性服务、管理性服务、信息服务和社会化服务在内的全方位服务转变，涵盖物流、电商、技术培训等方面，通过数字化手段实现了农产品的产销对接、农业技术的推广以及农民收入的提高等目标。

三是商业模式创新。在共享经济赋能下，企业可以通过数字技术实现业务的数字化、信息化，从而提高经济效率，创造新的商业机会，改变商业生态，进而推动商业模式创新。润地公司通过数字技术提供了连接各个环节的手段，通过农业产业互联网平台实现了生产、流通、营销等各个环节的信息共享和优化，同时为农民提供了更为便捷的服务。润地公司将自身同农产品电商平台相链接，通过互联网技术与物流配送的融合，为农民提供了更多的销售渠道和服务，实现了农民和消费者的双赢。此外，乡村旅游、定制化生产等新的商业模式，也为农业产业提供了更为灵活和多元化的发展路径。

（2）共享经济赋能下农业价值共创的高效性

数字化改造为价值共创提供了更好的技术平台和工具，促进了各参与方之间的协作和信息流通，以实现更好的资源整合和优化配置。共享经济赋能不仅增加了农业产业的生产效率和市场竞争力，还使农业与其他领域更紧密地联系在一起，使农业价值共创更加高效，具体表现为信息共享、协同合作和价值创造的高效性。

一是信息共享的高效性。在共享经济赋能下，农业信息共享变得更加容易和高效，通过数字技术和平台，不同参与方可以实现实时、全面、准确的信息共享，避免了"信息孤岛"和信息不对称的问题，提高了决策的准确性和效率，促进了信息共享和交流的高效性。二是协同合作的高效性。协同合作是指不同的参与方通过合作实现共同的价值目标。共享经济为协同合作提供了更多的技术和模式，例如云计算、大数据、人工智能和区块链等技术，以及电子商务、电子支付、共享经济等商业模式，这些技术和模式能够降低参与方之间的交易成本、加快信息流通和实现资金流动，进一步提升协同合作的效率和效果。三是价值创造的高效性。价值创造的高效性指的是在资源互补和优化利用的基础上，通过信息共享、协同合作等方式更快、更准确地满足消费者需求，提升产品或服务的质量和附加值，从而获得更多的经济效益。在共享经济赋能下，数字技术的应用使得信息更加透明、准确，促进了各参与方之间更加高效的协同合作，从而实现了更高效的价值创造。

四　本章小结

本章以典型案例为例，运用扎根理论探讨了共享经济如何赋能农业价值共创，以探究农业供给体系质量提升的机理。主要研究结论如下。

数字化改造是数字经济赋能农业价值共创的内在条件。数字基础设施建设搭建起价值共创交互基础，数字技术追随创新为价值共创提供技术支撑，数字技术推广转化构建起更宽领域的价值创造场景。

数字化转型是数字经济赋能农业价值共创的创新方式。生产数字化改变了传统的价值交互方式，服务在线化重构了价值交互反馈场景，流通网络化畅通了价值交互反馈渠道。

以企业平台为中心链接多方主体共建数字生态系统是数字经济赋能农业价值共创的关键，多方主体在生态系统内完成价值交互、价值反馈、价值创造的价值共创过程。

数字经济赋能农业价值共创的作用机制为：数字经济的数字化和信息化特点赋能农业价值共创过程，跨界融合特点推动农业实现更高层次的价值共创，两者相互作用使农业价值共创呈现出创新性和高效性。

政策篇

　　农产品供给保障强始终是建设农业强国的头等大事，实现农业供给体系质量提升的意义非凡。本篇着眼于激发共享经济的强大正向外部溢出效能，构建共享经济下农业供给体系质量提升的实现路径，并针对政府、农业经营主体和互联网平台企业提出切实可行的政策建议。

第九章 共享经济下农业供给体系质量
提升的现实路径

　　在我国"两个一百年"奋斗目标的历史交汇点，农业供给体系质量提升的路径设计应顺应时代潮流，符合当下中国特色社会主义现代化建设新发展阶段、新发展理念和新发展格局的要求，为迎接新一轮战略机遇做好准备。改革开放以来，中国社会主义现代化强国建设的阻碍之一便是中国农业现代化建设长期滞后于经济社会的快速发展（韩鹏云，2021）。而农业现代化作为第二个百年奋斗目标的实现基础（王春光，2021）和开启社会主义现代化建设的重要内容，在宏观战略层面不仅需要对我国仍然处于社会主义初级阶段的正确认识，还应准确把握全球经济一体化带来的新发展机遇。在全球经济一体化的浪潮下，要树立新发展理念，构建新格局，创建新思路，从而推动实现自身的高质量发展。乡村振兴作为 2021 年中央一号文件强调的工作重点，是实现社会主义现代化必须攻克的难关，是社会主义现代化的潜力后劲与基础支撑，更是关系到民族复兴大业的关键。为实现乡村振兴，应该积极发展农业产业，着力推进农业农村现代化。然而，当今中国正处于百年未有之大变局中，国内外环境复杂，农业现代化发展的机遇与挑战并存。从国内来看，实现农业现代化的机遇在于国家相应的整体战略和决策部署涵盖了农业供给质量提升、乡村振兴、农业高质量发展等多方面的发展方向。但与此同时，农业供给结构调整滞后于农业消费结构调整、农业资源环境恶化、农产品品质低下、农产品生产成本增加、农户收入提高困难等问题无法得到有效解决（王国敏、常璇，2017），农业供给体系的供给质量已不能满足新时期人民对高质量农产品的需求，唯有全面深化农业供给侧结构性改革以提高供给质量，才能满足人民品质化、多样化和个性化的农业需求。从国际来看，随着中国对外开放程度的不断提升，中国越来越多的农产品"走出去"，融入充满机遇的世界竞争市场中。但国外发达国家对农产品品质的要求较高，我国在高质量农产品的输出能力上还有所欠缺，这制约着我国农业的进一步开放发展。在复杂的国内外形势下，结合课题组的调研结果和研究案例进行实证分析，探寻全面提升中国农业供给体系质量提升的现实路径，从短期来看，对我国乡村振兴战略的落实和农业现代化的推进有重大的实际贡献；从长期来看，对我国粮食安全保障和实现社会主义现代化强国有积极的现实意义。

共享经济下农业供给体系质量提升，应以习近平新时代中国特色社会主义思想为指导，创新发展理念，推动落实乡村振兴战略，以农业现代化为方向促进农业高质量发展。同时以农业供给体系质量提升为目标、科技创新为动力、协调发展为要求、绿色发展为引领、开放发展为路径，实现共享发展，充分发挥共享经济在农业资源要素配置中的优势和特色，推动土地、资金、技术、劳动力、数据等要素资源向农业领域流动，构建农业要素、产品、服务共享机制，大力支持新型农业经营主体，提高农业供给主体参与农业要素共享的能力，制定发布有利于共享经济下农业供给侧质量提升的政策和制度，将共享经济与现代农业发展相融合，实现传统农业向数字农业、智慧农业转型升级，从而推进农业供给侧结构性改革，推动中国由农业大国向现代化农业强国转变，为提升中国农业供给体系质量、推进中国农业现代化和高质量发展提供根本保障。

一 农业科技创新支持农业供给体系质量提升的路径

目前，"创新驱动"在我国国家发展的重要战略中居于核心地位。2013 年 11 月 28 日，习近平总书记在山东农科院召开座谈会时强调，农业发展必须走农业现代化的道路，唯有依托农业科技进步才能根本性地推动农业现代化发展，让农业走内涵式发展道路。农业是国民经济中的支柱产业，发展农业就是要以科技创新为支撑提升农业供给体系质量，实现发展动力由要素驱动向创新驱动转变。当前，共享经济与农业发展相结合为农业技术共享、知识共享、要素共享等创新模式提供了发展条件，加强了农业创新主体与供给主体之间的联系，共享经济背景下农业科技创新成为支持和推进农业供给体系质量提升的重要路径选择。因此，在共享经济理念和创新发展战略的指引下，新型农业经营主体、小农户、农业科研院所和政府部门等不同主体均致力于农业科技创新，这对支持和促进农业供给体系质量提升具有重要的战略意义。根据课题组对四川省不同农业供给主体参与农业科技创新的现状调查，结合共享经济下农业供给质量提升的案例与实证研究，本章从以下几方面提出农业科技创新支持农业供给体系质量提升的路径选择。

（一）小农户参与农业科技创新提升农业供给体系质量的路径选择

依托现代互联网信息共享平台，多渠道广泛参与农业技术培训，以先进的农业科技创新成果提升农业供给质量。要推进农业农村现代化进程，就要把握住农民集中技术培训这个关键法宝。小农户具有落后性和脆弱性，进行农业科技创新的能力不足，但小农户可以通过参与各类农技培训，学习先进的农业科技，将农业科技创新运用于生产实践中。而传统农技培训多为政府、合作社、企业等实体在特定时间、特定地区针对特定人员进行的面对面线下培训，严格受到时空限制，大部分小农户并不愿或不能参与农技培训。随着互联网在农村的不断普及，特别是手机移动互联网的普及，依托现代互联网信息共享平台，农技培训不再受到时空限制，小农户可以自由安排空闲时间参与自己需要的农技培训，极大地改变了小农户参与农技培训的方式和渠道，能有效提升小农户参与农技培训的意愿和能力。例如，位于四川小山村的一名农户可以在空闲时间观看农技培训视频，学习先进的专业农业知识技能，提升农业供给质量。因此，小农户应充分利用现代互联网信息共享平台，打破时空桎梏，积极参与全国乃至全球的农技培训活动，学习先进的农业技术，以最新的农业科技创新成果促进农业供给质量的提升。

树立共享理念，以互联网交流平台为媒介，加强与其他农业经营者之间的沟通交流和互助，分享农业生产实践中摸索出来的独特农业知识和技术，共同提升农业经营管理水平。小农户是当前及未来长时间内中国农业经营的主体，在其广泛的农业生产经营实践中，他们会总结形成自己独有的农业经营知识、技术和经验，其中少数优秀个体甚至会成为"土专家""田秀才"，具有极为丰富的农业生产经营知识。在传统农业生产经营中，小农户之间的信息交流环境相对闭塞，其农技交流多仅限于邻居亲友等熟人圈子，小农户独特的农业生产技术和经验难以汇聚推广，对农业供给质量提升的作用有限。而借助现代互联网技术，小农户可以通过微信群、QQ 群等渠道随时随地与全国各地不同农业经营主体沟通农业生产经营中的问题、知识和技术，让广大小农户在生产实践中总结的个人独特经验与技术得以汇聚、共享和推广，有助于小农户借鉴他人的实践经验来解决自身在农业生产中遇到的现实问题，提升其农业供给的效率与质量。因此，小农户应首先树立共享理念，要勇于分享、乐于分享自己的优秀农业知识技能，通过微信群、QQ 群等互联网交流平台，同广大农业经营者一起分享学习农业经营技能，取长补短，将农业实践中探索出的农业知识技能汇聚成推动农业供给质量提升的新动能。

（二）新型农业经营主体参与农业科技创新提升农业供给体系质量的路径选择

基于共享理念，与科研院所共建农业科技创新平台，组建农业科技创新团队，强化利益联结，集中优势资源共同开展农业科技创新。现代农业的发展主要依托那些有一定科技创新意识和先进管理理念，并运用现代管理方法技术的新型农业经营主体。各地区发展至一定规模且有一定经济实力的农业合作社及农业企业等新型农业经营主体，应发挥好带头作用，牵头组建农业科技创新团队来应对实际生产经营过程中的农业科技需求，进行相应的农业科技创新。这部分新型农业经营主体虽然具有丰富的农业经营实践经验和雄厚的资金支持，但其缺乏相应的科研技术和人才，独立进行农业科技创新的能力相对较弱。在共享经济背景下，新型农业经营主体可以与农业科研院所合作，共同组建研发联合体或其他形式的创新平台，整合彼此优势资源进行科研项目研究，共享研究成果，实现双方共赢互利。同时，新型农业经营主体通过与科研院所合作共建科技创新平台，还能够加强双方的沟通与信息交流，实现农业科技需求与创新的有效匹配，提高农业科技创新的效率。一方面，农业科研院所可以利用人才、设备等基础研究优势为商业化农业科技应用研究提供技术和设施支持；另一方面，新型农业经营主体可以为农业科研院所提供资金、实践经验等，增强商业化农业技术创新能力，有利于研发出属于自己的新品种和新技术，提升农业供给能力。

依托互联网农业科技共享平台，推广最新农业科技创新成果，将科研成果尽快转化为实际效益。农业科技创新价值主要体现在农业科技成果的转化上，其中整体素质较好的新型农业经营主体是促进科技成果转化的主力军，运用农业最新科技的积极性较高。新型农业经营主体在农业生产实践中可以根据自身需求，积极运用最新农业科技创新成果，对运用成效进行反馈，进一步推动农业科技创新成果的进步和应用。然而，农业科技创新主体与农业科技成果运用主体之间可能存在信息不对称问题，使得农业科技创新主体不了解农业科技成果运用主体的实际科技需求，农业科技成果运用主体也不了解最新农业科技创新成果的特性，导致农业科技创新成果转化困难，无法真正实现农业科技创新的价值。共享经济时代出现的互联网科技共享平台可以有效缓解农业科技创新主体与运用主体之间的信息不对称。通过互联网科技共享平台，农业科技创新主体可以及时掌握当前农业实践中的科技需求痛点，进行有针对性的农业科技创新；农业科技成果运用主体也可以通过农业科技共享平台随时与农业科技创新主体进行沟通交流，及时解决技术难题，有助于农业科技创新成果在实践中的运用和推广。因此，新型农业经营主体可以依托互联网科技共享平台，共享最新的农业科技创新成果，并通过线上或线下渠道共享其农业科技运用经验，为其他农业生产者对农业新技术、新成果的采纳提供借鉴，促进农业科技创新成果在广大农业生产者中的运用推广，以先进的农业新技术、新成果推动农业供给质量的提升。

（三）农业科研院所参与农业科技创新提升农业供给体系质量的路径选择

积极进行农业实用型技术创新，推进农业科技创新成果共享，以先进的农业科技提升农业生产经营主体的农业供给能力。农业科研院所一般拥有较多的专业农业科研人员，具有较强的农业科技研发实力，农业科研产出较为丰富，但其科研成果转化率不高，农业供给质量的实质性提升并不显著。因此，农业科研院所应借助其雄厚的农业科研基础，积极与农业合作社、农业企业等新型农业经营主体进行合作交流与信息共享，针对当前农业供给过程中的关键难题，进行农业实用型技术创新。

同时，借助现代互联网技术，采用线上线下相结合的方式，多渠道为广大农业经营者提供农业科技培训，提升农业经营者对农业新科技的认识，增强农业经营者运用农业科技的能力，促进农业科技创新成果在农业实践中的运用推广，为农业供给体系质量提升提供科技支撑。

推进优质农业科研资源共享，为农业科技创新的持续发展提供人才储备的支撑。农业科技创新人才是农业科技创新的重要内驱力，农业科研院所可以凭借其丰富的农业科研资源大力培育农业科技创新人才，为农业科技创新提供内在动力。同时，农业科研院所应提高对高质量农业科技创新人才的重视程度，完善相应政策以引进高质量人才，并基于与其他农业创新主体的协同合作，构建科研人才联合培养机制，推进优质科研资源共享，实现农业科技创新人才的双向流动与培养，强化科研院所的相互交流以提升各方的创新能力。此外，要注重对农业科研院所研究经费投入结构的优化，加大对农业科技创新人才培育的支持力度，力争实现高质量的科研成果输出和人才养成。同时应注重农业基础研究的人力资源培养，兼顾农业科技创新研究团队的全面性。

（四）政府部门参与农业科技创新提升农业供给体系质量的路径选择

建立农业科技协同创新机制，促进农业科技创新主体间共享优质科研资源，提高农业科技创新能力。综合来看，小农户、新型农业经营主体、农业科研院所、政府部门等都是农业科技创新的参与主体，在农业科技创新中都具有独特的作用，但在农业科技创新活动中，这些主体间的联系还不够紧密，缺乏协同联合创新机制，不同农业科技创新主体间的优质资源无法实现共享，导致各主体农业科技创新能力提高乏力。共享经济背景下，基于共享发展理念，政府部门可以基于利益驱动、创新贡献和利益紧密相连的收益分配制度，进一步建立健全以知识产权为资本的入股共享机制，在农业科研院所、新型农业经营主体、小农户等相关主体自愿合作共享的前提下，由政府牵头，从中培育、挑选优质农业科技创新人才并组建新型合作团队，搭建有利于人才、经验、技术、设备等资源共享的协同创新平台，将前者的技术及人才优势与后者的资本、管理、市场优势和小农户的生产实践优势等相融合，充分实现不同农业科技创新主体间的资源流动与共享。这既能有效解决制约农业科技创新的人才和技术问题，又能促进科技与经济、理论与实践的深度融合，实现"产学研"的融合发展。

完善农业科技创新的政策体系，营造开放包容的政策环境，鼓励农业科技创新成果共享。农业科技创新离不开政府政策支持，完善的政策支持体系是农业科技创新的重要保障。共享经济下，农业科技创新给传统科技创新政策带来一定的挑战，这是共享经济时代农业科技创新变革的必然趋势。相关政府部门应转变观念和态度，鼓励共享型农业科技创新在法律允许范围内进行，并根据现实需要，在现有监管体系的基础上进行调整或重新制定新的规则，为共享经济下的农业科技创新营造健康的政策环境。一是完善针对农业科技创新的财税政策。对农业科技的研发、运用及推广应进行一定的财政补贴，对共享农业科技创新成果的农业主体应采取一定的税收优惠，以激励各创新主体的农业科技创新与成果共享行为。二是完善科技资金共享政策。农业科技创新需要大量资金支持，科技贷款是缓解农业科技创新主体资金压力的重要途径。相关政府部门应积极制定并完善科技贷款政策，拓宽农业科技创新主体的资金共享渠道，保障科技创新资金来源。三是完善农业科技创新人才共享政策。人才是推动农业科技创新发展的最主要原动力。政府部门应采取农业科技创新人才激励政策，鼓励农业科技创新主体间加强人才流动与共享，为农业科技创新提供人才保障。四是完善农业科技创新风险投资政策。共享经济下农业科技创新因其成果的不确定性而存在较大的风险性，各级政府部门应推出农业科技创新风险投资政策，降低农业科技创新与成果共享的风险，鼓励各创新主体积极参与农业科技创新和成果共享。

二 农业结构协调助推农业供给体系质量提升的路径

协调发展的宗旨在于解决发展的不平衡问题，其不仅是一种发展手段，也是发展的最终目标。其本质是化解经济体内部由认知、利益不同导致的冲突与矛盾，强调以平衡、包容、可持续的形态发展。就农业领域而言，协调发展主要指农业结构的协调发展，包含农业内部和外部结构的协调发展，即农林牧渔业结构协调发展和三次产业协调发展。改革开放之后，农业一直是四化同步的短板，发展水平长期滞后于第二、第三产业。同时，受国内资源环境恶化、农产品生产成本增加、国外农产品冲击的影响，中国农业部门结构和产品结构失调，导致农产品附加值低、竞争力弱，无法满足市场需求，严重影响农业供给体系质量的进一步提升。进入新发展阶段，农业的主要矛盾已由总量不足转化为结构性矛盾，农业结构的协调发展是提升农业供给体系质量的关键，也是实现农业高质量发展的内在要求。当前共享经济与农业的结合，成为解决农业资源约束、提高要素配置效率和农业协调发展的新动能。因此，本章基于对共享经济下不同农业供给主体的实地调研与访谈情况，结合理论、案例和实证分析，主要从小农户、新型农业经营主体和政府部门三方面提出通过农业结构协调助推农业供给体系质量提升的路径选择。

（一）小农户协调农业结构提升农业供给体系质量的路径选择

"以需定产"，多种经营，推动农业结构均衡。当前农业供给体系的主要问题在于小农生产难以满足消费者多样化、个性化的需求。在新发展阶段，小农户要将共享经济导入农业生产领域，优化农业结构，实现供需平衡。一是要借助农产品电商、微信朋友圈、小程序等搭建垂直销售平台，了解多样化、个性化的市场需求，调整产品结构。同时，将物联网、二维码标识等数字技术运用于农业生产中，建立产品质量溯源系统，推动农产品高质量、多品种的供给，推动农产品供给结构满足消费需求。二是要创新农业与共享经济的结合形态，充分利用多样化的农业资源，开展共享农庄、认养农业、众筹农业等新形态，推动农业产业链的延伸和融合发展，立足消费需求，完善产业结构。

树立全产业链发展意识，积极融入区域生产大格局。农业的高质量发展和农业现代化不仅是农产品种类结构、产业结构的协调发展，也是农业产业区域的协调发展。在新发展阶段，小农户要树立协作意识，积极融入区域生产大格局。一是充分利用农业产业大数据，获取和共享产业发展数据，精准把握产业发展动态和市场信息，依托自身资源，科学进行生产经营决策，推动区域产业协调发展。二是嵌入产业链发展，推动区域"农业一体化"发展。小农户要积极利用土流网、云医生等农业信息和技术共享平台，连接产业链各主体，嵌入前延后伸、横向配套、紧密关联、高度依存的全产业链联盟，实现小农户与区域大生产对接。

（二）新型农业经营主体协调农业结构提升农业供给体系质量的路径选择

以技术驱动产业升级，实现农业深度融合发展。共享经济是利用数字技术实现资源的合理配置、供需的有效对接。新型农业经营主体首先要充分利用大数据等技术实现农业生产与消费需求的精准对接，生产出具有市场需求的本地优势农产品，推动产品结构与市场需求的协调。其次要通过设备共享、技术共享、信息共享、服务共享等不同内容的共享，有机连接产业链各主体，整合资源，以打造农业完整产业链为目标，攫取农业功能价值，开拓农业增值增效空间；着力构建现代乡村产业体系。为实现产业结构的协调发展，应当统筹发展农产品各层级加工利用，实现农产品价值的多环节最大化利用以及最大化升值。

共创共建区域农业产业生态圈。当前，新型农业经营主体作为农业规模化、标准化发展的主体，共创共建区域农业生态圈是实现农业区域协调发展的重要力量。首先，区域内农业生产、经营和服务主体通过产业链、价值链、供应链等形成柔性的产业组织，让区域内的生产和加工、产品和市场、主体与农户能协调发展。其次，新型农业经营主体还应立足区域特色资源和文化，形成产业联盟，通过品牌共用、技术共享等方式，共同做强做精地方特色产业，再协调带动当地农村产业的发展。

（三）政府部门协调农业结构提升农业供给体系质量的路径选择

深化农业供给侧结构性改革，构建农业产业结构协调发展新格局。一是不断推动产业结构完善，政府要充分利用农业产业大数据、重点农产品市场信息平台等制定产业支持政策，推动产业结构协调发展；二是通过政策引导、加强数字基础设施建设和完善数字化公共服务，实现数字技术同农业深度融合，实现农业产业数字化转型，支持发展科技农业、智慧农业、数字农业、创意农业、旅游农业、生态农业等新业态，推动农业创新发展、多元化经营。

加强区域联动，打造农业区域分工协作发展格局。一是深入推进"一村一品""一县一业"建设。各级政府要鼓励有条件的区域因地制宜地发展特色产业，打造生产、加工、流通、销售一体化发展的区域农业生态圈，通过农业融合发展辐射带动其他产业发展。二是构建区域产业集群，建设一批具有创新体制机制和配套政策支持体系、多元主体融合参与、业态种类丰富的融合发展先导区，辐射带动后发地区发展。三是大力推动农业园区发展，推进政策集成、要素集聚、企业集中、功能集合，建设一批产加销贯通、贸工农一体、三次产业融合发展的典型示范。

三 农业绿色发展引领农业供给体系质量提升的路径

"绿色发展"是党的十八届五中全会首次提出的理念，强调将环境保护作为实现可持续发展的重要支柱，与创新、协调、开放、共享等理念一同构成指导我国"十三五"时期乃至更长远发展的科学理念。在绿色优质农产品国内供应短缺、国外竞争力不足的环境下，党的十九届五中全会审议通过了《中共中央关于制定国民经济和社会发展第十四个五年规划和二〇三五年远景目标的建议》，提出将新发展理念贯穿"十四五"时期，作为高质量发展的指引。习近平总书记指出，绿色发展能富国、惠民、强生产，绿色发展的成果具有典型的公共物品属性，人人均有资格共享。[1] 共享经济所具有的转变消费理念、提高资源效率、创新商业模式等优势，为农业的绿色发展带来了更多契机。可见，共享经济本身就是绿色发展理念的一种现实呈现，共享农业可以看作绿色农业的一种实现方式。借助共享理念、共享平台和共享实践，构建环境友好型和资源节约型社会，促进农产品产量、质量双提高，成为在共建绿色农业的渐进过程中全民共享绿色农业发展成果的新方式。共享经济下，农业绿色发展的微量积分原子是小农户，践行实施主体是新型农业供给主体，重要支撑保障是政府部门的政策指引。本章基于对共享经济下不同农业供给主体的实地调研与访谈情况，结合理论、案例和实证分析，提出了农

---

[1] 《习近平绿色发展三大思路：绿色惠民、绿色富国、绿色承诺》，央广网，2016年1月10日，http://news.cnr.cn/native/gd/20160110/t20160110_521091265.shtml。

业绿色发展支持农业供给体系质量提升的路径选择，分别从小农户、新型农业经营主体和政府部门三方面展开。

（一）小农户参与农业绿色发展提升农业供给体系质量的路径选择

树立农业绿色发展理念，形成绿色生活方式，共建共享美丽生态环境。习近平总书记指出，理念是行动的先导。[①] 推进农业绿色发展的首要任务就是要树立农业的绿色发展理念。树立绿色发展理念的前提基础是理解绿色发展的精神内涵，认可生态环保理念，要在思维方式、价值观念、行为规范与自然和谐四个方面深刻认识并形成绿色发展文化。小农户应借助知识、要素、信息等共享平台，学习环保知识，养成绿色生活习惯，树立保护生态环境的意识，建立起"绿色生活共建美丽家园、造福子孙后代"的思想态度，并将这种态度贯穿生活始终，用绿色理念改革创新传统生活方式。在农业的劳动生活方式、社交方式、精神生活方式等方面，小农户可以依托共享经济"使用但不拥有""物尽其用"等新消费理念改变传统的高速消费、奢侈消费、铺张浪费的老旧消费理念，形成物质循环、共享利用的新型生活方式。一方面提高农业生产效率，另一方面盘活闲置资源，双向推动农业绿色发展，共建美丽生态环境，促进农业生产生活环境质量的提高。

准确把握经济资源形势，发展绿色生产方式，共建共享美好生活品质。改革开放以来，我国经济的高速发展是以牺牲生态环境换来的，这种发展模式的后果是不可避免的。在农业领域，农产品品质面临国内国外双重考验，倒逼中国农业供给目标由数量向质量、由低端向高端转变。2020 年 12 月，中央农村工作会议指出，要举全党全社会之力全面推动绿色发展，这是"三农"工作重心的历史性转移。绿色农业生产方式可以依托共享经济进行创新，集中表现在提高资源利用效率和降低碳排放两个方面。共享经济模式为企业租赁设备、维持生产提供途径，也为以提供设备租赁为主营业务的企业创造市场空间。小农户可以借助租赁的机

---

① 《为什么新发展阶段必须贯彻新发展理念？》，求是网，2021 年 1 月 18 日，http://www.qstheory.cn/laigao/ycjx/2021-01/18/c_1126994982.htm。

械设备盘活闲置生产能力，提高资源利用效率，优化生产资源配置方式。依托绿色发展理念孕育绿色生产观，小农户减少对化肥农药等的需求量，积极采纳清洁、安全、可持续的生产模式，采用环境友好的绿色生产行为，提高环境效益，显著提升人居生活品质。

（二）新型农业经营主体参与农业绿色发展提升农业供给体系质量的路径选择

引进数字化技术，参与搭建信息服务共享平台，推动农业绿色数字化发展。"十四五"规划指明，高质量发展需要以数字化发展和绿色发展为驱动，绿色数字化是实现高质量发展的原动力。当前，我国农业在设备远程监测、能耗管理、服务信息共享等方面与发达国家差距明显，究其原因是数字化转型与传统农业生产严重脱节，农业的绿色发展亟待数字化助推，数字赋能绿色农业生产成为高质量发展的新底座与新引擎。新型农业经营主体应引进先进的数字化技术武装农业生产过程，以实现节能减排，产出高效、绿色、安全、高质的农产品。信息服务共享平台整合涉农部门、金融机构以及消费者等使用者的需求，规整市场、政府、自然资源以及微观主体等多方数据，多元主体共享信息内容，为惠农政策实施、金融机构信贷等提供决策依据。新型农业经营主体应自主填报、积极参与，助力搭建全国、省、市、区（县）四级新型农业经营主体的信息数据库。

推动创立覆盖农业整体产业链的社会化服务体系，完善小农户、新型农业经营主体、农业绿色发展相互衔接的共享机制。新型农业经营主体本身专业化、规模化的特点，决定了他们往往能够优先于小农户意识到绿色发展的趋势，发展有机、绿色农业的积极性和主动性也普遍高于普通小农户。新型农业经营主体应当通过土地、资源、信息、技术等共享优势，引领小农户发展，开展一定程度上的规模经营，实现合作共赢。由于农业生产风险难以预估、自然风险难以抵抗，新型农业经营主体应牵头构建以家庭为核心经营主体，产前、产中、产后各环节相联结的价值链整合体系，实现要素、信息共享，促进流通整合，提高效率效益。农产品科研服务于生产，要不断开发新产品和新技术。在绿色农产品销售过程中应充分运用互联网电商销售的优势，打通国内外销路，减少流通环节，以此来降低交易成本。此外，新型农业经营主体可以在农产品从生产到销售的各个环节发展经营性服务，为农业生产、加工、流通、销售提供全方位服务保障，构建新型农业经营主体、小农户与绿色农业相衔接的新型共享关系。

（三）政府部门参与农业绿色发展提升农业供给体系质量的路径选择

转变职能，构建政府引导机制，建设生态保护型和环境友好型社会。政府是行使国家权力的机关，拥有与生俱来的政治、经济、文化、社会和公共管理等职能，市场在资源配置中起决定性作用是中国特色社会主义经济体制的特点。应弱化政府这只"有形的手"的作用，但弱化并不是缺位，而是在共享经济模式下创新经济、法律、行政手段，贯彻落实与绿色发展理念相关的政策文件。在"十四五"时期大力推进乡村振兴和实现 2035 年远景目标的要求下，调整产业结构、应对气候变化、加强生态环保监管成为新时期农业绿色发展的新目标。各级政府部门必须明确自身的角色定位，扮演好在推进绿色发展中所应扮演的角色。通过收集、整理共享平台的经营数据，建立明确的、科学的绿色低碳循环发展指标体系，以指标绩效考核间接提高农产品质量；通过公开调研数据、示范案例分享等进一步分析绿色发展的潜在影响因素和政策留白，完善政策调控渠道和手段，平衡绿色发展与传统农业、共享经济的关联，科学、合理、高效地引导绿色发展，实现农业生产由以"量"为中心的爆炸式增长向以"质"为中心的集约式提升转变，从而为提高农业供给质量提供实践依据，构建和谐、健康、美丽的资源友好型社会。

完善法律，建设行为制约机制，完善现代化的农业绿色发展法律体系。自习近平总书记提出"绿水青山就是金山银山"的重大论断以来，环保工作受到空前重视，关于环保和绿色发展的法律法规陆续出台，但与平衡经济发展和生态保护相关的法律法规相比依然有许多空白和不足之处，应当尽快完善环境保护和资源利用的相关法律。政府部门应带头构建现代化的农业绿色发展法律体系，应基于现有的法律法规，查漏补缺、推陈出新，结合当下农业共享经济盛行的背景，独辟蹊径，完善农业绿色发展在平台治理、要素流动等方面的法律法规。律法的颁发不代表律法的执行，完善的法律政策要求严格执行才能产生作用。政府部门要着力于将绿色发展理念转变为行政法律意志，依法开展农业绿色活动，让绿色生活方式的意识在强有力的监管力度和执法力度下逐步融入法治体系当中，并得到一定的强化和提升，从而确保环保工作的法制化管理运作。政府部门的主要工作是服务人民，应当受到民众监督，借助共享经济平台搭建群众实时监督和投诉渠道，加强对种源品质、产地环境、生产流通、农产品入市等环节的监督，强化政府监督管理的激励和约束机制，赏罚分明、定责到人，严格把控农产品品质，促进农业供给质量提高。

四 "双循环"助力农业供给体系质量提升的路径

构建以国内大循环为主体、国内国际双循环相互促进的新发展格局于 2020 年由习近平总书记在中央财经委员会第七次会议上首次提出。同年 5 月 14 日，中共中央政治局常务委员会会议对"双循环"概念做出了清晰的诠释，即"深化供给侧结构性改革，充分发挥我国超大规模市场优势和内需潜力，构建国内国际双循环相互促进的新发展格局"，新发展格局就此在多项会议中被纳入讨论。党的十九届五中全会将"加快构建以国内大循环为主体、国内国际双循环相互促进的新发展格局"纳入了我国"十四五"规划和 2035 年远景目标，标志着"双循环"格局构建正式成为推动我国开放型经济向更高层次发展的重大战略部署。农业作为国民经济的基础，同时是"双循环"格局构建的出发点。国内循环强调以国内市场为主体，以扩大内需为基本导向，贯通产业链条，建立由生产到消费一体化的经济循环体系。随着科学技术的进步，在共享经济背景下，农业的基本功能不断拓展。农产品的多功能性为农业和工业部门间产业纵向一体化发展创造了条件，是国内循环格局建立的基础。同时数字技术的推广和应用，在解决农产品信息不对称问题的基础上，优化了农村资源配置，延伸了农业产业链条，推进了各类要素向生产力集聚，促进了国内循环格局的建立。国际循环是在国内循环的基础上，强调开放、包容的理念和实践，力争将国内周期与国际周期接轨，疏通国内经济周期，补齐产业短板，推动国内循环结构转型升级。共享经济背景下，我国农业供给质量和创新水平得到进一步提升，通过建立数字平台和运用数字技术，健全了我国农业产业体系，提升了农业现代化发展水平，既保障了农业生产和供给能够满足国内市场需求，又提高了农业的国际竞争优势，促进了国际循环和国内循环的有效接轨，对实现农业高质量发展和转型升级有重大影响。本章将从小农户、新型农业经营主体、政府部门三个角度提出农业"双循环"支持农业供给体系质量提升的路径选择。

（一）小农户参与农业"双循环"提升农业供给体系质量的路径选择

转变传统生产观念，建立合作机制，提高供给效率。长期以来，由于大量小农户的存在，我国农业一直面临人多地少的困局，规模效益难以发挥，导致农业供给效率低下。"双循环"格局的建立要求农业供给端与需求端相匹配。小农户生产经营规模较小、地块分散、经营项目及生产性资料投入减少等特征已不符合当前农业发展要求，亟须转变传统生产观念，借助共享经济的浪潮，建立合作机制，创新生产方式和经营方式，提高供给效率，改善农业供给质量，支撑农业在国内大循环中的主体地位。一是转变传统被动生产管理观念，供给端供给效率的提升离不开专业化的生产管理方式和机械化的生产管理技术。共享经济背景下，小农户能够便捷地获取最新的农业资源信息。小农户应主动接受现代农业生产方式，积极接受相关培训和帮扶，以专业化管理、产业化发展为目标，不断提高资源利用效率，从而实现供给质量的提升，使农业内部畅通循环。二是建立合作机制，小农户土地的分散性导致难以实现规模化、集约化生产，无法满足现代农业生产管理标准化要求，农产品质量不够稳定，难以形成规模效益。小农户可以依靠共享平台联合起来，形成农业生产合作组织，实现分散的土地和其他资源共同生产管理。随着生产规模的扩大，合作成员能依靠共享平台，共享生产、管理、经营的相关经验，引进新技术和管理方式，提升农业供给效率，进而成为供给端推动农业"双循环"的有力支撑主体。

保障粮食产量，改善农业产能，提升供给质量。"双循环"发展战略中，粮食安全是建立国内大循环和促进内外循环联动的基础。我国粮食安全离不开千千万万的小农生产，只有从小农户层面保障产量、改善产能、提高供给质量，才能夯实国内循环的基础，保障粮食安全，在外循环中实现更高水平的国家安全。小农户可以在粮食品种培育过程中，从农业共享平台学习先进的农业生产技术，在有限品种上进行工艺创新，挖掘产品的差异化特色，提高产量，培育产品的竞争优势。在农业生产过程中，学习先进的农业生产管理手段，提高生产标准化、专业化水平，严格把关农产品质量，把农产品生产和流通置于法制监管之下，对整个农产品生产过程进行严格监督，进一步完善生产记录溯源工作，实现集约式、规模化的绿色粮食生产，达到改善产能的目的，缓解粮食生产所面临的资源环境约束，推动粮食产业做大做强，提升供给质量，满足国内需求变化和抵御国际环境风险。

（二）新型农业经营主体参与农业"双循环"提升农业供给体系质量的路径选择

创新农业发展模式，满足消费需求。"双循环"背景下，外循环带来了国内农产品供给的丰富，国人对农业的需求已经从单一的农产品使用向农业的多功能转变，不仅农产品需求量更大，还对农业的生态、文化等附加功能提出了更高的要求。新型农业经营主体传统的生产经营方式已无法满足升级后的需求，共享农业所带来的新概念、新技术，为新型农业经营主体生产转型发展提供了机遇。一是推进主体内部组织体系、管理结构等内部管理的数字化转型。改变传统的生产经营模式，适应市场升级后的需求变化，拓展新型农业经营主体的生产业务，构建实时响应消费者需求的定制化农业服务模式和商业模式，同时借助或搭建共享平台，全面推进新型农业经营主体业务流程的数字化再造。二是因地制宜，拓展经营思路，发展农业新业态。新型农业经营主体应结合当地条件、拓展经营思路，将旅游文化产业适度植入农业当中，充分利用地理条件、历史文化传承、特色餐饮住宿、观光旅游等项目，同时发展共享农庄、订单农业、休闲农业等新产业新业态，拓宽增收渠道，实现收入增长，进而成为需求端拉动农业"双循环"的潜在动能。

推进产业融合，开展农业合作，把握发展机遇。"双循环"格局的建立，对农业现代化提出了新的要求，其中农业产业核心竞争力的构建是经济"双循环"建设任务的重点。新型农业经营主体作为农业产业链条的主要参与者，是推动产业资源整合、推进产业链条融合、构建产业核心竞争力的有力抓手。一是立足当地产业链，通过扩大农产品生产加工规模，建立安全稳定的生产基地，保证农产品原料质量可追溯，提升组织化、标准化和规模化水平，深度挖掘产品价值。二是协同产业链上下游主体，推进农业产业网络、控制系统、管理流程、数据平台的内部集成。打破产业界限，促进产业融合，创新产业模式，推动农产品价值链和新型农业经营主体供应链的创新应用。同时农业的外循环本质上是在全球集成资源，以补充国内农业资源的缺口，为受限于自然资源和技术水平的新型农业经营主体带来全新的发展机遇。新型农业经营主体应把握发展机遇，加快"走出去"步伐，加大在全球配置资源的力度，立足国内农业需求潜力，依托全球农业市场，利用国际资源及先进农业技术来打破自身发展的限制，得到前景更为广阔的发展空间。

（三）政府部门参与农业"双循环"提升农业供给体系质量的路径选择

加快完善并健全共享农业体制机制，构建"双循环"格局的安全基础。一是要扫除共享农业发展的体制性障碍，努力打造共享农业发展的政策和制度"温床"。二是要将数据作为新要素推动农业发展，创造经济"双循环"发展新动力。出台相关政策保驾护航，在传统生产要素的基础上融入数据要素，加快资源信息共享。同时与相关数字企业开展政企合作，更新现有的农业数据统计方式，优化统计方法，构建匹配共享农业运行的统计监测体系，创建衡量共享农业发展的统计指标，加强对共享农业统计数据的挖掘和分析，充分释放数据要素的生产力，为共享农业的发展和治理提供科学的决策依据，拓展我国经济"双循环"体系的发展空间。三是要完善农村社会信息共享体系，切实保护农民、农业企业的数据安全，依托互联网，构建当地市场监管共享平台，使政府监管和服务能够更加高效和精准，同时依据平台反馈信息，不断优化政府预测决策效果的能力，增强政府决策的科学性。

大力推动新型基础设施建设，为"双循环"经济发展打好地基。共享经济下，为实现农业供给质量的提升，新型基础设施建设是重中之重，也是扩大有效投资、实现国民经济大循环的重要起点。一是进一步推进"数字强国"战略的实施，着力革新农村信息网络工程，做好基础设施建设的规划工作，从而使共享经济有条件地推动农业高质量发展。二是将农村传统基础设施转变为网络化和数字化的新型基础设施。与此同时，利用新型基础设施促进农业产业和经营主体的数字化转型，加快推进农业产业融入互联网、大数据、人工智能等新领域当中。三是利用云计算，创新基础设施信息化运行机制，推动基础设施领域新业态新模式的发展，借助物联网技术，将数据收集、5G 网络、运营支撑、业务应用等基础系统组成智慧农业运营体系，完成"一站式"服务管理平台建设。四是鼓励民间资本参与，吸纳社会资金参与到共享农业基础设施建设当中，遵循市场化运作，构建多元化的共享农业基础设施建设投融资格局。

五　农业要素成果共享赋能农业供给体系质量提升的路径

习近平总书记在党的十九大报告中指出，必须坚定不移贯彻创新、协调、绿色、开放、共享的发展理念。共享作为新时代经济发展的大背景，为农业领域的发展带来新的契机，必须重视供给侧农业共享模式的建立，以要素共享优化资源要素配置为抓手，以农业发展成果共享提高农民内生积极性为关键，促进农业可持续地稳产量、提质量、降成本、增收益，逐步推进农业现代化发展。基于共享理念，土地、资金、劳动力、农机、农技、知识、信息等现代农业要素均可实现共享，使闲置的生产要素在农业供给主体间充分流动，优化农业资源要素配置，提升农业生产要素的利用效率，降低使用成本，提升农业供给前端质量。同时，农业供给的最终目的是将产品分享给市场以获取收益。基于现代交通条件和信息技术、保鲜技术等，农产品供给得以与市场需求有效对接，所有消费者都能够共享优质农产品，而农业供给者则能通过产品共享获取收益，这激发了农业供给者的生产积极性，促进了农业供给后端质量的提升。农业要素共享和农业成果共享，通过优化农业供给前端的要素配置提升农业供给能力，并通过农业供给后端使农业供给者和消费者共享收益，进一步激发农业供给活力，这成为支持和推进农业供给体系质量

提升的重要路径选择。因此，根据课题组对四川省不同农业供给主体参
与农业要素成果共享的现状调查，结合共享经济下农业供给质量提升的
案例与实证研究，本章从不同主体视角提出要素成果共享赋能农业供给
体系质量提升的路径选择。

（一）小农户参与农业要素成果共享促进农业供给体系质量提升的路径

从文化、技术、思想等多方面提升自我，提高要素成果共享的参与
能力。传统农业中，小农户被视为弱势的劳动力，与农业现代化的规模
经济和机械效率相悖，"去小农化"也曾成为风靡一时的政策话题。但就
中国的国情来看，小农户势必将长期是我国农业发展的主要力量。发展
中国的农业现代化要紧紧依靠成千上万的小农户团结贡献力量。因此党
的十九大报告等文件，从国家政策层面明确表示要重视小农户。实际上，
依托现代农业发展规律，运用文化、技术、信息等新型要素武装小农户，
逐步明确小农户的专业化分工和社会化协作，可以提高小农户的劳动力
水平，完成由传统小农户向"新小农"的转变。"新小农"有一定的自主
资源和较高的生产积极性，拥有要素共享的基础能力，且更易于被成果
共享所激励。而被激励的"新小农"享受了要素成果共享的红利，又会
反向增强其共享要素成果的意愿。

与新型农业经营主体建立合作，将农业生产经营和大市场连接起来，
积极参与农业要素与成果共享，实现现代化的农业生产经营。农村家庭
劳动力供给质量下降、政策制度供给不完善、市场供给交易不匹配、社
会化服务供给乏力等是当前农业供给侧质量提升亟须解决的问题。小农
户经营目前并且将长期在中国农业生产中发挥主导作用，可以预见以农
户家庭经营为基础，新型农业经营主体与农户多方面结合的经营体制将
成为支撑主体与农户之间共享要素成果的关键通道，为小农户参与供给
体系质量提升提供理论借鉴与现实指导。将小农户与合作社、农业企业、
社会组织等新型农业经营主体联合起来，发展农村电商、社会化服务等
新业态，形成全新的家庭农场模式，对不同的供给主体进行适配，实现
两者之间共享劳动力、经验、技术、设备、市场信息等资源，从尊重农
民传统、重视农业价值、整合社会资源、创新合作形式四个维度，将小

农户和大市场有机地衔接起来，逐步推进农业现代化发展（陈健、苏志豪，2019）。

（二）新型农业经营主体参与农业要素成果共享促进农业供给体系质量提升的路径

建立农业产业化联合体，运用新的组织形式，推行新的联结模式，实现全新合作途径。它是以家庭农场为基础，引入地方龙头企业，将农民合作社作为联结枢纽，依托于规模经营的、利益相关的农业经营组织联盟。首先，在考虑各地的农作物类型、生产经营规模、经营主体差异和具体经济发展状况的基础上选择适当的产业组织形式。其次，围绕主体产业，整合各方资源要素，互通有无，打破"产业孤岛"，力争降低交易成本，建立起可靠、稳定的长期合作关系，最大化资源配置效率，最终实现共同目标。为了实现产业链增值和产品质量及附加值的提高，应当协调多种形式的规模经营共同发展，例如土地流转型和服务带动型等。农业产业化的优势在于充分实现了各主体间优势农业资源要素和发展成果的共享，实现了"1+1+1>3"的良好效果。

强化利益联结，创新分配模式。传统农业经营主体是分散性的，合作社、家庭农场的内在能力在这种分配模式下大打折扣，所获得的报酬也仅靠自身价值。在成果共享的分配模式中，合作社和家庭农场、种养大户可以以土地入股龙头企业，从而释放土地的价值，形成一种新的利益机制，促进农民增收。同时，由龙头企业、家庭农场、合作社和种养大户形成的农业产业联合体还衍生出了一种基于共享的资金联结机制。从联合体内部来看，由于农业前期投资巨大，零散的经营主体难以承受。而该模式下，龙头企业可以通过资金支持，降低农业行业准入门槛，比如垫付农机服务资金以及农产品投入等，从而提高人人参与的可能性。从联合体外部来看，农业产业联合体扩大了经营主体的体量，有助于获取银行资金借贷，增强融资能力，提高彼此的抗风险能力，进而成为应对农业双重风险的又一重保障。由新的利益联结方式组成的农业产业联合体，有助于实现联合体内部的农业资源要素和发展成果共享。该模式对于农村三次产业的融合和农业现代化的建设有重大意义，是农村发展的新兴动力。

（三）政府部门参与农业要素成果共享促进农业供给体系质量提升的路径

健全农业要素成果共享机制。共享经济与农业发展相结合，延伸出农业技术共享、信息资源共享、土地资源共享、农机设备共享等新型农业发展模式。随着共享经济成果在农业领域的进一步推广应用，建立公平合理的共享机制是共享农业进一步发展、打通涉农产业集群内外共享通道的关键。建立公平合理的共享机制，就是要完善以利益为导向的资源要素配置机制，建立以需求为导向的开放协同转化机制，健全以价值为导向的成果转化激励机制，建立以目标为导向的全链条长效服务机制。首先，要构建要素成果共享合作框架，保障各个合作主体的经济利益，同时兼顾社会利益，对要素成果共享产生的利益和风险进行分配，从而对组织成员进行有效激励。其次，为了实现农产品迅速流通，应当建设高效共享平台，帮助要素流转、农业成果收益共享，减少共享成本，获取更高利润。此外，成员之间可以通过法律协定和规章制度来避免因利益分配不均而产生的矛盾，建立起长久稳定的合作共赢关系，实现农民大规模增收。

打造全要素网络，促进农业供给主体间的要素网络整合。党的十八大以来，以习近平同志为核心的党中央高度重视人才工作，强调"创新是引领发展的第一动力""人才是发展第一资源"。近年来，农业也越来越关注要素和人才的整合，以培育知识型、服务型、技能型以及全能型人才为抓手，强调成果权益共享，鼓励人才创新创造。在农业模式的创新过程中，要明确底线、划清红线，处理好农民与新型农业经营主体、农户与市场、研究人员与销售人员等之间的关系，统筹安排，做好资源要素的合理配置。同时，要协调知识和价值的转化，不仅要将知识转化为实际的经济效益，也要注重知识的再投资，不断革新和开拓，在把知识转化为价值的同时，也要将知识网络嵌入价值网络，实现协调发展。同时，社会技术和信息技术分别支撑着社会网和物联网的进一步发展，两种技术对于要素共享而言都不可或缺，因此也可以实现整合。但全要素网络不单单等于知识网、社会网、物联网的简单相加，其核心目标是实现三类网络之间要素的全面整合和协同发展。

第十章　主要研究结论、政策建议与研究展望

一　主要研究结论

在"两个一百年"奋斗目标的历史交汇期，在中国着力推进农业供给侧结构性改革、质量兴农、乡村振兴等特定历史背景下，本书采用理论与实证、归纳与演绎相结合的研究范式，对共享经济赋能农业供给体系质量提升进行理论、案例与实证分析。在理论研究方面，通过文献梳理，系统归纳总结了数字经济、共享经济、农业供给侧结构性改革和农业高质量发展等方面的相关研究，结合中国农业供给质量提升的实践，基于共享经济视角，综合运用供给理论、要素流动理论、质量经济理论和产业组织理论，以农业资源要素共享为切入点，构建出共享经济下农业供给体系质量提升的理论分析框架。在案例研究方面，基于对中国农业共享经济发展实践的梳理，归纳总结了要素共享、全产业链共享和平台型共享三种典型模式，对每一种农业共享经济模式的基本表征进行总结，运用扎根理论对共享经济下农业供给体系演化的一般性规律进行深入剖析，并进一步分析了赋能农业价值共创的过程和机制。在实证研究方面，从宏观视角出发，基于宏观农业发展数据，构建农业供给质量评价指标体系，对 2003～2019 年中国农业供给质量进行测度与时空分析，整体把握中国农业供给质量的现状与变化规律，对农业供给体系供给乏力的原因进行诊断；从微观视角出发，基于四川省 11 市收集的 1001 份种植业相关主体的农业发展数据，首先运用数据包络分析法（DEA）、熵权 TOPSIS 法分别对共享经济下农业供给效率与供给质量进行测度，并基于理论分析与研究假设，构建 Tobit 模型，结合农业供给质量测度结果，从不同农业供给主体层面实证分析农业供给质量的影响因素，在此基础上，

从互联网使用视角探索共享经济下农业供给质量提升的影响机制。基于上述研究分析，本书的主要研究结论可归纳为如下几个方面。

中国已经建立了比较完善的农业供给体系，为确保我国粮食安全做出了巨大贡献，也为全球农业供给体系贡献了中国力量。我国的农业供给体系是全球食物供给体系的重要组成部分。遵循供给周期的经济演变规律，我国农业供给体系经过近80年的发展，经历了农业供给体系演化形成期、成长期和成熟期三个阶段，目前农业供给体系正迈向第二个供给周期循环的历史交汇期。整个农业供给体系的演进既具有农业供给周期的一般性特点，也凸显了我国大国小农、区域资源禀赋异质性所具有的空间特殊性。

中国农业供给能力稳定提升，表现为农业供给的目标、结构、功能、组织、制度和要素等方面的供给能力不断增强，大幅提升了中国农产品的供给保障水平。农业供给目标实现了由数量导向向质量导向的转变，持续推动农民增收；农业供给结构在确保粮食安全的基础上，呈现单一结构向粮食、经济、饲料作物三元结构变化；农业供给产品由大宗农产品单一结构向特色农产品发展；农业组织由单一人民公社向专业合作社、家庭农场、涉农企业等新型农业经营组织发展，传统组织边界不断被突破；土地、劳动力、技术、资金等农业要素的数量增加与质量提高促进了农业供给能力提升。

中国农业供给体系供给质量呈现明显的上升趋势，但整体农业供给质量仍处于较低水平。从时间序列演变来看，2003～2019年，中国农业供给质量得分呈逐年提升的趋势，农业供给的要素质量、效率质量和效益质量得分提升较大，但供给结构质量和供给绿色质量得分较低且增长缓慢，严重阻碍了我国农业供给体系整体供给质量的提升。从空间分布来看，中国农业供给质量区域差异明显，呈现"东北高、西南低"的特征。2003～2019年，各地区农业供给质量都呈上升趋势，但地区间农业供给质量的空间格局差异性极为明显，农业供给质量得分较高的北京、黑龙江、上海、江苏、福建、山东、湖南、广东等省市主要集中在东中部地区，西藏、青海、甘肃、贵州、云南等广大西部地区的农业供给质量得分相对较低。七大地理区域农业供给质量得分呈现波动上升的趋势，区域差异显著，华北、华东、华中地区农业供给质量较高，华南、西南、西北地区农业供给质量较低，也呈现出"东北高、西南低"的特征。此外，根据中国农业供给质量的区域分布情况还可以看出，相较于南北方之间的地区差异，东西部之间的地区差异更加明显。

中国农业供给质量具有显著的空间相关性，且局部区域具有较强的空间依赖性和空间稳定性。从全局空间自相关检验来看，2003～2019年中国农业供给质量的 Moran's I 均显著大于 0，虽呈现上下波动，但总体趋势较为平稳，这表明中国农业供给质量显著地受邻近地区的影响，具有空间集聚效应。从局部空间自相关检验来看，中国农业供给质量的局部空间依赖性较强，各省份的农业供给质量与相邻省份呈现明显的空间集聚特征。大部分省份稳定分布于扩散效应区（H－H）和低速增长区（L－L），呈空间正相关关系；小部分省份稳定分布于过渡区（L－H）和极化效应区（H－L），呈空间负相关关系。这表明各省份农业供给质量不仅受自身内部因素的影响，还在外部空间上受到相邻省份农业供给质量的影响，且具有较为稳定的空间关联结构。

中国农业供给体系供给乏力的表现具有多样性，农业供给转型滞后于消费升级、农业供给质量多方错位、产业融合不足、资源环境压力持续增大、可持续发展后劲不足等都是当前农业供给体系供给乏力的重要表现。需求约束和供给抑制是我国农业供给体系供给乏力的深层原因。从需求约束来看，农业供给的需求具有时效性和有限性，不同时期、不同阶段的人们具有不同的农业需求。当农业供给与农业需求的时效性和有限性发生错位时，农业供给体系就会表现出乏力。同样，农业需求具有有效性，有效的农业需求能刺激农业供给，提升农业供给能力；而农业有效需求不足则会挫伤农业供给者的生产积极性，降低农业供给能力。从供给抑制来看，农业供给严格依赖于农业要素投入，而我国当前在劳动力、技术、资本、水、土地等生产要素方面存在供给量不足、效率低下、配置错位等问题，导致农业供给体系供给乏力。此外，我国农业供给体系存在生产方式、资源配置、供给成本等方面的缺陷和不足，会造成社会和生态损失，最终直接影响农业供给体系可持续发展。

共享经济与农业在实践中创新生成的新模式、新形态成为农业供给体系质量提升的新动能。实践中已经形成要素共享、全产业链共享和平台型共享三种典型模式，通过导入共享经济，农业生产者、经营者、管理者、服务者、消费者之间围绕农业生产的全过程构建起共享的平台和机制，实现要素资源的合理配置、农业产业的转型升级、供需关系的精准对接，推动供给体系的动力变革、质量变革、效率变革以实现供给质量提升。具体来说，要素共享模式主要是各主体围绕农业生产的某一环节提供服务或者共享资源、要素、产品。全产业链共享模式是产业链上各主体相互协作，共建共创产业生态圈，实现产业内部资源、要素、产品的共享。平台型共享模式以共享平台为基础，各主体能够有效对接、信息互通，实现资源整合、供需匹配、产业共创。

主体的农业共享行为受到由共享认知、收益预期、战略规划和主体能力构成的内部驱动因素和由用户需求、消费变革、技术追随、政策和环境构成的外部驱动因素影响，并在主体特征、信任基础、权属关系和业务特征等约束因素的影响下，通过内部业务再造、组织变革、商业模式、技术创新等构造共享路径和构建共享生态系统，达成共享行为的外在表现，从而形成要素共享、全产业链共享和平台型共享三种典型模式。通过案例扎根分析发现，共享认知程度越深、越注重综合效益、对未来有明确规划、综合能力越强的主体参与农业共享行为的程度越深、内容越丰富、方式越多样；能够更好地满足用户需求多样化、适应消费理念和方式升级、采用农业生产新技术、更加关注和了解政府对共享农业的政策支持和制度配套的主体参与共享农业的积极性更高；而主体内部的业务再造、技术改造、商业模式变革、组织变革等途径和外部完善配套支持体系、推动产业链协作和价值共创来形成不同的供给主体是实现农业共享的重要途径和方式。主体主要通过业务再造、商业模式创新形成不同的发展模式，而移动支付、大数据等新兴技术的应用为主体的共享能力提供保障，组织文化、结构、制度、人员等的变革帮助主体提高对共享经济的适应度；以完善配套支持体系、强化产业链协作、推动价值共创等方式构造共享农业发展的生态圈，汇集社会资源、凝聚发展合力，使共享农业获得外部支持。

数字化改造是共享经济赋能农业价值共创的内在条件。数字基础设施建设搭建起价值共创交互基础，数字技术追随创新为价值共创提供技术支撑，数字技术的推广应用构建起更宽领域的价值创造场景。数字化转型是共享经济赋能农业价值共创的创新方式。生产数字化改变了传统的价值交互方式，服务在线化重构了价值交互反馈场景，流通网络化畅通了价值交互反馈渠道。以平台企业为中心链接多方主体共建数字生态系统是共享经济赋能农业价值共创的关键，多方主体在生态系统内完成价值交互、价值反馈、价值创造的价值共创过程。共享经济赋能农业价值共创的作用机制为：共享经济的数字化和信息化特点赋能农业价值共创过程，跨界融合特点推动农业实现更高层次的价值共创，两者相互作用使农业价值共创呈现出创新性和高效性。

共享经济下四川省农业供给的综合效率与纯技术效率较低，规模效率较高，四川省农业供给效率低下的症结在于纯技术效率低下，且不同农业供给主体间的各项供给效率没有显著差异，新型农业经营主体的农业供给优势没有得到充分发挥。四川省农业供给效率的测算结果显示，综合效率与纯技术效率均值都相对较低，分别为 0.628、0.650，但规模效率均值较高，为 0.963。分供给主体来看，小农户、家庭农场和农业合作社的综合效率、纯技术效率和规模效率并无明显的差距，但供给效率和纯技术效率都较低，这表明不管是新型农业经营主体还是小农户，其农业技术运用推广都还不够，农业供给技术效率较低，拉低了整体农业供给综合效率。

共享经济下四川省整体农业供给质量得分不高，区域差异和主体差异明显，供给主体质量和供给效益质量是四川省农业供给质量的主要影响因素，供给效率质量和供给绿色质量是四川省农业供给质量提升中的短板因素。基于四川省收集的微观调研数据对四川省农业供给质量进行测度的结果表明，供给主体质量和供给效益质量权重占比较高，是四川省农业供给质量的主要影响因素，供给效率质量和供给绿色质量权重较低，是四川省农业供给质量提升中的短板因素。四川省整体样本农业供给质量得分均值为 0.2361，最高得分为 0.3934，总的来说，整体农业供给质量还较为低下。其中，合作社农业供给质量得分最高，得分均值为 0.2471；家庭农场次之，得分均值为 0.2324；小农户农业供给质量得分最低，得分均值仅为 0.2263，主体间差异显著。从不同区域来看，成都、眉山、德阳和绵阳等成都平原经济区的农业供给质量较高，其质量得分均值均大于整体样本得分均值 0.2361，高于全省平均水平，泸州、内江等川南经济区次之，川东北经济区农业供给质量得分较低，这表明四川省农业供给质量存在显著的区域差异。

技术共享、土地共享、劳动力共享和资金共享成为农业供给体系质量提升的重要影响因素，互联网技术对提升农业供给体系质量具有中介效应。技术、土地、劳动力和资金共享对农业供给质量均具有显著的正向影响。但从不同主体样本的回归结果来看，技术、土地、劳动力和资金共享对小农户、家庭农场和农业合作社的农业供给质量的影响各不相同，小农户主要受技术和资金共享的影响，家庭农场主要受技术与土地共享的影响，而合作社农业供给质量主要受技术、土地、劳动力和资金共享的影响。

践行创新、协调、绿色、开放、共享的新发展理念是社会主义现代化强国建设目标，是提升农业供给体系效率和质量、推进农业现代化建设的五大路径指引，政府、新型农业经营主体和企业共同发力推进农业供给能力的提升。加强政府引导，以提升农业供给体系质量为目标，以科技创新为第一动力，以农业绿色发展为引领，以协调发展为内在要求，以开放发展为基本路径，以共享发展为根本目的，推动土地、资金、技术、劳动力等要素资源向农业领域流动，提高农业供给主体参与农业要素共享的能力，构建农业要素、产品、服务共享创新机制，转变农业发展方式，促进现代农业产业与共享经济、数字经济深度融合，推进传统农业供给转型升级，这是各主体参与农业供给体系质量提升的基本路径方向。

二　政策建议

中国农业供给质量还处于较低水平，且地区和主体间的差异较大，依靠要素投入促进供给效率和效益增长的传统粗放农业供给模式在一定程度上提升了农业供给质量，但忽略了农业供给结构和绿色供给水平。共享经济下农业供给质量提升的影响因素众多，需要各主体协作发力，才能更好地在共享经济下促进农业供给质量的可持续提升。鉴于此，本章从政府、新型农业经营主体、互联网平台企业三个主体层面提出共享经济下农业供给质量提升的政策建议。

（一）加强政府对共享经济下农业供给质量提升的全方位支持引导

1. 建立健全农业宏观调控政策体系，加强对农业产业结构调整的宏观引导，促进三次产业融合发展

当前中国农业供给体系正迈向第二个供给周期循环的历史交汇期，面临着供给质量区域差异明显、供给能力不能适应消费需求变化的问题，亟须政府的引导和支持。各级政府要深入推进数字农业农村、"互联网＋"现代农业、"一村一品"、"一乡一特"、"一县一业"等发展战略，引导农业生产经营主体立足地方资源，因地制宜发展特色农业，打造区域农业品牌，推动农业产业结构、区域布局的协调。完善配套支持政策，通过贷款贴息等方式强化财政资金对共享农业等新业态、农业大数据体系和平台以及数字农业项目的支持，引导工商资本、金融资本等参与农业发展，解决融资难问题；完善补贴和税收政策，对符合条件的数字农业设备、农业物联网设备、农业机械设备等按照相关标准进行补贴，对采用新技术、发展新业务、运用新品种的主体给予税收优惠；深化要素配套，推动宅基地、集体建设用地、土地流转等政策改革，解决农业产业发展的配套建设用地问题，激发要素活力。多方式促进产业深度交叉融合，鼓励主体依托数字技术大力发展农村电子商务、休闲农业、创业农业、康养农业等农业融合业态，推动产业链延伸、要素跨界配置、产业交叉融合，提升农业供给能力，促进供给结构升级。

2. 加快推进数字新基建，推动农业数字化转型发展，增强农业发展新动能

将传统要素增量使用作为动能的发展方式已经不适应新发展阶段，推动农业由信息、数据驱动，实现农业数字化转型需要推进新基建。进一步加强农业基础设施建设，进一步推进高标准农田、水利设施等建设和数字化、智能化转型，推动建设智慧农田、智慧水利。进一步推进电力交通、冷链物流、农产品加工等配套基础设施建设，改造升级农村电网，持续推进农村公路入户和数字化建设，充分利用社会资源，鼓励"快递进村""电商入户"，加快建设冷链物流设施，使乡村智慧物流设施日益完善、配送体系更加健全。大力推进5G、物联网、移动互联网等基础网络设施普及，加快农村光纤宽带建设、农产品全产业链大数据、服务平台建设等，不断探索 5G、人工智能、大数据等与农业的应用场景，努力建设成全域覆盖、普惠共享的数字基础设施格局，提高农业产业数字化发展水平。

3. 创新服务方式，构建起多元主体参与的农业服务体系

"大国小农"仍是我国农业发展的现实问题，实现小农与现代农业的有机衔接，必须强化公共服务供给。因此，政府要不断深化"放管服"改革，创新服务内容，积极搭建农业公共资源共享平台、农产品信息公示平台等，提供农业数据采集、管理和共享等服务，通过购买社会化服务、线上办公等方式实现服务方式的转变。积极培育社会化多元服务主体，通过贷款优惠、补贴等方式扶持一批社会化服务主体，鼓励服务主体开展覆盖全产业链的多样化服务，引导各类生产服务主体积极拓展组织形式，发展服务联合体、服务联盟等，构建一体化服务组织体系。

4. 加大对农业科技创新的支持力度，促进农业科技创新成果转化，提升农业供给效率

农业的科技创新、成果转化及其推广应用是引领农业向高质量发展的重要保障。但目前，农业科技创新的发展面临管理机制存在缺陷、科研成果转化周期过长、农业科技人才队伍建设不到位等问题。在新发展阶段，政府要注重农业科技的原始创新，重点支持生物育种、农业数字化应用、动物防疫、耕地保护等领域，突破一批"卡脖子"技术，持续加强对农业重大基础理论和前沿科技的研究，不断提升我国农业科技实力；更加注重农业科技的转化应用，完善科技成果转化平台和制度，不断丰富"科技小院""产学研"等模式，推动农业科技成果转化落地，在农业生产一线引导农业科研机构、涉农高校、农业企业等社会经济组织积极构建农业试验示范基地，鼓励科技特派员、农业科研员、农技推广员等深入田间地头，通过下乡指导、定向帮扶、技术培训、共建示范基地等方式推动先进技术、成果应用于生产一线。充分吸引社会资源参与农业科技创新和应用，构建以企业为核心、产学研深度融合的农业协调创新体系，加快健全共享经济背景下以农技推广机构为核心，市场化服务力量为重要添补，高等院校、科研机构等广泛介入、分工合作的农技推广体系，充分发挥各方力量，推动农业科技创新供给和应用转化。

（二）充分发挥新型农业经营主体的作用，大力发展智慧农业、数字农业

1. 推动生产标准化、多样化、专业化，增强安全、健康和优质产品的供给能力

在新发展阶段，消费者对农业的需求由"吃饱"向"吃好、吃健康"转变，当前农业生产已经无法很好地满足消费者对美好生活的需求。因此，新型农业经营主体要在新发展理念的指引下，构建新的农业发展结构，积极改善产业结构和生产方式，提高供给能力，满足消费需求，推动农业高质量发展。立足区域特色资源，结合特色农产品区域布局优势，融入"一村一品""一乡一特""一县一业"的发展格局，完善农产品初深加工，发展高品质农业，鼓励发展休闲农业、康养农业、创意农业及其他绿色生态农业，积极推进旅游、文化、生态等产业与农业深度融合，共建共创区域特色农业产业体系；同时要加强产品质量追溯体系和信息公示平台建设，推动生产标准化、全程可追溯，实现供需两端产品、信息的共享，推动农业绿色发展、共享发展，满足消费者对绿色有机产品的需求。

2. 积极引进和培育人才，树立现代农业发展理念，推动农业数字化转型发展

党的十八大以来，国家高度重视数字农业农村建设，提出了数字乡村、"互联网＋现代农业"等战略，农业与数字信息技术加速融合，农业大数据体系和服务平台成果初现，同时也催生出定制农业、共享农业等新业态，加速了农业现代化进程。作为农业现代化的重要推动力量，新型农业经营主体要积极引进和培育掌握数字技术、具有创新精神、懂农业、爱农业的人才，组建合理的人才队伍。在农业生产中积极推进物联网、大数据、云计算等数字技术，建设数字田园、数字牧场等，推动生产过程的可视化、生产决策的智能化、生产数据的共享化，实现数字化农业生产经营；创新农业新业态，大力发展众筹农业、定制农业等，发展数字经营模式，推广应用共享农业、云农场、精准农业、植保无人机等，积极搭建电商平台、共享平台等，实现数字技术赋能农业发展，推动高质量农产品供给，满足高质量需求，实现农业高质量发展。

3. 加强分工协作，共建立体式复合型现代农业经营体系，带动小农户融入现代农业发展大格局

新型农业经营主体是带动小农户现代化发展的主体力量，而自身存在经营规模偏小、实力参差不齐、集约化水平较低、经营理念落后等问题。在共享理念普及的新发展阶段，新型农业经营主体要坚定共享理念，积极分工协作，创新利益联结机制，实现以订单收购、保底分红、股份合作为主要形式的联合经营，组建产业联合体等，积极构建起龙头企业、家庭农场、合作社、小农户多元主体的联动发展格局。新型农业经营主体要大力发展生产性服务业，开展覆盖全产业链的服务业务，积极开展农资供应、技术指导、农机共享、产品加工等，健全农业生产服务体系；积极利用微信群、网站、公众号等共享平台和媒介，创新发展互联网云农场等模式，帮助小农户优化生产计划、合理配置生产要素、推动产品购销对接，实现服务数字化、网络化、便捷化，推动小农户融入现代农业发展大格局。

（三）培育互联网平台企业，筑强农业共享经济产业生态圈

1. 加强合作创新，优化平台服务内容，提升平台服务能力

"十三五"期间，平台企业成为我国经济发展最活跃的新动能，农业领域的共享平台发挥着优化要素配置、供需精准对接的重要作用，而其面临的资金、技术和人才等问题制约着平台的服务能力和范围。平台企业要充分利用社会资本、金融资本和财政资金，通过众筹、贷款、合作经营、引入风投基金等方式解决平台发展的资金问题；树立技术驱动的发展理念，强化技术合作创新与研发，通过产学研、共同研发等方式与科研院所等合作，组建联合科研团队，针对农业发展的短板问题，提出系统解决方案，提供创新服务；与大学和研究机构开展定向培养，通过设立数字农业专业、开办数字农业定向培训班等培养高素质人才，邀请专家、教授等开展技术培训、技术服务等提高企业员工素质，组建结构合理的人才队伍，提高服务水平。加强同政府、平台企业的合作，打破数字壁垒，共享信息、资源和服务，丰富服务功能，提高服务能力和水平。

2. 打造共创共享的利益联结机制，引导多元主体共同参与农业共享

互联网共享平台是农业共享经济的载体，互联网共享平台的搭建是进行农业共享的前提。然而，互联网平台企业与农业供给主体之间的行业类别、技术专长、业务范围等存在巨大差异，互联网平台企业不直接参与农业供给，但具有设计搭建互联网共享平台的技术；农业供给主体直接参与农业供给，却缺乏独立搭建农业互联网共享平台的能力。因此，共享农业需要互联网平台企业与小农户、新型农业经营主体等农业供给主体共同参与，形成共建、共享、共赢的农业共享生态圈。互联网平台企业应充分利用技术优势，创新发展模式，通过技术入股或技术服务等利益联结方式，以"互联网平台企业＋农业公司＋农户""互联网平台企业＋农业合作社＋农户"等模式联合各类农业供给主体，共享优势资源，共同打造农业共享平台，有机结合新兴互联网信息技术与传统农业供给体系，对土地、资金、劳动力、技术、信息等农业要素进行整合，优化农业资源配置，提高农业资源利用效率，并将农业生产端同消费端有效连接，精准匹配供需，保证农业有效供给，为农业供给体系质量提升持续注入新动能。

3. 立足地方产业需求，融入地方发展，提供产业数字化发展方案

在立足地方资源优势，紧密联系资源特色与企业优势，考虑地方产业需求的基础上，充分发挥互联网平台企业的枢纽作用，发掘特色农村地区性资源优势，引导资金、技术、人才、信息向特色优势区聚集，为地方特色农业的发展提供配套服务，助力地方农业发展。依托地方发展战略，积极承接数字农业发展项目、进行农业园区数字化改造等，以项目、园区为中心和重点，探索技术赋能农业发展的新路径、新模式，打造多主体参与、多要素聚集、多业态发展的代表性示范园区。融入区域发展，不断完善区域农业大数据、产业发展、市场交易等数据库建设，加速数据的集成共享，实现数据价值化，推动数据要素的全面深度利用，实现要素驱动农业生产过程，提高数据驱动农业生产、流通、消费的能力，实现农业生产区域一体化，同时要积极通过合作经营、行业展会等途径进行模式的推广应用，带动实现产业升级、乡村振兴。

三　研究展望

共享经济契合我国农业供给侧结构性改革的大方向，在重构更加高效、更具持续性的新型农业供给体系上展现出巨大的潜能，成为驱动农业发展方式转变、结构调整和动力转换的重要力量，既能为消费者创造价值，也能提升生产者利润，推动农业高质量发展。但共享经济与农业深度融合的实践和理论研究尚处于起步阶段。本书认为围绕共享经济赋能农业产业高质量发展、共享经济与农业供给侧结构性改革等主题，对不同区域共享经济赋能农业高质量发展的一般规律和特殊路径的剖析、对共享经济驱动农业供给侧结构性改革的绩效测度、对农业共享长效机制的优化等亟待进一步深化研究。

参考文献

〔美〕A. V. 菲根堡姆：《全面质量管理》，杨文士等译，机械工业出版社，1991。

〔古希腊〕柏拉图：《理想国》，范晓潮译，研究出版社，2018。

〔美〕保罗·萨缪尔森、威廉·诺德豪斯：《经济学》，萧琛译，人民邮电出版社，2012。

〔瑞典〕伯特尔·俄林：《区际贸易与国际贸易》，逯宇铎译，华夏出版社，2008。

蔡昉：《改革时期农业劳动力转移与重新配置》，《中国农村经济》2017年第10期。

曹利群：《现代农业产业体系的内涵与特征》，《宏观经济管理》2007年第9期。

常野：《要素流动对城乡发展一体化的影响研究》，西北大学，博士学位论文，2015。

陈海良：《论经济增长质量的内涵》，《中国统计》2008年第8期。

陈健、苏志豪：《小农户与现代农业有机衔接：结构、模式与发展走向——基于供给侧结构改革的视角》，《南京农业大学学报》（社会科学版）2019年第5期。

陈昆亭、周炎：《有限需求、市场约束与经济增长》，《管理世界》2020年第4期。

陈培磊、郭沛：《金融支持家庭农场发展的现实障碍、国际经验及实现路径》，《亚太经济》2020年第4期。

陈强：《高级计量经济学及Stata应用》，高等教育出版社，2014。

陈文胜：《论中国农业供给侧结构性改革的着力点——以区域地标品牌为战略调整农业结构》，《农村经济》2016年第11期。

陈文胜：《乡村振兴战略目标下农业供给侧结构性改革研究》，《江西社会科学》2019 年第 12 期。

陈锡文：《论农业供给侧结构性改革》，《中国农业大学学报》（社会科学版）2017 年第 2 期。

陈祥云、李民、张伟：《需求结构演变、供给结构失衡与粮食补贴政策调控》，《新疆社会科学》2020 年第 1 期。

陈小洪、金忠义：《企业市场关系分析：产业组织理论及其应用》，科学技术文献出版社，1990。

陈晓华：《突出扶持重点，切实增强新型农业经营主体发展带动能力》，《农业经济问题》2020 年第 11 期。

程抱全：《质量经济学》，科学普及出版社，1985。

程士国、普友少、朱冬青：《农业高质量发展内生动力研究——基于技术进步、制度变迁与经济绩效互动关系视角》，《软科学》2020 年第 1 期。

崔海洋、卓雯君、虞虎、龙娇、刘玉芳：《基于三阶段 DEA 模型的农业生产效率及其时空特征研究——以长江经济带为例》，《中国生态农业学报（中英文）》2021 年第 7 期。

〔英〕大卫·李嘉图：《政治经济学及赋税原理》，郭大力、王亚南译，译林出版社，2021。

〔美〕丹尼斯·W. 卡尔顿、杰弗里·M. 佩洛夫：《现代产业组织》（第四版），胡汉辉、顾成彦、沈华译，中国人民大学出版社，2009。

邓悦：《共享经济驱动的数据共享机制研究》，《中国经贸导刊》（理论版）2018 年第 5 期。

丁琳琳：《我国共享农业的两个发展方向》，《中国农村科技》2017 年第 10 期。

丁泽：《经济新常态下农业供给侧结构性改革的多重困境及路径选择》，《生产力研究》2017 年第 10 期。

丁志帆：《数字经济驱动经济高质量发展的机制研究：一个理论分析框架》，《现代经济探讨》2020 年第 1 期。

董艳敏、严奉宪：《中国农业高质量发展的时空特征与协调度》，《浙江农业学报》2021 年第 1 期。

窦菅、邓远建、陈胜：《中国农业环境污染现状及治理的科技创新路径》，《科学管理研究》2016 年第 4 期。

〔法〕杜尔哥：《关于财富的形成和分配的考察》，唐日松译，华夏出版社，2007。

杜方利：《质量型经济增长的因素分析》，《经济学动态》1997 年第 1 期。

杜鹏：《农户农业保险需求的影响因素研究——基于湖北省五县市 342 户农户的调查》，《农业经济问题》2011 年第 11 期。

杜松平：《互联网时代的知识共享：个体决策攻略化与日常生活批判》，《编辑之友》2020 年第 12 期。

樊治平、陈忠伟、郭栋梁等：《B2C 共享服务资源组织与优化设计：研究现状与展望》，《电子科技大学学报》（社科版）2021 年第 2 期。

房桂芝：《构建农业信息服务供给与需求的新方式——基于山东部分地区的实证分析》，《中国农学通报》2012 年第 26 期。

冯海发：《构建现代农业"三个体系"加快推进农业现代化》，《农业经济与管理》2017 年第 5 期。

冯文丽：《我国农业保险市场失灵与制度供给》，《金融研究》2004 年第 4 期。

〔法〕弗朗索瓦·魁奈：《经济表》，晏智杰译，华夏出版社，2017。

付少平、祝苏东：《对建立农业科技知识有效供给机制的几点认识——杨凌农业高新技术产业示范区"农民培训工程"调查报告》，《农业科技管理》2007 年第 2 期。

付寿康：《论乡村振兴中民族地区现代农业体系之构建》，《财经理论研究》2019 年第 3 期。

傅新红：《农业经济学》，高等教育出版社，2016。

〔匈〕Gyorgy Fekete 等：《匈牙利的农业生产体系》，郭庭双等译，农业出版社，1987。

耿献辉、伍茜蓉、赵文：《中国要素市场扭曲与经济效率损失：分解与影响机制》，《经济问题探索》2021 年第 6 期。

公茂刚、王学真：《发展中国家粮食安全决定因素实证分析》，《农业技术经济》2010 年第 8 期。

龚继红、何存毅、曾凡益：《农民绿色生产行为的实现机制——基于农民绿色生产意识与行为差异的视角》，《华中农业大学学报》（社会科学版）2019 年第 1 期。

顾焕章、夏恩君：《科技有效需求与农业科技体制改革》，《南京农业大学学报》1995 年第 4 期。

郭克莎：《质量经济学概论》，广东人民出版社，1992。

郭芸、范柏乃、龙剑：《我国区域高质量发展的实际测度与时空演变特征研究》，《数量经济技术经济研究》2020 年第 10 期。

韩长赋：《提高农业供给体系质量和效率》，《当代县域经济》2017 年第 2 期。

韩剑萍、窦学诚：《基于粮食供给能力与购买能力的世界主要国家粮食安全分类评价》，《世界农业》2012 年第 2 期。

韩晶、裴文：《共享理念、共享经济培育与经济体制创新改革》，《上海经济研究》2017 年第 8 期。

韩鹏云：《农业现代化的实现路径及优化策略》，《现代经济探讨》2021 年第 6 期。

何军、王越：《以基础设施建设为主要内容的农业供给侧结构改革》，《南京农业大学学报》（社会科学版）2016 年第 6 期。

何平均：《中国农业基础设施供给效率研究》，湖南农业大学，硕士学位论文，2012。

何伟、杨春红：《基于 Topsis 的江苏省中心城市可持续发展状况评价》，《南京师大学报》（社会科学版）2010 年第 6 期。

和龙、葛新权、刘延平：《我国农业供给侧结构性改革：机遇、挑战及对策》，《农村经济》2016 年第 7 期。

胡培兆：《论有效供给》，《经济学家》1999 年第 3 期。

胡培兆：《有效供给理论》，经济科学出版社，2004。

胡汝银：《竞争与垄断：社会主义微观经济分析》，上海三联书店，1988。

华桂宏：《论有效供给与中国经济发展》，《江海学刊》1999 年第 1 期。

黄椿：《农业保险主体供需意愿研究》，福建农林大学，博士学位论文，2011。

黄季焜：《共享经济在农业领域的发展》，《中国农村科技》2017 年第 10 期。

黄季焜：《农业供给侧结构性改革的关键问题：政府职能和市场作用》，《中国农村经济》2018 年第 2 期。

黄升泉、李铁岗：《影响劳动力需求能力的生产函数分析》，《农业技术经济》1990 年第 4 期。

黄修杰、蔡勋、储霞玲等：《我国农业高质量发展评价指标体系构建与评估》，《中国农业资源与区划》2020 年第 4 期。

黄志勇：《关于增强高等学校适应人才市场需求能力的几点思考》，《南方冶金学院学报》1988 年第 4 期。

黄祖辉、傅琳琳、李海涛：《我国农业供给侧结构调整：历史回顾、问题实质与改革重点》，《南京农业大学学报》（社会科学版）2016 年第 6 期。

黄祖辉：《中国农业产业组织的发展与若干问题》，《中国合作经济》2018 年第 8 期。

姬冠、曾福生：《现代农业三大体系构建的逻辑与方略——以农业大省湖南为例》，《湖南农业大学学报》（社会科学版）2019 年第 3 期。

贾康、苏京春：《从对立走向融合的"新供给经济学"》，《中国经济报告》2016 年第 1 期。

贾康、苏京春：《探析"供给侧"经济学派所经历的两轮"否定之否定"——对"供给侧"学派的评价、学理启示及立足于中国的研讨展望》，《财政研究》2014 年第 8 期。

贾康、徐林、李万寿等：《中国需要构建和发展以改革为核心的新供给经济学》，《财政研究》2013 年第 1 期。

贾雯晴、陶书田、俞建飞：《农业技术创新的质与量——基于国际农业类专利发展态势的比较分析》，《中国科技论坛》2020 年第 12 期。

贾晓芬：《文化治理视域下的公共文化服务供给能力》，《国家治理》2016 年第 30 期。

简新华、余江：《马克思主义经济学视角下的供求关系分析》，《马克思主义研究》2016 年第 4 期。

江维国：《我国农业供给侧结构性改革研究》，《现代经济探讨》2016 年第 4 期。

姜长云、杜志雄：《关于推进农业供给侧结构性改革的思考》，《南京农业大学学报》（社会科学版）2017 年第 1 期。

姜长云：《科学理解农业供给侧结构性改革的深刻内涵》，《经济纵横》
　　2017 年第 9 期。

姜长云、李俊茹、王一杰等：《"十四五"时期促进农民增收的战略思
　　考》，《江淮论坛》2021 年第 2 期。

〔美〕杰里米·里夫金：《零边际成本社会：一个物联网、合作共赢的新
　　经济时代》，赛迪研究院专家组译，中信出版社，2014。

金碚：《关于"高质量发展"的经济学研究》，《中国工业经济》2018 年
　　第 4 期。

金书秦、韩冬梅：《农业生态环境治理体系：特征、要素和路径》，《环境
　　保护》2020 年第 8 期。

〔德〕卡尔·马克思：《资本论》，朱登译，北京联合出版公司，2013。

〔英〕凯恩斯：《就业、利息和货币通论》，李欣全译，北京联合出版公
　　司，2015。

柯炳生：《落实乡村振兴战略提升农业发展质量》，《农村工作通讯》2018
　　年第 2 期。

柯贤锋、李晓阳、龙贝等：《农业高质量评价指标体系构建及策略研究——
　　来自重庆市北碚区第三次农业普查证据》，《西南大学学报》（自然科
　　学版）2020 年第 9 期。

孔祥才、王桂霞：《农业供给侧改革背景下中国农业污染的治理路径》，
　　《云南社会科学》2017 年第 6 期。

孔祥智、穆娜娜：《实现小农户与现代农业发展的有机衔接》，《中国农村
　　经济》2018 年第 2 期。

孔祥智：《农业供给侧结构性改革的基本内涵与政策建议》，《改革》2016
　　年第 2 期。

雷玉琼、李岚：《乡镇政府公共服务供给能力评估指标体系建构——兼论
　　政府公共服务能力的研究现状》，《中国行政管理》2015 年第 11 期。

冷功业、杨建利、邢娇阳等：《我国农业高质量发展的机遇、问题及对策
　　研究》，《中国农业资源与区划》2021 年第 5 期。

黎新伍、徐书彬：《基于新发展理念的农业高质量发展水平测度及其空间
　　分布特征研究》，《江西财经大学学报》2020 年第 6 期。

李粲：《东北亚经济合作的基础与条件——兼论中日韩自贸区的建构》，外交学院，硕士学位论文，2014。

李冬艳、余晓洋：《新型农业经营主体发展水平评价体系构建及测度》，《经济纵横》2020 年第 2 期。

李佳颖：《共享经济的内涵、模式及创新监管的对策》，《经济体制改革》2017 年第 6 期。

李俏、张波：《农业社会化服务需求的影响因素分析——基于陕西省 74 个村 214 户农户的抽样调查》，《农村经济》2011 年第 6 期。

李晓燕：《农业生态环境双重功能的冲突与协调》，《农村经济》2017 年第 7 期。

李永红、黄瑞：《我国数字产业化与产业数字化模式的研究》，《科技管理研究》2019 年第 16 期。

李展、崔雪：《中国农业全要素生产率的再测算：基于 KLEMS – TFP 视角》，《经济问题探索》2021 年第 5 期。

李志军：《科技供给能力与需求保障》，《科学决策》2004 年第 7 期。

廖柳文、龙花楼、马恩朴：《乡村劳动力要素变动与耕地利用转型》，《经济地理》2021 年第 2 期。

林卫斌、苏剑：《供给侧改革的性质及其实现方式》，《价格理论与实践》2016 年第 1 期。

凌华、包献飞、俞志中：《当前政策性粮食去库存存在的问题及对策建议》，《粮食问题研究》2019 年第 6 期。

刘爱民、徐丽明：《影响我国粮食有效供给的约束因素分析》，《中国农业大学学报》1997 年第 2 期。

刘成林：《现代农业产业体系特征及构建途径》，《农业现代化研究》2007 年第 4 期。

刘春、刘晨阳、王济民等：《我国畜禽粪便资源化利用现状与对策建议》，《中国农业资源与区划》2021 年第 2 期。

刘福江、孙立新、毛世平：《农业支持政策结构变迁的国际比较分析》，《中国农业资源与区划》2018 年第 2 期。

刘惯超：《中国消费不足的原因：一个综述》，《当代经济科学》2010 年第 6 期。

刘海英、赵英才、张纯洪:《人力资本"均化"与中国经济增长质量关系研究》,《管理世界》2004 年第 11 期。

刘虹、李煜:《学术社交网络用户知识共享意愿的影响因素研究》,《现代情报》2020 年第 10 期。

刘华南、熊俊潇:《分享农业的内涵特征、发展前景与发展对策建议》,《上海农村经济》2017 年第 11 期。

刘诗白:《论增大有效供给》,《经济学家》2000 年第 1 期。

刘依杭:《新时代构建我国现代农业产业体系的若干思考》,《中州学刊》2018 年第 5 期。

刘英、金龙新、彭清辉等:《基于供给过程视角的湖南省农业供给体系供给质量评价》,《天津农业科学》2017 年第 9 期。

刘钰:《东北三省粮食生产时空演变及生态足迹研究》,硕士学位论文,中国科学院大学,2020。

刘云菲、李红梅、马宏阳:《中国农垦农业现代化水平评价研究——基于熵值法与 TOPSIS 方法》,《农业经济问题》2021 年第 2 期。

卢现祥:《共享经济:交易成本最小化、制度变革与制度供给》,载卫兴华等著《社会主义经济理论研究集萃(2016):新发展理念指引下的中国经济》,经济科学出版社,2016。

鲁友章、李宗正主编《经济学说史(上册)》,人民出版社,1965。

罗必良:《农业供给侧改革的关键、难点与方向》,《社会科学文摘》2017 年第 4 期。

罗哲、李国炜:《供给侧结构性改革研究的文献计量学分析——基于 CSSCI (2015~2017)数据》,《西南民族大学学报》(人文社科版)2018 年第 10 期。

马庆泉:《新短缺经济学论纲》,《经济学家》1989 年第 1 期。

马述忠、叶宏亮、任婉婉等:《基于国内外耕地资源有效供给的中国粮食安全问题研究》,《农业经济问题》2015 年第 6 期。

倪坤晓、何安华:《中国粮食供需形势分析》,《世界农业》2021 年第 2 期。

宁国富:《供给侧改革带来什么》,《中国邮政》2015 年第 12 期。

欧进锋、许抄军、刘雨骐:《基于"五大发展理念"的经济高质量发展水平测度——广东省 21 个地级市的实证分析》,《经济地理》2020 年第

6 期。

欧晓明、曾晓红：《农民对科学技术有效需求不足问题的反思》，《软科学》1992 年第 4 期。

Peter Lacy：《共享经济如何变废为宝》，《商学院》2015 年第 10 期。

潘雄锋、刘清、彭晓雪：《基于全局熵值法模型的我国区域创新能力动态评价与分析》，《运筹与管理》2015 年第 4 期。

逄健、朱欣民：《国外数字经济发展趋势与数字经济国家发展战略》，《科技进步与对策》2013 年第 8 期。

彭静、何蒲明：《要素禀赋与农业转型升级研究——基于典型相关分析》，《中国农业资源与区划》2020 年第 2 期。

彭希林：《现代农业技术有效供给不足的成因分析及对策研究》，《农业经济》2007 年第 7 期。

祁春节：《农业供给侧结构性改革：理论逻辑和决策思路》，《华中农业大学学报》（社会科学版）2018 年第 4 期。

〔美〕乔治·吉尔德：《财富与贫困》，蒋宗强译，中信出版社，2019。

〔法〕让·巴蒂斯特·萨伊：《政治经济学概论》，陈福生、陈振骅译，商务印书馆，2020。

任保平：《经济增长质量：经济增长理论框架的扩展》，《经济学动态》2013 年第 11 期。

任保平：《新时代中国经济从高速增长转向高质量发展：理论阐释与实践取向》，《学术月刊》2018 年第 3 期。

〔古希腊〕色诺芬：《经济论》，张伯健、陆大年译，商务印书馆，1961。

沙龙云：《金融支持农业产业化发展》，《农村实用技术》2014 年第 8 期。

〔美〕施蒂格勒：《产业组织》，王永钦、薛锋译，上海人民出版社，2006。

石培忠、谢承义：《质量经济分析》，贵州人民出版社，1987。

石志恒、崔民：《个体差异对农户不同绿色生产行为的异质性影响——年龄和风险偏好影响劳动密集型与资本密集型绿色生产行为的比较》，《西部论坛》2020 年第 1 期。

宋洪远：《关于农业供给侧结构性改革若干问题的思考和建议》，《中国农村经济》2016 年第 10 期。

宋洪远、张益、江帆：《中国共产党一百年来的"三农"政策实践》，

《中国农村经济》2021 年第 7 期。

宋子然主编《100 年汉语新词新语大辞典》（上卷），上海辞书出版社，2014。

苏剑：《新供给经济学：宏观经济学的一个发展方向》，《中国高校社会科学》2016 年第 3 期。

孙德林、王晓玲：《数字经济的本质与后发优势》，《当代财经》2004 年第 12 期。

孙江超：《我国农业高质量发展导向及政策建议》，《管理学刊》2019 年第 6 期。

孙鹏：《供给学派——萨伊定律的否定之否定》，《内蒙古财经学院学报》1998 年第 2 期。

孙冶方：《从"总产值"谈起》，《统计工作》1957 年第 13 期。

〔法〕泰勒尔：《产业组织理论》，马捷译，中国人民大学出版社，1997。

陶应虎：《当前我国农业企业品牌建设的思考》，《生态经济》（学术版）2013 年第 1 期。

滕泰：《更新供给结构、放松供给约束、解除供给抑制——新供给主义经济学的理论创新》，《世界经济研究》2013 年第 12 期。

滕泰、刘哲：《供给侧改革的经济学逻辑——新供给主义经济学的理论探索》，《兰州大学学报》（社会科学版）2018 年第 1 期。

涂圣伟：《我国农业供给结构失衡的根源与改革着力点》，《经济纵横》2016 年第 11 期。

万忠、马华明、方伟：《农业供给侧结构性改革的逻辑解析》，《广东社会科学》2017 年第 5 期。

王春光：《迈向共同富裕——农业农村现代化实践行动和路径的社会学思考》，《社会学研究》2021 年第 2 期。

王国敏、常璇：《我国农业结构性矛盾与农业供给侧改革的着力点》，《理论探索》2017 年第 6 期。

王明利：《改革开放四十年我国畜牧业发展：成就、经验及未来趋势》，《农业经济问题》2018 年第 8 期。

王姝楠、陈江生：《数字经济的技术～经济范式》，《上海经济研究》2019 年第 12 期。

王文生：《信息共享时代的互联网 + 现代农业》，《中国农村科技》2017

年第 10 期。

王兴国、曲海燕：《科技创新推动农业高质量发展的思路与建议》，《学习与探索》2020 年第 11 期。

王亚运、蔡银莺：《湖北省农户家庭粮食经营及供给能力动态跟踪》，《农业现代化研究》2017 年第 4 期。

王展昭、唐朝阳：《基于全局熵值法的区域创新系统绩效动态评价研究》，《技术经济》2020 年第 3 期。

王钊、刘晗、曹峥林：《农业社会化服务需求分析——基于重庆市 191 户农户的样本调查》，《农业技术经济》2015 年第 9 期。

〔英〕威廉·配第：《政治算术》，陈冬野、周锦如译，商务印书馆，2022。

卫志民：《近 70 年来产业组织理论的演进》，《经济评论》2003 年第 1 期。

魏后凯：《中国农业发展的结构性矛盾及其政策转型》，《中国农村经济》2017 年第 5 期。

魏权龄：《数据包络分析》，科学出版社，2004。

文华成、杨新元：《新型农业经营体系构建：框架、机制与路径》，《农村经济》2013 年第 10 期。

翁鸣：《中国农业转型升级与现代农业发展——新常态下农业转型升级研讨会综述》，《中国农村经济》2017 年第 4 期。

夏显力、陈哲、张慧利等：《农业高质量发展：数字赋能与实现路径》，《中国农村经济》2019 年第 12 期。

夏炎、王会娟、张凤等：《数字经济对中国经济增长和非农就业影响研究——基于投入占用产出模型》，《中国科学院院刊》2018 年第 7 期。

谢瑾岚：《系统关联视角下农业供给结构的演进及优化路径》，《求索》2020 年第 4 期。

谢艳乐、祁春节：《农业高质量发展与乡村振兴联动的机理及对策》，《中州学刊》2020 年第 2 期。

辛岭、安晓宁：《我国农业高质量发展评价体系构建与测度分析》，《经济纵横》2019 年第 5 期。

徐朝阳、张斌：《经济结构转型期的内需扩展：基于服务业供给抑制的视角》，《中国社会科学》2020 年第 1 期。

徐世艳、李仕宝：《现阶段我国农民的农业技术需求影响因素分析》，《农业技术经济》2009 年第 4 期。

许瑞泉：《经济新常态下我国农业供给侧结构性改革路径》，《甘肃社会科学》2016 年第 6 期。

薛洁、胡苏婷：《中国数字经济内部耦合协调机制及其水平研究》，《调研世界》2020 年第 9 期。

〔英〕亚当·斯密：《国民财富的性质和原因的研究（上卷）》，郭大力、王亚南译，译林出版社，2011。

〔古希腊〕亚里士多德：《政治学》，吴寿彭译，商务印书馆，1965。

杨刚强：《我国农业多种功能供给的财政激励政策研究》，《武汉大学学报》（哲学社会科学版）2012 年第 6 期。

杨建利、邢娇阳：《我国农业供给侧结构性改革研究》，《农业现代化研究》2016 年第 4 期。

杨茂君：《构建现代农业三大体系 夯实乡村振兴产业基础》，《四川农业与农机》2019 年第 2 期。

杨艳琳、陈银娥：《农业结构调整、农业产业化与社会主义新农村建设的产业支撑》，《湖北经济学院学报》2007 年第 2 期。

杨应崧：《把提高高校适应社会需求能力摆在第一位》，《上海高教研究》1988 年第 2 期。

杨志海：《老龄化、社会网络与农户绿色生产技术采纳行为——来自长江流域六省农户数据的验证》，《中国农村观察》2018 年第 4 期。

杨治：《产业经济学导论》，中国人民大学出版社，1985。

叶初升、马玉婷：《新中国农业结构变迁 70 年：历史演进与经验总结》，《南京社会科学》2019 年第 12 期。

叶晓玲：《完善重庆市失地农民社会保障制度的几点建议》，《农业经济》2007 年第 10 期。

叶兴庆：《演进轨迹、困境摆脱与转变我国农业发展方式的政策选择》，《改革》2016 年第 6 期。

银路：《质量经济效益分析》，成都出版社，1992。

尹伯成、华桂宏：《供给学派》，武汉出版社，1996。

于法稳：《"十四五"时期农村生态环境治理：困境与对策》，《中国特色社会主义研究》2021 年第 1 期。

于光远：《论社会主义生产中的经济效果》，人民出版社，1978。

余斌、吴振宇：《我国消费增长趋势、潜力及其影响》，《广东经济》2018年第 4 期。

俞雅乖：《有效需求、道德风险：农业产业化和政策性农业保险》，《经济问题探索》2009 年第 1 期。

袁慧：《我国粮食政策的演变历程、内在逻辑及优化建议——基于粮食增产与粮农增收双重目标的视角》，《江苏大学学报》（社会科学版）2021 年第 2 期。

〔美〕约瑟夫·M. 朱兰、约翰夫·A. 德费欧：《朱兰质量手册：通向卓越绩效的全面指南》，焦叔斌、苏强、杨坤等译，中国人民大学出版社，2014。

曾亿武、王建浩：《基于 ELES 模型的广东省农户农业科技需求能力分析》，《南方农村》2013 年第 9 期。

张弛：《读懂"供给侧结构性改革"》，《经济导刊》2016 年第 2 期。

张发明、丁峰、王坪：《中国粮食主产区农业高质量发展水平评价与时空演变》，《浙江农业学报》2021 年第 1 期。

张福强、李秀兰：《需求收入弹性在经济分析中的应用》，《当代经济》2002 年第 12 期。

张红宇：《中国现代农业经营体系的制度特征与发展取向》，《中国农村经济》2018 年第 1 期。

张建君：《马克思主义经济学研究》，中国经济出版社，2005。

张建：《论通货紧缩》，《上海金融》1999 年第 8 期。

张开云、张兴杰、李倩：《地方政府公共服务供给能力：影响因素与实现路径》，《中国行政管理》2010 年第 1 期。

张明明、于波：《农业污染治理及保障机制研究》，《中国人口·资源与环境》2011 年第 S1 期。

张锐：《两型农业生产体系构建与评价研究》，湖南农业大学，博士学位论文，2014。

张社梅、李冬梅：《农业供给侧结构性改革的内在逻辑及推进路径》，《农业经济问题》2017 年第 8 期。

张松彪、曾世宏：《收入不平等、有效需求与区域创新——基于中国省际

面板数据的分析》，《湘潭大学学报》（哲学社会科学版）2019 年第
4 期。

张铁民、闫国琦、温利利：《我国电动力农业机械发展现状与趋势》，《农
机化研究》2012 年第 4 期。

张晓飞、张永强、高延等：《农业供给侧结构性改革的现实约束与出路》，
《农场经济管理》2017 年第 2 期。

张兴杰、苏巧平：《欠发达地区农户科技接触现状及科技有效供给机制分
析——以广东省北部山区和东西两翼为例》，《改革与战略》2007 年
第 7 期。

张颖、黎世民、朱丽莹等：《供给侧结构性改革背景下河南省农业品牌建
设》，《农业科技管理》2020 年第 6 期。

张幼文、薛安伟：《要素流动对世界经济增长的影响机理》，《世界经济研
究》2013 年第 2 期。

张玉明：《共享经济学》，科学出版社，2017。

张跃华、顾海英、史清华：《农业保险需求不足效用层面的一个解释及实
证研究》，《数量经济技术经济研究》2005 年第 4 期。

张占仓：《中国农业供给侧结构性改革的若干战略思考》，《中国农村经
济》2017 年第 10 期。

张忠德：《经济学基础（微课版）》，人民邮电出版社，2021。

张卓、尹航、褚志亮：《我国保险公司农业保险有效供给不足的效率视角
解释——基于 DEA－非期望产出模型》，《辽宁大学学报》（哲学社
会科学版）2020 年第 2 期。

张卓：《质量经济学发展评述》，《外国经济与管理》2004 年第 9 期。

赵洪亮、谢立勇：《供给侧改革背景下的农业信息服务发展思路探析》，
《江苏农业科学》2017 年第 19 期。

赵瑞芬、王小娜：《基于全局熵值法的京津冀区域创新能力比较》，《中国
流通经济》2017 年第 4 期。

赵燕昊、侯志高：《浙江桐庐 盘活农村低效闲置用地 赋能农业高质量发
展》，《中国农业综合开发》2021 年第 3 期。

郑德凤、王佳媛、李钰等：《基于节水视角的中国水资源压力时空演变及
影响因素分析》，《地理科学》2021 年第 1 期。

郑凤田、焦万慧：《前提设定、农民权益与中国新型农业经营体系的"新四化"》，《改革》2013 年第 3 期。

郑夕玉：《互联网时代我国数字经济发展策略研究——基于美国和欧盟发展经验的启示》，《西南金融》2019 年第 12 期。

郑永彪、王丹：《基于移动互联网背景的分享型经济发展探析》，《北京市经济管理干部学院学报》2015 年第 2 期。

钟钰：《向高质量发展阶段迈进的农业发展导向》，《中州学刊》2018 年第 5 期。

钟真、胡珺祎、曹世祥：《土地流转与社会化服务："路线竞争"还是"相得益彰"？——基于山东临沂 12 个村的案例分析》，《中国农村经济》2020 年第 10 期。

周建明：《供给效率不足不能解释短缺——与胡汝银同志商榷》，《上海经济研究》1992 年第 3 期。

周曙东：《近乎理想化的线性需求系统的实证研究——江苏农村居民对农产品需求的经济计量估计》，《南京农业大学学报》2003 年第 3 期。

周秀梅：《新时期我国农业机械化发展面临的问题与对策研究》，《安徽农业科学》2021 年第 11 期。

周炎、陈昆亭、庞尧：《需求约束、货币政策体系与经济增长——"有限需求"假设下经济增长"负向螺旋"机制》，《经济评论》2020 年第 6 期。

朱高峰：《基于耕地保护视角的耕地转型研究》，硕士学位论文，武汉大学，2019。

朱萌、齐振宏、邬兰娅、李欣蕊、唐素云：《新型农业经营主体农业技术需求影响因素的实证分析——以江苏省南部 395 户种稻大户为例》，《中国农村观察》2015 年第 1 期。

邹於娟：《新中国七十年农业农村发展历程及政策演变》，《农业经济》2020 年第 10 期。

左惠：《文化产品有效供给及转型期文化产品供给特征剖析》，《经济问题探索》2008 年第 6 期。

Alexandratos, N., "World Food and Agriculture: Outlook for the Medium and Longer Term," *Proceedings of the National Academy of Sciences of the*

United States of America 96 (1999): 5908 – 5914.

Amir, I. , Fisher, F. M. , "Analyzing Agricultural Demand for Water with an Optimizing Model," *Agricultural Systems* 61 (1999): 45 – 65.

Anonymous, "Peer Review Report 2 on 'Water Availability and Agricultural Demand: An assessment framework using global datasets in a data scarce catchment, Rokel-Seli River, Sierra Leone'," *Journal of Hydrology: Regional Studies* 9 (2017): 187 – 188.

Baorakis, G. , Kourgiantakis, M. , Migdalas, A. , "The Impact of E-commerce on Agro-food Marketing: The Case of Agricultural Cooperatives, Firms and Consumers in Crete," *British Food Journal* 104 (2002): 580 – 590.

Botsman, R. , Rogers, R. , *What's Mine Is Yours: How Collaborative Consumption Is Changing the Way We Live* (Harper Collins Business, 2011), pp. 116 – 148.

Coelli, T. J. , Rao, D. S. P. , "Total Factor Productivity Growth in Agriculture: A Malmquist Index Analysis of 93 Countries, 1980 – 2000," *Agricultural Economics* 32 (2005): 115 – 134.

Desmond, R. E. , Weiss, D. J. , "Worker Estimation of Ability Requirements of Their Jobs," *Journal of Vocational Behavior* 7 (1975): 13 – 27.

Dunham, R. B. , "Relationships of Perceived Job Design Characteristics to Job Ability Requirements and Job Value," *Journal of Applied Psychology* 62 (1977): 760 – 763.

Fagerberg, J. , "Why Growth Rates Differ," in Dosi, G. , et al. , *Technical Change and Economic Theory* (Burns & Oates, 1988), pp. 433 – 457.

Felson, M. , Spaeth, J. L. , "Community Structure and Collaborative Consumption," *American Behavioral Scientist* 21 (1978): 614 – 624.

Gisser, M. , Mercado, A. , "Integration of the Agricultural Demand Function for Water and the Hydrologic Model of the Pecos Basin," *Water Resources Research* 8 (1972): 1373 – 1384.

Hsieh, C. T. , Klenow, P. , "Misallocation and Manufacturing TFP in China and India," *The Quarterly Journal of Economics* 124 (2009): 1403 – 1448.

Malthus, T. R. , *Principles of Political Economy* (Cambridge University Press, 1820), pp. 358 – 373.

Melichar, E. , "Financing Agriculture: Demand for and Supply of Farm Capital and Credit," *American Journal of Agricultural Economics* 55 (1973): 313 – 325.

Sarkar, P. , "Effective Demand and Income Distribution in the Context of Agriculture-Industry Demand Linkage: A Two-Sector Macroeconomic Framework," *Journal of Macroeconomics* 15 (1993): 787 – 803.

Tapscott, D. , *The Digital Economy: Promise and Peril in the Age of Networked Intelligence* (New York: McGraw-Hill, 1996), pp. 6 – 48.

Tinbergen, J. , *Shaping the World Economy: Suggestions for an International Economic Policy* (New York: Twentieth Century Fund, 1962) .

Unnevehr, L. , Eales, J. , Jensen, H. , et al. , "Food and Consumer Economics," *American Journal of Agricultural Economics* 92 (2010): 506 – 521.

Wosskow, D. , "Unlocking the Sharing Economy: An Independent Review," 26 November 2014, https://assets. publishing. service. gov. uk/government/uploads/system/uploads/attachment_ data/file/378291/bis – 14 – 1227 – unlocking-the-sharing-economy-an-independent-review. pdf.

附录 I 调查问卷

问卷编号：_____   调查员：_____   调查日期：_____

国家社会科学基金课题

共享经济下农业供给质量提升调查问卷

（个 体 卷）

您好！我们是四川农业大学的调研团队，非常感谢您在百忙之中参与我们的问卷调查。本次调研旨在了解您参与农业生产要素（如土地、资金、劳动力、仓储物流等）共享和农业经营绩效的情况，为提高农业供给质量、促进农业发展提供决策依据。为了更方便填写问卷，**温馨提示如下：**

（1）填写数据为 2019 年您**家庭生产经营情况**（若是合作社理事长，填写自己家庭农业生产经营的数据）；

（2）在问卷填写过程中，**若无这项，请填写"0"或跳过；**

（3）**加粗部分，是针对问卷的提示和重点部分**，请注意。

对各个题项的回答，无对错之分，本问卷仅供学术研究之用，绝对保密不外泄，不会造成您个人、家庭等相关信息的泄露。**衷心感谢您的支持！祝身体健康，顺遂如意！**

国家社会科学基金·农业供给质量提升研究课题组

2020 年 7 月

地址	市 县（区） 乡（镇） 村			
受访者姓名		联系电话		
本村地形	□平原 □丘陵 □山区			
地理区位	距离最近集镇_____公里 距离最近县城_____公里			
经营主体类型	□专业大户 □家庭农场 □合作社 □农业企业 □其他_____			
经营主体名称		成立/加入时间		
主导产业	种植业：_____ 养殖业：_____			

A. 个体及家庭基本情况

A01	性别、年龄	□男 □女 _____岁
A02	婚姻状况	□已婚 □未婚 □离异 □其他_____
A03	受教育程度	□小学及以下 □初中 □高中/职高 □专科 □本科及以上
A04	是不是党员	□是 □否
A05	是不是村干部	□是 □否
A06	务农前，是否做过其他工作	□是 □否（若是，为：□当兵 □创业/经商 □务工 □其他_____）
A07	除务农外，现在有无其他工作	□是 □否（若是，为：□创业/经商 □务工 □其他_____）
A08	获得的农业相关证书（培训结业证书、荣誉证书等）	□无 □新型职业农民 □农业职业经理人 □农技师资格证书（兽医、园艺师等）□其他_____（若有，证书数量有_____个）
A09	从事农业生产的年限	_____年
A10	家庭人口数	总人口数_____人。其中，农业劳动力_____人；外出务工人数_____人
A11	家庭成员中最高学历	□小学及以下 □初中 □高中/职高 □专科 □本科 □研究生
A12	家庭成员中有村干部几人	_____人（若无，填"0"）
A13	家庭成员中有公务员几人	_____人（若无，填"0"）
A14	家庭成员中有党员几人	_____人（若无，填"0"）
A15	2019年家庭**非农业收入**（务工、经商、投资等收入）	_____元
A16	2019年家庭生活总开支（**衣食住行、医疗教育、人情往来**等花销）	_____元

续表

A17	2019 年家庭**购买食物**的支出	_____元
A18	2019 年您家享受过的 农业补贴及金额	□农业支持保护补贴（粮食直补、农资综合补贴、良种补贴）_____元 □农业贷款贴息_____元　□适度规模经营补贴_____元 □农机购置补贴_____元　□农业保险补贴_____元 □新型职业农民培育补贴_____元　□其他补贴_____，_____元
A19	如果您有一笔资产准备投资，您更倾向于选择哪种类型的项目	□高风险，高回报　□一般风险，一般回报 □低风险，低回报

B. 2019 年农业生产经营情况

B1. 种植业生产经营情况

	品种（水稻、果蔬等）		水稻	____	____	____	____
产出和投入	种植面积（亩）						
	亩产量（斤）						
	销售价格（元/斤）						
	每亩投入（元）（种子、农药化肥、工资、农机等费用）						
	农资各项投入	种苗费用_____元；农药费用_____元；化肥费用_____元；农膜费用_____元					
	由谁提供种子、农药化肥等农资	□农资经销商　□农业社会化服务组织　□合作社　□农业专业协会　□农业企业　□邻居亲友　□网上购买　□其他_____					
	您认为农资购买成本怎么样	□非常低　□比较低　□中等　□比较高　□非常高					
	对现有农资供应商提供的服务是否满意	□不满意　□较不满意　□一般　□较满意　□非常满意					

B2. 养殖业经营情况

	A 品种（牲畜：猪、牛、羊等）	养殖规模（头）	平均每头牲畜的重量（斤）	2019 年的销售价格（元/斤）	2019 年的总投入（包括仔畜、饲料、人工工资等总体投入）
产出和投入	猪				

续表

	————			
	————			
B 品种（家禽：鸡、鸭、鹅等）	养殖规模（只）	平均每只**家禽**的重量（斤）	2019 年的销售价格（元/斤）	2019 年的总投入（包括幼崽、饲料、人工工资等总体投入）
鸡				
	————			
	————			
C 品种（水产：鱼、虾、蛙等）	养殖规模（亩）	平均每亩产量（斤）	2019 年的销售价格（元/斤）	2019 年的总投入（包括种苗、饲料、人工工资等总体投入）
鱼				
	————			

（左侧纵向合并单元格：产出和投入）

B3. 农业服务业经营情况

类型	乡村旅游观光	餐饮住宿	采摘体验农业	认养定制农业	其他————
收入（万元）					
投入（万元）					
未来是否有发展认养定制农业的需求	□不需要　□不是很需要　□一般　□较需要　□非常需要				

B4. 农产品加工业经营情况

B401	**2019 年是否有农产品加工**	□是　□否（**若否，则跳至 B408 题**）
B402	农产品加工类型	□干燥　□包装　□分类清洗　□脱壳去籽　□磨粉　□其他————
B403	由谁提供农产品加工	□自己加工　□农业企业　□合作社和专业协会　□家庭农场　□其他农户　□村集体　□其他————
B404	2019 年农产品的加工量和产值	————斤，产值————元
B405	2019 年农产品的加工费用	————元
B406	您认为农产品加工的收费怎么样	□非常低　□比较低　□中等　□比较高　□非常高

续表

B407	对农产品加工服务的满意度	□不满意 □较不满意 □一般 □较满意 □非常满意
B408	未来是否有对农产品加工的需求	□不需要 □不是很需要 □一般 □较需要 □非常需要

B5. 农产品销售情况

B501	农产品销售渠道	□自己零售 □批发市场 □农业企业 □农产品商贩 □村集体 □合作社 □其他_____
B502	在农产品销售过程中，从外部获取了以下哪些服务	□挑选加工服务 □配送服务 □包装仓储 □价格及市场供求信息服务 □微信、支付宝电子结算等服务 □农产品质量安全检测服务 □农产品质量安全追溯服务
B503	由谁提供这些服务	□政府机构 □批发商 □农产品加工企业 □合作社 □互联网 □农业社会化服务组织 □基层农产品质量安全监管机构 □其他_____
B504	您认为这些服务的收费如何	□非常低 □比较低 □中等 □比较高 □非常高
B505	对这些服务的满意度	□不满意 □较不满意 □一般 □较满意 □非常满意
B506	未来是否有获取这些服务的需求	□不需要 □不是很需要 □一般 □较需要 □非常需要
B507	是否线上销售（网络销售）	□是 □否（若是，线上销售额占总销售额的比例：_____%）
B508	线上销售的渠道	□微信等交流平台 □淘宝、拼多多、京东等电商平台 □抖音直播带货 □当地政府建设的网站 □益农信息网站 □其他_____

C. 2019 年各农业生产要素具体利用情况
C1. 土地

C101	您自己家的土地有多少	_____亩
C102	是否有流转入其他人的土地	□是 □否（若否，则跳至 C112 题）
C103	流转土地的面积、价格	_____亩；_____元/亩
C104	是否有书面合同	□是 □否（若是，流转年限_____年）
C105	是否连片流转土地	□是 □否（若是，连片土地的面积占比_____%）

续表

C106	土地流转的方式	□租赁　　□无偿使用　　□入股　　□转让　　□其他_____
C107	土地是从哪里流转的	□亲友　□其他农户　□村集体　□其他_____
C108	流转的土地是本村还是其他村的	□本村　□其他村　□其他_____
C109	转入的土地类型	□水田　□旱地，水田的比例：_____
C110	流转时，土地能否灌溉	□可灌溉　□不可灌溉，可灌溉的比例：_____
C111	对转入的**土地质量评价**（肥沃程度等）	□不满意　□较不满意　□一般　□较满意　□非常满意
C112	**未来是否有扩大土地面积的需求**	□不需要　□不是很需要　□一般　□较需要　□非常需要
C113	你自己的土地是否租赁给其他人	□是　□否
C114	您的邻居亲友是否租入他人土地	□是　□否　□不清楚

C2. 农业机械

C201	**您家拥有的农机类型和数量**	□旋耕机_____个　□割草机_____个　□播种机_____个　□收割机_____个 □灌溉机_____个　□施肥机_____个　□喷药机_____个　□烘干机_____个 □脱粒机_____个　□其他_____，_____个
C202	购买农机总共花了多少钱	_____元
C203	每年农机的使用成本（电费、油费、维修费等）	_____元
C204	**是否租用他人农机及服务**（服务指提供农机及操作人员、农机维修等）	□是　□否（若是，2019年农机服务费用_____元；若否，跳转至C209题）
C205	租用他人农机及服务主要用来做什么	□旋耕　□播种　□收割　□灌溉　□喷药　□施肥　□烘干　□割草　□脱粒　□农机维修 □其他_____
C206	由谁提供农机服务	□农机合作社　□农机站　□农机服务队　□农业企业　□家庭农场　□邻居亲友　□微信等网络平台　□其他_____

续表

C207	您认为农机服务的收费怎么样	□非常低　□比较低　□中等　□比较高　□非常高
C208	您对农机服务效果的满意度	□不满意　□较不满意　□一般　□较满意　□非常满意
C209	**未来是否有租用农机及服务的需求**	□不需要　□不是很需要　□一般　□较需要 □非常需要
C210	**自己的农机是否租借给别人使用**	□是　□否（若否，跳转到 C213 题）
C211	一般是租借给谁使用	□农户　□合作社　□家庭农场　□其他＿＿＿＿
C212	为他人提供农机服务的方式	□免费借用　□出租（若出租，2019 年收取的租金有＿＿＿＿元）
C213	**邻居亲友是否将自己的农机租借给别人使用**	□是　□否　□不清楚
C214	邻居亲友是否租用农机及服务	□是　□否　□不清楚

C3. 农业技术

C301	**是否参加过农业技术培训交流**	□是　□否（若是，2019 年培训交流＿＿＿＿次；若否，跳至 C306 题）
C302	由谁提供技术培训和交流	□政府部门　□农业企业　□农资机构　□高校科研机构　□合作社　□家庭农场　□邻居亲友 □大众传媒或互联网　□其他＿＿＿＿
C303	培训和交流的**技术类型**	□种植技术　□农药化肥施用技术　□病虫害和疫病防治技术　□良种繁育技术　□土壤改良技术 □养殖技术　□农机使用技术　□销售技术 □节水灌溉技术　□农产品加工技术 □其他＿＿＿＿
C304	农业技术的获取成本怎么样	□非常低　□比较低　□中等　□比较高　□非常高
C305	对所获取农业技术的满意度	□不满意　□较不满意　□一般　□较满意　□非常满意
C306	未来对农业技术有多大的需求	□不需要　□不是很需要　□一般　□较需要 □非常需要
C307	是否为他人提供农业技术培训和交流	□是　□否
C308	2019 年为他人提供农业技术培训的方式和次数	□农业技术培训交流，次数＿＿＿＿次　□其他＿＿＿＿，次数＿＿＿＿次

续表

| C309 | 邻居亲友是否参与农业技术培训和交流 | □是 □否 □不清楚 |

C4. 互联网平台

C401	您家什么时候安装的宽带	_____年
C402	您使用了以下哪些与农业相关的互联网平台	□微信等聊天软件 □专业农业 App（农管家、农事宝等） □其他 App（抖音、头条等） □地方政府推广的 App □信息网站（如四川农业信息网等） □广播电视 □其他_____
C403	加入了哪一类与农业相关的微信群、公众号和 QQ 群，加入了几个	□种植、养殖技术类_____个 □价格及市场供求信息类_____个 □种子化肥等农资购买类_____个 □病虫害防治类_____个 □农机服务类_____个 □政策信息类（如政府通知群）_____个 □商标品牌类_____个 □农产品加工类_____个 □劳务用工信息类_____个 □其他_____，_____个
C404	安装了哪些与农业相关的 App（请填写 App 名称）	_____ （如大丰收、小农人、农管家、大北农公司的农智通等）
C405	以上与农业相关的平台是否要付费	□全部免费 □少部分付费 □一半付费 □大部分付费 □全部付费
C406	每天花多长时间查看这些与农业相关的平台	_____小时
C407	以上与农业相关的微信群、公众号和 QQ 群、App 等平台有多少是主动关注的	□20% 及以下 □21%～40% □41%～60% □61%～80% □80% 以上
C408	以上与农业相关的平台您是怎么知道的	□朋友推荐 □政府推荐 □自己了解 □合作社推荐 □其他_____
C409	是否通过微信朋友圈宣传农产品	□是 □否（若是，在农产品销售期，一周发_____次朋友圈）
C410	对以上与农业相关的平台使用满意度	□不满意 □较不满意 □一般 □较满意 □非常满意
C411	是否向他人推荐以上与农业相关的平台	□是 □否

续表

C412	未来对与农业相关的网络平台有多大需求	□不需要 □不是很需要 □一般 □较需要 □非常需要
C413	邻居亲友是否使用与农业相关的网络平台	□是 □否 □不清楚
C414	邻居亲友是否给您推荐过与农业相关的网络平台	□是 □否
C415	使用了哪些农业生产智能设备	□无 □视频监控设备 □灌溉施肥设备 □药物喷洒设备 □传感器 □异常生产数据识别及控制设备 □其他_____

C5. 农业劳动力

C501	您一年大概工作多少天	_____天
C502	**2019 年是否请人干活**	□是 □否（若否，则跳至 C509 题）
C503	2019 年请的**长工**人数、工作时间和工资	_____人，_____月，_____元/月
C504	2019 年请的**短工**人数、工作时间和工资	_____人，_____天，_____元/天
C505	工人的平均年龄	□30 岁及以下 □31~40 岁 □41~50 岁 □51~60 岁 □60 岁以上
C506	工人中是否有专业技能人才（**技术员、技术专家、经营管理人员等**）	□是 □否（若否，有_____人）
C507	是否对这些工人进行培训	□是 □否（若是，2019 年培训的次数为_____次）
C508	对这些工人工作能力的评价（效率、态度）	□不满意 □较不满意 □一般 □较满意 □非常满意
C509	**未来是否还需要请人或请更多的人干活**	□不需要 □不是很需要 □一般 □较需要 □非常需要

C6. 农业金融与保险

C601	发展农业的资金来源及费用	□自己的资金投入_____万元 □政府财政（补贴）_____万元 □银行、信用社_____万元，年利息_____% □民间借贷组织或个人_____万元，利息_____万元 □其他_____，_____万元，利息_____万元

续表

C602	借款资金用途	□扩大土地面积 □基础设施投资 □购买农机 □购买农资 □其他_____
C603	对银行信用社借贷服务的满意程度	□不满意 □较不满意 □一般 □较满意 □非常满意
C604	对银行信用社借贷资金的未来需求程度	□不需要 □不是很需要 □一般 □较需要 □非常需要
C605	是否借钱给他人	□是 □否（若是，借给他人_____元，利息_____元）
C606	**是否购买农业保险**	□是 □否（若是，保险费用为_____元，若否跳到C610题）
C607	您认为保险费用怎么样	□非常低 □比较低 □中等 □比较高 □非常高
C608	2019 年有无保险理赔经历	□有 □无（若有，理赔金额_____元）
C609	对农业保险服务的满意程度	□不满意 □较不满意 □一般 □较满意 □非常满意
C610	**未来对农业保险有多大的需求**	□不需要 □不是很需要 □一般 □较需要 □非常需要

C7. 2019 年物流仓储基本情况

C701	**您有哪些物流运输设备**	□无 □货车 □面包车 □小轿车 □三轮车 □其他_____
C702	您的农产品是怎样运输的	□自己运输 □农产品收购方运输 □快递公司 □本地的货运公司和个体工商户 □其他_____
C703	**是否通过物流运输、销售农产品**	□是 □否（若否，则跳至C706题）
C704	2019 年农产品运输快递物流花费多少	_____元
C705	物流服务质量评价（如效率、态度）	□不满意 □较不满意 □一般 □较满意 □满意
C706	**未来是否有使用快递物流运输农产品的需要**	□不需要 □不是很需要 □一般 □较需要 □非常需要
C707	是否有普通储物仓库（用来堆积农用品和农产品）	□有 □无（若有，仓库面积是_____平方米）
C708	**是否有冷藏仓库**	□有 □无（若无，则跳至C713题）
C709	冷藏仓库的面积及使用成本（水电费、管理费等）	_____立方米，_____元

续表

C710	每年自己使用冷库的时间	_____天
C711	**是否将冷库租借给他人使用**	□是　□否（若否，则跳至 **C713** 题）
C712	租借给他人使用的时间和收取的费用	_____天，_____元
C713	**2019 年是否从外部租用、借用仓库**	□是　□否（若否，则跳至 **C718** 题）
C714	租借仓库和冷库的来源	□合作社　□家庭农场　□农业企业　□政府组织 □其他_____
C715	怎么获取仓库的	□租赁　□免费使用　□入股合建　□其他_____
C716	租借的仓库使用时间、面积、年租金	_____天，_____立方米（或平方米），_____元
C717	对仓储服务质量评价（如效率、态度）	□不满意　□较不满意　□一般　□较满意　□满意
C718	**未来是否有租借仓库的需要**	□不需要　□不是很需要　□一般　□较需要　□非常需要

D. 农业社会效益和生态效益

D01	绿色农产品、有机农产品认证情况	认证数量_____个；生产面积_____亩
D02	**注册农业品牌/商标**	_____个；名称：_____
D03	**是否有区域公共品牌**	□有　□无（若有，有_____个）
D04	是否带动周边农户进行农业生产	□是　□否（若是，有_____户，带动的总体规模_____亩）
D05	是否发展了种养循环等**循环农业**	□是　□否（若是，包含以下哪些） □稻田养鱼　□稻田养虾　□林下养殖　□其他_____
D06	是否有大棚等**设施农业**	□有　□无（若有，有_____亩）
D07	是否经过**土壤改良**	□是　□否（若是，改良面积：_____亩）
D08	是否进行**测土配方施肥**	□是　□否（若是，测土配方施肥面积：_____亩）
D09	是否**减少了化肥**（含复合肥）的用量	□是　□否（若是，相比以前每亩减少了_____%）

续表

D10	是否施用**农家肥或商品有机肥**	□是　□否（若是，施用农家肥和商品有机肥占总化肥量的比例_____%）
D11	是否**减少了**农药的使用量	□是　□否（若是，相比以前每亩减少了_____%）
D12	是否使用**生物农药（环保农药）**	□是　□否（若是，生物农药施用比例_____%）
D13	废弃的地膜是否回收	□是　□否（若是，□循环利用　□扔垃圾桶　□其他_____）
D14	是否进行**节水灌溉**（喷灌、滴灌等）	□是　□否（若是，节水灌溉比例_____%）
D15	是否采用**物理生物病虫害防治**措施	□是　□否（若是，有：□驱虫灭虫灯　□生物防治　□其他_____）
D16	**秸秆处理方式**	□无　□还田　□饲料化　□焚烧　□其他_____
D17	**畜禽粪便处理方式**	□无　□还田　□沼气　□其他_____
D18	**从哪里得知以上绿色生产技术**（如土壤改良、绿色防控、有机肥使用等）	□自己了解　□农资供应商宣传　□政府农技部门宣传培训　□邻里亲朋交流　□种植大户示范　□家庭农场示范　□合作社宣传培训　□农业企业宣传培训　□其他_____
D19	您同意"绿色生产技术**会增加生产成本**"的说法吗	□很不同意　□不同意　□不确定　□较同意　□同意
D20	您同意"绿色生产技术**会提升农产品质量**"的说法吗	□很不同意　□不同意　□不确定　□较同意　□同意
D21	您同意"绿色生产技术**会显著改善环境**"的说法吗	□很不同意　□不同意　□不确定　□较同意　□同意
D22	您同意"绿色生产技术**会提高农产品价格**"的说法吗	□很不同意　□不同意　□不确定　□较同意　□同意
D23	您对现有农业绿色生产技术的**满意度**	□不满意　□较不满意　□一般　□较满意　□满意
D24	**未来**对农业绿色生产技术有多大需求	□不需要　□不是很需要　□一般　□较需要　□需要

附录 II　访谈提纲

国家社会科学基金项目
共享经济下农业供给体系质量提升的对策研究
访谈提纲

一　组织的现状和发展历史

本村的基本情况	（村民数量、土地面积、劳动力人数；村里的产业发展情况，村集体经济土地、资产）
组织的发展历史	（什么时候有共享的想法？怎么一步一步建设成共享农业组织的？时间线是怎么样的？）

二　组织的要素共享方式

组织中各主体的要素供给情况	［提供的要素是什么？如何提供（提供的方式）？提供的数量是多少？］
要素共享的过程	（谁提供土地？由谁来带头集中？流转给谁？以什么方式流转？）

三　组织的商业管理模式和经营管理模式

组织的商业管理模式	（谁负责管理的、管理人员的数量、经营股权怎么分配的、有哪些主体参与）

组织的经营 管理模式	(共享的要素如何经营？如何将要素转化为收益？发展的是什么产业？如何将共享融入产业里？产业的发展情况？有哪些主体参与？)

四 共享带来的效果

经济效益	(参与共享的主体收入变化情况？土地收入？产业发展收入？)
社会效益	(带动周边多少农户就业？生产规模增加多少？人均收入增长多少？品牌？三品一标？区域公共品牌？)

续表

生态效益	（化肥、农药、绿色生产技术、种养循环农业、秸秆还田、土壤治理等）
产业方面	（产业结构、生产品种、生产规模、产量、品质结构）
要素方面	要素（土地、劳动力、资金、农机、知识技术、互联网平台、房屋、仓储物流等）来源、数量、成本如何变化？组织在生产过程中的各项成本有无变化？如何变化？（每亩减少多少）

五 对共享农业的态度

1. 您觉得你们发展的共享农业这种模式好不好？这种模式有什么优缺点？您认为组织在发展共享农业中还存在哪方面的不足？如何改进？

2. 您认为影响组织发展共享农业的因素有哪些？（比如资源要素方面、外部环境方面等）

图书在版编目(CIP)数据

共享经济赋能农业供给体系质量提升:理论与实证 /
李冬梅等著. -- 北京:社会科学文献出版社,2023.12
　　ISBN 978 - 7 - 5228 - 2458 - 1

　　Ⅰ.①共…　Ⅱ.①李…　Ⅲ.①农业改革 - 研究 - 中国
Ⅳ.①F320.2

中国国家版本馆 CIP 数据核字(2023)第 165086 号

共享经济赋能农业供给体系质量提升:理论与实证

著　　者 / 李冬梅　苏　秦　郑循刚　王　燕　张社梅

出 版 人 / 冀祥德
责任编辑 / 陈凤玲
文稿编辑 / 陈丽丽
责任印制 / 王京美

出　　版 / 社会科学文献出版社·经济与管理分社 (010) 59367226
　　　　　　地址:北京市北三环中路甲 29 号院华龙大厦　邮编:100029
　　　　　　网址:www.ssap.com.cn
发　　行 / 社会科学文献出版社 (010) 59367028
印　　装 / 三河市龙林印务有限公司

规　　格 / 开　本:787mm × 1092mm　1/16
　　　　　　印　张:20.25　字　数:312 千字
版　　次 / 2023 年 12 月第 1 版　2023 年 12 月第 1 次印刷
书　　号 / ISBN 978 - 7 - 5228 - 2458 - 1
定　　价 / 128.00 元

读者服务电话:4008918866

版权所有 翻印必究